reinhardt

Personzentrierte Beratung & Therapie; Band 5

GwG | Herausgegeben von der Gesellschaft für wissenschaftliche Gesprächspsychotherapie e.V., Köln

André Jacob • Karl Wahlen

Das Multiaxiale Diagnosesystem Jugendhilfe (MAD-J)

Mit 33 Abbildungen und 25 Tabellen

Mit Manual und 20 Formularen auf CD-ROM

Ernst Reinhardt Verlag München Basel

Dr. phil. André Jacob, Dipl.-Psych., Psychologischer Psychotherapeut und Erziehungsberater, leitet die Erziehungs- und Familienberatungsstelle des Deutschen Roten Kreuzes in Berlin
Karl Wahlen, Dipl.-Psych., Psychologischer Psychotherapeut und Erziehungsberater, leitet den Fachbereich Psychosoziale Dienste (Erziehungs- und Familienberatung, Kinder- und Jugendpsychiatrische Beratung) des Jugendamtes Berlin-Neukölln

Covergestaltung unter Verwendung eines Werkes von Lioba Hartmann, München

Bibliografische Information der Deutschen Bibliothek

Die Deutsche Bibliothek verzeichnet diese Publikation in der Deutschen Nationalbibliografie; detaillierte bibliografische Daten sind im Internet über <http://dnb.ddb.de> abrufbar.

ISBN 10: 3-497-01874-0
ISBN 13: 978-3-497-01874-1
ISSN 1860-5486

Printed in Germany
Reihenkonzeption Umschlag: Oliver Linke, Augsburg
Satz: KompetenzCenter, Mönchengladbach
Druck und Bindung: Friedrich Pustet, Regensburg

Ernst Reinhardt Verlag, Kemnatenstr. 46, D-80639 München
Net: www.reinhardt-verlag.de Mail: info@reinhardt-verlag.de

Inhalt

Zur Einführung: Elterliche Erziehung, Kindeswohlgefährdung und die Orientierungsfrage in der Kinder- und Jugendhilfe 13

Teil I: Elterliche Erziehung und ihre Bedingungen

1 Einleitung 22

2 Auf dem Weg zu einer „Struktur der elterlichen Erziehung“ 26

2.1 Der Ausgangspunkt: kindliche Bedürfnisse 26

2.2 Der kulturelle Zielbezug: Entwicklung als Personwerdung 31

2.3 Konzepte der elterlichen Erziehung 33
2.3.1 Das Konzept der „Sensitivität“ in der frühen Kindheit 34
2.3.2 Das Konzept nach Borba 34
2.3.3 Das Konzept der Erziehungsstile 34
2.3.4 Das Konzept der „fünf Säulen von Erziehung“ von Tschöpe-Scheffler 37
2.3.5 Elterliche Verhaltenssysteme und Interaktionsmechanismen – der Ansatz von Keller 37
2.3.6 Das Vier-Komponenten-Modell – unsere Konzeption elterlicher Erziehung 39

2.4 Die Struktur der elterlichen Erziehung 45
2.4.1 Allgemeiner Teil 45
2.4.2 Spezieller Teil 49

3 Die Bedingungen von Erziehung 58

3.1 Einführung 58

3.2 Der Begriff der „Beziehung“ und seine Verwandten 63

3.3 Familie 68
3.3.1 Aspekte der Familienbeschreibung 68
3.3.2 Familiäre Entwicklung 70
3.3.3 Erziehung und Familie 71
3.3.4 Erziehung und familiäre Subsysteme 73

3.4 Personmerkmale der Eltern 87
3.4.1 Einführung 87

3.4.2 Elterliche Persönlichkeitseigenschaften – das Trait-Modell der „Big Five“ . . . 87
3.4.3 Elterliche Fähigkeiten der Beziehungsgestaltung – ein theoriegeleiteter Ansatz . . . 90
3.4.4 Elternpersönlichkeit und Hilfen zur Erziehung – Schlussfolgerungen für unseren Ansatz . . . 92

3.5 Die Person des Kindes . . . 97
3.5.1 Aspekte der Personbeschreibung – Klärung der Begrifflichkeit . . . 98
3.5.2 Individualität des Kindes . . . 100
3.5.3 Persönlichkeit des Kindes . . . 100
3.5.4 Bewertung von Personmerkmalen . . . 102

3.6 Risiken und Ressourcen der familialen Lebenslage . . . 110
3.6.1 Übergänge und Krisen des Einzelnen und in Familien . . . 113
3.6.2 Ökonomische und ökologische Parameter . . . 115
3.6.3 Soziale Netzwerke der Familie . . . 117

4 Kindeswohl(-gefährdung) und Erziehung – die zwei Komponenten der Diagnose in der Jugendhilfe . . . 121

Teil II: Klassifikation, Diagnostik, Indikation und Intervention

1 Einleitung . . . 132

2 Klassifikationssysteme . . . 133

2.1 ICD-basierte Ansätze . . . 134

2.2 DSM-IV . . . 136

2.3 Zero To Three . . . 136

2.4 OPD Kinder und Jugendliche . . . 138

2.5 Klassifikation und Diagnostik in der Jugendhilfe . . . 140

3 Diagnostische Erfassung von Erziehung und die Erziehung bedingenden Merkmalen . . . 146

3.1 Diagnostik von Erziehung . . . 146
3.1.1 Diagnostik von Erziehungsstilen . . . 146
3.1.2 ICD-10-basiertes Multiaxiales Klassifikationsschema . . . 146
3.1.3 DSM-IV: PID und GARF . . . 146

3.2 Diagnostik der die Erziehung bedingenden Merkmale . . . 150
3.2.1 Intrafamiliäre Beziehungen und Kommunikation . . . 150

3.2.2 Lebenslage ... 153
3.2.3 Stress und Belastung ... 153
3.2.4 Elterliche Personmerkmale ... 155
3.2.5 Die Person des Kindes und seine Entwicklung ... 155

4 Implikationen für eine klassifikatorisch-diagnostische Grundlegung der Hilfen zur Erziehung ... 157

5 Indikation ... 163

5.1 Definition ... 165

5.2 Indikation in der Jugendhilfe ... 166
5.2.1 Selektive Indikation: der Weg zu Standard-Hilfen zur Erziehung ... 168
5.2.2 Inventive Indikation: der Weg zur flexiblen Hilfe zur Erziehung ... 174
5.2.3 Adaptive Indikation: der Weg zur prozessorientierten Hilfe zur Erziehung ... 177

6 Wer diagnostiziert? Wer interveniert? Wer reflektiert? ... 187

6.1 Der Modellfall: adaptive Indikation durch Erziehungsberatung ... 187

6.2 Adaptive Indikation in anderen Arbeitsfeldern der Jugendhilfe ... 190

Teil III: Das Multiaxiale Diagnosesystem – Jugendhilfe (MAD-J)

1 Einleitung ... 196

2 Die entwicklungszielorientierte Klassifikation ... 198

2.1 Der Aufbau des MAD-J ... 198
2.1.1 Der inhaltliche Aufbau: fünf Achsen ... 198
2.1.2 Kurzcharakteristik der fünf Achsen ... 198
2.1.3 Zur Beurteilung von „Merkmalsausprägungen“ ... 201

2.2 Auf dem Weg zur multiaxialen Diagnose ... 204

3 Von der Diagnose zur Intervention: die Indikation ... 210

3.1 Von der Anmeldung zur Diagnose ... 210

3.2 Von der Diagnose zur Intervention ... 212
3.2.1 Die selektive Indikation: Auswahl von Standard-Hilfen ... 212

3.2.2 Die adaptive Indikation:
Vorschlag für die prozessorientierten Hilfen zur Erziehung ... 228

3.3 Formulierung von Entwicklungszielen ... 229

4 Zusammenfassung und Ausblick ... 234

Literatur ... 236

Sachregister ... 246

Inhalt der CD-ROM

Auf der CD-ROM finden Sie ein Manual zur Anwendung des Multiaxialen Diagnosesystems Jugendhilfe (MAD-J) „Schritt für Schritt" mit 20 Formularen zum Ausfüllen.

Manual

1 Achse I: Klinisch-psychologische Individualdiagnose des Kindes 6

1.1 Altersgruppe 0 bis 3 Jahre: Zero To Three (1999) 6
① Die Merkmale 6
② Bewertung 7
③ Diagnostische Instrumente 7
④ Ableitung von Entwicklungszielen 7

1.2 Altersgruppe ab 4 Jahre: CASCAP-D (Döpfner et al. 1999) 7
① Die Merkmale 8
② Bewertung 8
③ Diagnostische Instrumente 8
④ Ableitung von Entwicklungszielen 8

2 Achse II: Erziehung und deren Bedingungen 9

2.1 Subachse II.1: Erziehung 9
2.1.1 Elterliche Verhaltenssysteme 9
① Die Merkmale 10
② Bewertung 11
2.1.2 Elterliche Interaktionsmuster 12
① Die Merkmale 12
② Bewertung 13

2.1.3. Elterliche Affektmuster 14
① Die Merkmale 14
② Bewertung 15

2.1.4 Erfahrungen des Kindes mit dem Erziehungsverhalten der Eltern 16
① Die Merkmale 16
② Bewertung 18
③ Diagnostische Instrumente 18
④ Ableitung von Entwicklungszielen 19

2.2 Subachse II.2: Qualität der Eltern-Kind-Beziehung 19
2.2.1 Allgemeine Merkmale der Eltern-Kind-Beziehung 20
① Die Merkmale 20
② Bewertung 20
2.2.2 Regulationsniveau der Eltern-Kind-Beziehung 22

① Die Merkmale ... 22
② Bewertung ... 22
③ Diagnostische Instrumente ... 22
④ Ableitung von Entwicklungszielen ... 22

2.3 Subachse II.3: Qualität der elterlichen Paarbeziehung ... 23
① Die Merkmale ... 23
② Bewertung ... 23
③ Diagnostische Instrumente ... 24
④ Ableitung von Entwicklungszielen ... 24

2.4 Subachse II.4: Qualität der familiären Organisation ... 25
① Die Merkmale ... 25
② Bewertung ... 25
③ Diagnostische Instrumente ... 25
④ Ableitung von Entwicklungszielen ... 25

2.5 Subachse II.5: Personmerkmale der Eltern ... 26
2.5.1 Allgemeine Personmerkmale ... 26
① Die Merkmale ... 26
② Bewertung ... 26
2.5.2 Elterliche Merkmale des Hilfesuchverhaltens ... 27
① Die Merkmale ... 27
② Bewertung ... 27
③ Diagnostische Instrumente ... 27
④ Ableitung von Entwicklungszielen ... 28

3 Achse III: Medizinische Individualdiagnose des Kindes ... 29

4 Achse IV: Psychosoziale Stressoren und Belastung ... 30

4.1 Subachse IV.1: Stressoren aus biografischen Übergängen ... 30
4.1.1 Transitive Phasen ... 30
① Die Merkmale ... 30
② Bewertung ... 30
③ Diagnostische Instrumente ... 30
④ Ableitung von Entwicklungszielen ... 31
4.1.2 Kritische Lebensereignisse ... 31
① Die Merkmale ... 32
② Bewertung ... 32
③ Diagnostische Instrumente ... 32
④ Ableitung von Entwicklungszielen ... 32

4.2 Subachse IV.2: Merkmale zur materiellen und zeitlichen Situation der Familie 32
① Die Merkmale ... 32
② Bewertung ... 33
③ Diagnostische Instrumente ... 33
④ Ableitung von Entwicklungszielen ... 33

4.3 Subachse IV.3: Merkmale zur Charakterisierung der sozialen Einbettung der Familie ... 33
① Die Merkmale ... 33
② Bewertung ... 34
③ Diagnostische Instrumente ... 34
④ Ableitung von Entwicklungszielen ... 34

4.4 Subachse IV.4: Globaleinschätzung der Belastung ... 34

5 Achse V: Psychisches Funktionsniveau des Kindes ... 35

5.1 Subachse V.1: „Funktionsbereiche des Kindes" ... 35
① Die Merkmale ... 35
② Diagnostische Instrumente ... 35
③ Ableitung von Entwicklungszielen ... 35

5.2 Subachse V.2: „Risikofaktoren für die kindliche Entwicklung" ... 36
① Die Merkmale ... 36
② Bewertung ... 36
③ Diagnostische Instrumente ... 36
④ Ableitung von Entwicklungszielen ... 36

5.3 Subachse V.3: „Ressourcen in der kindlichen Entwicklung" ... 37
① Die Merkmale ... 37
② Bewertung ... 38
③ Diagnostische Instrumente ... 38
④ Ableitung von Entwicklungszielen ... 38

Formulare

Formular MAD-J-1: Module (Merkmalsbereiche) des CASCAP-D (Döpfner et al. 1999, 3)

Formular MAD-J-2: Merkmale der elterlichen Verhaltenssysteme
Formular MAD-J-2: Zusammenfassung der Einzelurteile
Formular MAD-J-2: Urteilsbildung auf der Teilachse „Elterliche Verhaltenssysteme"
Formular MAD-J-2: Übereinstimmung der elterlichen Merkmalsausprägungen

Formular MAD-J-3: Merkmale der elterlichen Interaktionsmuster
Formular MAD-J-3: Zusammenfassung der Einzelurteile
Formular MAD-J-3: Urteilsbildung auf der Teilachse „Elterliche Interaktionsmechanismen"
Formular MAD-J-3: Übereinstimmung der elterlichen Merkmalsausprägungen

Formluar MAD-J-4: Merkmale der elterlichen Affektmuster
Formular MAD-J-4: Zusammenfassung der Einzelurteile
Formular MAD-J-4: Urteilsbildung auf der Teilachse „Elterliche Affektmuster"
Formular MAD-J-4: Übereinstimmung der elterlichen Merkmalsausprägungen

Formular MAD-J-5: Merkmale der kindlichen Erfahrungen mit elterlicher Erziehung
Formular MAD-J-5: Zusammenfassung der Einzelurteile
Formular MAD-J-5: Urteilsbildung auf der Teilachse „Kindliche Erfahrungen mit der elterlichen Erziehung"
Formular MAD-J-5: Übereinstimmung der elterlichen Merkmalsausprägungen

Formular MAD-J-6: Allgemeine Merkmale der Eltern-Kind-Beziehung
Formular MAD-J-6: Zusammenfassung der Einzelurteile
Formular MAD-J-6: Urteilsbildung auf der Teilachse „Allgemeine Merkmale der Eltern-Kind-Beziehung"
Formular MAD-J-6: Übereinstimmung der elterlichen Merkmalsausprägungen

Formular MAD-J-7: Klassifikation der Eltern-Kind-Beziehung anhand spezifischer Interaktionsmuster (nach Zero To Three 1999, überarbeitet und ergänzt)

Formular MAD-J-8:	Merkmale der elterlichen Paarbeziehung
Formular MAD-J-8:	Zusammenfassung der Einzelurteile
Formular MAD-J-8:	Urteilsbildung auf der Teilachse „Elterliche Paarbeziehung“
Formular MAD-J-8:	Übereinstimmung der elterlichen Merkmalsausprägungen
Formular MAD-J-9:	Codierung der Bewertungen zur familiären Organisation aus Sicht des Beraters
Formular MAD-J-9:	Zusammenfassung der Einzelurteile
Formular MAD-J-9:	Urteilsbildung auf der Teilachse „Familiäre Organisation“
Formular MAD-J-10:	Merkmale der elterlichen Person mit Bezug auf deren Erziehungsfunktion
Formular MAD-J-10:	Urteilsbildung des elterlichen Personrisikoscores über die „Allgemeinen elterlichen Personmerkmale“
Formular MAD-J-11:	Merkmale des elterlichen Hilfesuchverhaltens
Formular MAD-J-11:	Zusammenfassung der Einzelurteile
Formular MAD-J-11:	Urteilsbildung auf der Teilachse „Elterliches Hilfesuchverhalten“
Formular MAD-J-11:	Übereinstimmung der elterlichen Merkmalsausprägungen
Formular MAD-J-12:	Liste der transitiven Phasen
Formular MAD-J-12:	Codierung des Gesamturteils „Belastungsniveau aus transitiven Phasen“
Formular MAD-J-13:	Codierung und Liste kritischer Lebensereignisse
Formular MAD-J-13:	Codierung des Gesamturteils „Belastungsniveau aus kritischen Lebensereignissen (KL)“
Formular MAD-J-14:	Merkmale der materiellen, ökologischen und zeitlichen Lebensbedingungen
Formular MAD-J-14:	Zusammenfassung der Urteile
Formular MAD-J-14:	Urteilsbildung auf der Teilachse „materielle, ökologische und zeitliche Bedingungen“
Formular MAD-J-15:	Merkmale zur Codierung der sozialen Einbettung der Familie
Formular MAD-J-15:	Zusammenfassung der Urteile
Formular MAD-J-15:	Urteilsbildung auf der Teilachse „Soziale Einbettung“
Formular MAD-J-16:	Codierung der „Globalen Einschätzung der familiären Belastung“
Formular MAD-J-17:	Funktionsbereiche des Kindes
Formular MAD-J-18:	Liste der Risikofaktoren nach Hoffmann und Egle (1996 nach Dornes 2000/2001, 103f)
Formular MAD-J-19:	Liste personaler Ressourcenbereiche nach Klemenz (2003)
Formular MAD-J-19:	Ausprägung des Niveaus vorhandener personaler und Umweltressourcen aus Sicht des Kindes
Formular MAD-J-19:	Schwerpunkt eingeschränkter Ressourcen
Formular MAD-J-20:	Diagnoseblatt

Zur Einführung: Elterliche Erziehung, Kindeswohlgefährdung und die Orientierungsfrage in der Kinder- und Jugendhilfe

Wie die anderen sozialstaatlichen Sicherungssysteme, so ist auch die Kinder- und Jugendhilfe im Umbruch begriffen. Das hat ökonomische und soziale Ursachen. Fachliche und rechtliche Gründe für den gegenwärtigen Umbauprozess in der Kinder- und Jugendhilfe liegen jedenfalls nicht vor. Gleichwohl sind die Folgen für den fachlichen Diskurs und die Praxis der Jugendhilfe unübersehbar. Unter dem steigenden Druck forcierter Effizienzerwartungen, die sich mit der schwindenden Finanzierbarkeit eines zugleich wachsenden Hilfebedarfs begründen, können eingeübte Argumentations- und Handlungsroutinen nicht mehr wie selbstverständlich fortgesetzt werden.

Die Akteure der Kinder- und Jugendhilfe fragen sich, woran sie ihr Tun und Lassen unter den neuen Umständen orientieren sollen. Bisher ist kein Konsens darüber zustande gekommen. Stattdessen konkurrieren verschiedene Wegweisungen um den Führungsanspruch. Zielorientierung, Ergebnisorientierung, Lösungsorientierung, Wirkungsorientierung, Produktorientierung, Prozessorientierung, Ressourcenorientierung, Willensorientierung, Bedarfsorientierung, Sozialraumorientierung und andere Orientierungen empfehlen den in der Jugendhilfe Tätigen, bei der Planung und Durchführung ihres Handelns die Aufmerksamkeit vornehmlich der jeweils hervorgehobenen Größe zuzuwenden, also entweder dem Ziel oder dem Ergebnis oder der Lösung und so weiter. Die behauptete Konkurrenz zwischen diesen Konzepten wirkt indessen gekünstelt. Was hier angeblich miteinander konkurriert, hängt tatsächlich miteinander zusammen. Die Rede ist nämlich von Handlungsaspekten, -elementen und -bedingungen, die allesamt gegeben sein müssen und sich nicht gegenseitig ausschließen dürfen, wenn eine Handlung Sinn machen und gelingen soll. Eine Handlung hat eben als Handlung ein Ziel, eine Absicht, einen Zweck; sie hat einen Realitätsbereich, in dem sie sich realisiert; sie benötigt Gegenstände und Mittel, ihren Zweck zu erfüllen; sie braucht einen Willen, der sie vollzieht; wird sie vollzogen, bewirkt sie ein Ergebnis; stellt sie etwas her, so ist das Ergebnis ein Produkt; wenn sie etwas konsumiert, stillt sie ein Bedürfnis. Die Reflexion auf den Handlungscharakter der Aktivitäten der Jugendhilfe führt jedoch zu den eigentlichen Orientierungsfragen: Welche Art von Zielen, welchen Zweck soll man in der Kinder- und Jugendhilfe verfolgen? Auf welchen Realitätsbereich soll sich ihr Handeln beziehen?

Welche Mittel sind ihrem Zweck und ihrem Gegenstandsbereich angemessen?

Will man auf diese Fragen eine Antwort finden, muss man die Betrachtungsebene wechseln. Man braucht einen höher gelegenen Standpunkt, der einen Überblick über das gesamte Handlungsfeld und seine Bewegungsrichtung ermöglicht. Den gewinnt man zum Beispiel mit der Frage nach den System-Themen, die für die Kinder- und Jugendhilfe kennzeichnend sind: Welche thematischen Einheiten fassen die in diesem System vollzogenen Handlungen so zusammen, dass sie ihnen insgesamt eine Richtung geben? Und welchem Bezugssystemen außerhalb der Kinder- und Jugendhilfe sind deren Basisthemen und die an diesen Themen ausgerichteten Handlungen zugeordnet?

Die Frage nach den Richtung weisenden „Themen" von Handlungssystemen ist ursprünglich von Thomae (1968) innerhalb seiner Persönlichkeitstheorie zur Beschreibung der „Daseinsthemen" von Personen gestellt worden. Wenden wir sie auf das Handlungssystem der Institution Jugendhilfe an, so finden wir dort genau zwei thematische Ausrichtungen, die unseres Erachtens das gesamte Feld der Kinder- und Jugendhilfe handlungsdynamisch ordnen. In der Terminologie von Thomae kann man sie die „regulative Thematik" und die „Thematik der antizipatorischen Regulation" nennen. Handlungen, die unter der regulativen Thematik stehen, haben als motivierenden Ausgangspunkt eine Störung; ihr Zweck ist der Ausgleich einer Störung; sie erreichen ihr Ziel in der Herstellung eines Gleichgewichts, also eines störungsfreien Zustandes (vgl. Thomae 1968, 312ff). Die Thematik der antizipatorischen Regulation hingegen fasst Handlungen zusammen, die von der Vorwegnahme einer möglichen Störung ausgehen; ihr Zweck ist die Abwehr einer real noch nicht eingetretenen Störung; ihr Ziel erreichen sie in der Aufrechterhaltung eines störungsfreien Zustandes (vgl. Thomae 1968, 314f). Während also die Regulation Handlungen zur Korrektur tatsächlich eingetretener Störungen umfasst, besteht die antizipatorische Regulation aus präventiven Maßnahmen zur Vermeidung von möglichen Störungen. Den Ansatzpunkt zur Orientierung auf dem Gebiet der Kinder- und Jugendhilfe können wir somit in einer ersten These formulieren:

(1) Die Kinder- und Jugendhilfe ist ein Regulationssystem. Ihr Handeln dient dazu, reale und mögliche Störungen auszugleichen. Sie erfüllt ihre Funktion entweder im regulativen oder im präventiven, d.h. im antizipatorisch-regulativen Modus.

Diese These sollte unseres Erachtens eine Selbstverständlichkeit explizieren. Das Selbstverständliche in Erinnerung zu rufen, erscheint uns dennoch nicht überflüssig. Denn so kann es als konsensfähige Argumentationsgrundlage dienen. Die zweite These benennt das Bezugssystem, auf das die Kinder- und Jugendhilfe ihr regulatives Handeln richtet:

(2) Der Realitätsbereich, dessen Störungen das Handeln der Kinder- und Jugendhilfe zugeordnet ist, besteht in der Hauptsache aus privaten Erziehungssystemen. Es sind Familien, in denen Erwachsene die Aufgabe haben, die mit ihnen zusammen lebenden Kinder zu umsorgen und zu erziehen. Im engeren Sinne sind es Eltern-Kind-Systeme. Die in ihnen aufwachsenden Kinder haben Entwicklungsaufgaben zu bewältigen. Sie werden dabei durch das erzieherische Handeln der Eltern unterstützt.

Die Handlungs- und Interaktionsdynamik, die das Zusammenspiel von elterlicher Erziehung und kindlicher Entwicklung kennzeichnet, ist ausgesprochen störungsanfällig. Wegen der Entwicklungsveränderungen, die Eltern-Kind-Systeme ihrer Funktion entsprechend erfahren – Entwicklung findet auf Seiten des Kindes, auf Seiten der Eltern und in den Eltern-Kind-Beziehungen statt –, können diese Systeme immer wieder aus dem Gleichgewicht geraten. Zumeist jedoch sind Eltern-Kind-Systeme in der Lage, die in ihnen auftretenden Störungen selbst zu regulieren. Deshalb sind nicht alle Störungen, die darin vorkommen, Gegenstand der Regulationsinstanz Kinder- und Jugendhilfe. In deren Aufmerksamkeit geraten sie erst, wenn die familiäre Selbstregulation überfordert und die Überforderung offenkundig ist. Die dritte These umschreibt den spezifischen Störungstypus, der das regulative Handeln der Kinder- und Jugendhilfe in Gang setzt:

(3) Störungen, die das Regulationssystem Jugendhilfe zum regulativen oder präventiven Handeln motivieren, haben den Charakter der Kindeswohlgefährdung. Gefährdungen des Kindeswohls sind das Motiv und der Gegenstand der Tätigkeit der Kinder- und Jugendhilfe. Das gilt insbesondere für „Hilfen zur Erziehung“, die ausdrücklich auf Situationen der Kindeswohlgefährdung bezogen sind und dazu dienen, solche Situationen entweder zu vermeiden oder zu beheben.

„Kindeswohlgefährdung“ ist gleichsam der Nordpol, an dem die Kinder- und Jugendhilfe ihren Kompass ausrichtet. Sich daran zu orientieren, entspricht ihrem gesellschaftlichen Auftrag, „Kinder und Jugendliche vor Gefahren für ihr Wohl zu schützen“ (§ 1 Abs. 3 Nr. 3 SGB VIII). Im Auftrag der staatlichen Gemeinschaft wacht die Regulationsinstanz Kinder- und Jugendhilfe über die sorgende und erziehende Betätigung von Eltern, mit der diese eine „zuvörderst ihnen obliegende Pflicht“ erfüllen (Art. 6 Abs. 2 GG, § 1 Abs. 2 SGB VIII).

Die ihrer Funktion entsprechende regulative Tätigkeit der Jugendhilfe folgt ihrerseits ebenfalls Regeln. Sie wird reguliert von gesetzlichen Normen, über deren Einhaltung die Gerichte wachen, und von Regeln des fachlichen Könnens, die im Diskurs der Fachleute elaboriert und in deren Praxis angewandt werden. In der Terminologie der Systemtheorie von Luhmann (1987) kann man sagen: Die rechtlichen Normen legen in axiomatischer Weise die Codierung fest, die dann alle Operationen des Systems Jugendhilfe strukturiert.

Die Funktionstüchtigkeit eines Regulationssystems setzt eine Codierung voraus, die das System für genau die Störungen sensibilisiert, die es ausgleichen soll. Das gilt auch für die Jugendhilfe. Deren Code lässt sich im Einklang mit unserer dritten These auf das binäre Schema „Kindeswohl gefährdet/Kindeswohl nicht gefährdet“ bringen. Daran orientiert sich das regulative Handeln der Kinder- und Jugendhilfe insgesamt und jederzeit, also nicht erst dann, wenn akute Kinderschutz-Situationen im Sinne von Kindeswohlverletzungen eingetreten sind, sondern auch schon dann, wenn nicht der Schutzauftrag, sondern helfende Unterstützung im Vordergrund steht. Dann handelt die Kinder- und Jugendhilfe prophylaktisch im Sinne der antizipatorisch-regulativen Vermeidung von Kindeswohlgefährdungen und Kindeswohlverletzungen.

In der Bewertung ihrer Tatbestände unterscheidet sich die Codierung der Kinder- und Jugendhilfe von denjenigen anderer Funktionssysteme. Sie wertet den üblichen Wert um. Das Kindeswohl als der sozial präferierte Wert ist im System der Jugendhilfe nicht anschlussfähig – mit dem Kindeswohl kann man darin nichts anfangen. Anschlüsse innerhalb dieses Systems findet man durch Kommunikation über Kindeswohl*gefährdungen* und Kindeswohl*verletzungen*. Das System operiert nur, wenn das Wohl eines Kindes oder Jugendlichen gefährdet ist oder verletzt wird oder wenn eine dem Wohl des Kindes entsprechende Erziehung nicht gewährleistet ist.

Um die Aufgaben der Kinder- und Jugendhilfe erfüllen zu können, braucht man keine Definition des Kindeswohls, sondern eine Vorstellung davon, wann das Kindeswohl gefährdet ist und wann nicht, worin eine konkrete Kindeswohlgefährdung besteht, worin sie sich äußert, woran sie sich zeigt und womit sie beseitigt werden kann. Unauffällige junge Menschen, die in erzieherisch unauffälligen Verhältnissen aufwachsen, sind aus der Sicht der Jugendhilfe nur als in ihrem Wohl nicht gefährdet oder als nicht mehr gefährdet relevant oder als Personen, die unter noch nicht erkannten Kindeswohlgefährdungen leben.

Von der Gefährdung des Kindeswohls spricht das Gesetz (§ 1666 BGB), wenn Rechte des Kindes verletzt sind, insbesondere das Recht auf „Förderung seiner Entwicklung und auf Erziehung zu einer eigenverantwortlichen und gemeinschaftsfähigen Persönlichkeit“ (§ 1 Abs. 1 SGB VIII) sowie das Recht auf gewaltfreie Erziehung (§ 1631, Abs. 2 BGB). Mit dem Begriff der Kindeswohlgefährdung, der dem rechtlichen Diskurs zugehört, werden rechtlich relevante Tatbestände bezeichnet. In das Bedeutungsfeld dieses Begriffs und damit in das Beobachtungsfeld der Kinder- und Jugendhilfe gerät die konkrete erzieherische Situation eines Kindes, sobald die Frage gestellt wird, ob unter den gegebenen erzieherischen Verhältnissen eine Kindeswohlgefährdung vorliegt. Diese Frage löst sofort bestimmte Handlungen im System der Jugendhilfe aus, deren Funktion die Überprüfung der betreffenden Erziehungssituation ist. Überprüft wird dabei insbesondere, ob ungenügende elterliche Erziehungskompetenzen und dysfunktionale Erziehungspraktiken das Kind in seiner Entwicklung beeinträchtigen oder einschränken. Ist das der Fall, so begründet das die Vermutung einer Situation der Kindeswohlgefährdung; sie ist damit jedoch noch nicht bewiesen.

Für den Sachverhalt der Entwicklungsbeeinträchtigung aufgrund einer ungenügenden oder dysfunktionalen elterlichen Erziehung schlagen wir den Begriff der „Kindeswohleinschränkung“ vor und unterscheiden diesen von dem der Kindeswohlgefährdung. Die Feststellung einer Kindeswohleinschränkung – in unserem Sprachgebrauch – ist nicht zugleich schon die Feststellung einer Kindeswohlgefährdung im rechtlichen Sinne. Sie ist dieser sehr nahe, fällt aber nicht mit ihr zusammen. Dazwischen liegt ein Klärungsprozess, der nur gemeinsam mit den Eltern, in der fachlich-methodisch angeleiteten Interaktion mit ihnen, vollzogen werden kann. Dabei geht es darum, gemeinsam mit den Eltern herauszufinden, ob sie bereit und in der Lage sind, gegebenenfalls mit der Unterstützung von Fachleuten die eingetretene Kindeswohleinschränkung aufzuheben, zu diesem Zweck ihre erzieherischen Haltungen und Handlungen zu reflektieren und einen Lern- und Entwicklungsprozess zu beginnen, der ihre erzieherischen Kompetenzen stärkt und sie befähigt, hinreichend gute Eltern zu sein. *Die Kindeswohlgefährdung lässt sich erst dann begründet behaupten, wenn die Eltern trotz entsprechender Anregung oder Aufforderung nicht in den ihre Erziehungskompetenzen stärkenden Reflexions-, Lern- und Entwicklungsprozess eintreten, und wenn sie auch in keiner anderen Weise die Bedingungen verbessern, unter denen die Einschränkungen des Wohls ihres Kindes eingetreten sind und aufrechterhalten werden.* Unter dieser Voraussetzung liegt eine Kindeswohlgefährdung im Sinne des Gesetzes vor; aber erst dann. Dann erst greift die Rechtsgrundlage, den Willen der Eltern zu ersetzen und den Einfluss ihrer dysfunktionalen Erziehungspraktiken zu unterbinden. Dann „hat das Familiengericht, wenn die Eltern nicht gewillt oder nicht in der Lage sind, die Gefahr abzuwenden, die zur Abwendung der Gefahr erforderlichen Maßnahmen zu treffen“ (§ 1666 BGB).

Als Regulationssystem ist die Kinder- und Jugendhilfe mit der Verhinderung und dem Ausgleich von Störungen befasst, die als Situationen der Kindeswohlgefährdung und der Einschränkung der elterlichen Sorge die Entwicklung von Kindern und Jugendlichen belasten. Die antizipatorische Regulation solcher Störungen beginnt weit im Vorfeld akuter Kinderschutzsituationen. Aber auch die in der Jugendhilfe präventiv Handelnden sollten immer die Möglichkeit des schlimmsten Falls vor Augen haben.

Ausgehend von der Prämisse, dass Leistungen der Jugendhilfe, insbesondere Hilfen zur Erziehung, dazu dienen, Lebenslagen, Sozialisations- und Erziehungsbedingungen, die den rechtlich relevanten Tatbestand der Gefährdung des Wohls von Kindern und Jugendlichen erfüllen, zu vermeiden und gegebenenfalls zu beheben, befassen wir uns in diesem Buch mit der Frage, auf welcher fachlichen Grundlage solche Hilfen geplant werden: An welchen fachlich begründeten Kriterien sind Entscheidungen über die jeweils geeignete und notwendige Hilfeleistung ausgerichtet? Woran bemisst sich, ob eine Hilfe zur Erziehung notwendig ist? Was macht die jeweils ausgewählte Hilfe zu der geeigneten?

Diese Fragen stellen sich im fachlichen Diskurs der Jugendhilfe. Ihr Bezugspunkt ist der Sachverhalt der Kindeswohl*einschränkung*, also jene von uns so bezeichnete Problemlage, die auf der Ebene des fachlichen Denkens und Handelns der Jugendhilfe mit dem rechtlichen Konstrukt der Kindeswohl*gefährdung* korrespondiert. Professionelle Hilfeplanung, die durch eingetretene oder befürchtete Situationen der Kindeswohleinschränkung motiviert ist – und nur das kann unseres Erachtens ihre Legitimation sein –, ist auf fachliche Mittel der Problemlösung angewiesen. Dazu zählen erstens Erkenntnismittel, welche die Lebenslage eines Kindes oder Jugendlichen unter dem Gesichtspunkt der Kindeswohleinschränkung zu beschreiben und zu beurteilen gestatten; zweitens Verknüpfungsregeln zur Ableitung geeigneter Hilfeformen, welche die jeweils beschriebene Kindeswohleinschränkung wirksam in Richtung auf explizierte Entwicklungsziele beeinflussen; und drittens schließlich Verfahren zur Bewertung der Wirksamkeit der gewählten Hilfe, gegebenenfalls zu deren Modifikation und Anpassung an die angestrebten Ziele, an die eingetretenen Veränderungen und an die vorhandenen Veränderungspotentiale. Dem entsprechend ist die Planung von Hilfen zur Erziehung in drei Schritte gegliedert: Der (1) *Diagnose* von Kindeswohleinschränkungen folgt (2) die *Indikation* von geeigneten und notwendigen Hilfen zur Vermeidung bzw. Beseitigung von Kindeswohleinschränkungen. Der Indikationsstellung und der entsprechenden Hilfeleistung folgt (3) die *Evaluation bzw. Adaptation* der ursprünglichen Indikation und der danach geleisteten Hilfe. Zur Evaluation gehört die erneute diagnostische Einschätzung der anfänglich das Kindeswohl einschränkenden und deshalb als problematisch bewerteten Lebenslage eines Kindes oder Jugendlichen. Können die Merkmale einer Kindeswohleinschränkung nicht mehr festgestellt werden, war die Indikation richtig und die Hilfe erfolgreich. Andernfalls ist die Indikation zu ändern und die Hilfeleistung entsprechend zu modifizieren.

Die Erfahrungen, die wir in langjähriger Praxis in der Kinder- und Jugendhilfe mit den dort stattfindenden Hilfeplanungsprozessen gemacht haben, lassen uns vermuten, dass das für die Realisierung der o.g. drei Planungsschritte erforderliche Expertenwissen in der Regel in hinreichendem Maße vorhanden ist und auch in wirksamer Form genutzt wird. Man kann davon ausgehen, dass es sich mit jeder neuen Hilfeplanung erweitert und anreichert. Indessen hat es im Allgemeinen die Gestalt intuitiven Wissens. Als das Wissen von erfahrenen Praktikern ist es zwar empirisch gehaltvoll, aber zumeist fungiert es als Handlung steuerndes Wissen implizit im Hintergrund und nimmt allenfalls in einzelfallbezogenen Supervisions- oder Intervisionsgesprächen eine explizierte Form an.

Wir haben uns vorgenommen, in diesem Buch einen Beitrag zur Explikation und besseren Kommunizierbarkeit des vorhandenen, in Hilfeplanungsprozessen der Jugendhilfe genutzten Expertenwissens zu leisten. Das Ergebnis ist der Entwurf eines Expertensystems, das wir „Multiaxiales Diagnosesystem – Jugendhilfe“ (MAD-J) nennen. Es ist auf die Zwecke der Jugendhilfe zugeschnitten, die in Familien von Eltern geleistete Erziehungsarbeit zu unterstützen, Einschränkungen des Kindeswohls zu vermeiden und gegebenenfalls zu beseitigen. Wie der Name schon sagt, soll das Arbeitsinstrument in der Hauptsache eine Unterstützung bei der Ermittlung jugendhilfespezifischer Diagnosen bieten, die ihre Relevanz in der Entscheidungsfindung bei der Planung von Hilfen zur Erziehung haben. Damit ist es zugleich ein Leitfaden zur Indikationsstellung (Hilfeplanung im engeren Sinne) und eine Grundlage für Evaluationsprozesse (Bewertung der Wirksamkeit geleisteter Hilfen).

Hilfen zur Erziehung sind Hilfen zur Abwehr oder Eindämmung von unzureichenden oder dysfunktionalen, auf Seiten des Kindes oder Jugendlichen zu Entwicklungsbeeinträchtigungen führenden Erziehungsprozessen, die in Familien von Eltern gestaltet und verantwortet werden. Anders und positiver formuliert: Es sind Hilfen, die das Gelingen elterlicher Erziehung – im Sinne des Vermeidens von Kindeswohleinschränkungen – gewährleisten sollen. Unter dieser Prämisse sind Diagnose-, Indikations- und Evaluationsprozesse im Bereich der Hilfen zur Erziehung nur dann in ihrem jugendhilfespezifischen Thema, wenn sie sich auf die elterliche Erziehung grundsätzlich beziehen und diese nicht bloß „irgendwie“ mit einbeziehen. In Teil I dieses Buches befassen wir uns deshalb mit der elterlichen Erziehung und ihren Bedingungen und schaffen so die Basis für die Konstruktion unseres Diagnosesystems. Teil II sichtet und bewertet veröffentlichte Diagnosesysteme unter dem Gesichtspunkt der (elterlichen) Erziehung und diskutiert sodann Fragen der Diagnostik und Indikation in der Jugendhilfe. In Teil III schließlich erläutern wir unseren Entwurf zu einem jugendhilfespezifischen, die elterliche Erziehung in den Mittelpunkt rückenden Diagnosesystem (MAD-J) und beschreiben, wie damit in der Hilfeplanung umgegangen werden kann.

Teil I

Elterliche Erziehung und ihre Bedingungen

1 Einleitung

Anfangs dachten wir, in der einschlägigen, den fachlichen Diskurs der Jugendhilfe bestimmenden Literatur müsste leicht eine geeignete, plausible, vielleicht sogar allgemein akzeptierte Definition von „elterlicher Erziehung“ oder von „Familienerziehung“ zu finden sein. Nach der Prüfung ihres theoretischen Hintergrunds, ihrer empirischen Validität, auch ihrer Verträglichkeit mit dem Alltagsverständnis von Erziehung in der Familie hofften wir, die gesuchte Standarddefinition als Grundlage für die Formulierung von Indikatoren nehmen zu können, mit denen sich die Charakteristika und die Qualität elterlicher Erziehung diagnostisch würden erfassen lassen. Wir waren bald ernüchtert. Nirgendwo in der Fülle sozialpädagogischer, systemisch orientierter und familientherapeutischer Veröffentlichungen, die sich mit „Hilfen zur Erziehung“ und deren Erforschung, mit der Familie, mit den Beziehungen in der Familie und deren Dynamiken usw. beschäftigen, ist überzeugend und explizit eine der zentralen Aufgaben von Familien definiert: die Aufgabe der Eltern, ihre Kinder zu erziehen. Eine Definition von „Erziehung“ findet sich auch in kaum einem der von uns gesichteten Bücher zur Familienpsychologie (z.B. Schneewind 1999; 2000; Petzold 1999; Krause/Peters 2002; Walper/Pekrun 2001). Wie kann das sein? Ist „elterliche Erziehung“ etwas so Selbstverständliches, dass man glaubt, sie begrifflich nicht ausdrücklich fassen müssen? Weiß sowieso jeder, was gemeint ist? Irgendwie schon, denn jeder erfährt sie ja, zuerst passiv, später vielleicht auch aktiv. Kann es sein, dass das Versäumnis, elterliches Erziehungshandeln auf den Begriff zu bringen, auch ein Ausdruck von Vernachlässigung ist? Professionelles Erziehungshandeln hat jedenfalls deutlich mehr wissenschaftliche Aufmerksamkeit auf sich gezogen als die in der Privatsphäre der Familie stattfindende Erziehung durch pädagogische Laien. So verwundert es nicht, dass wir auf der Suche nach einer begrifflichen Definition von „Erziehung“ erst in der erziehungswissenschaftlichen Literatur (im Überblick: Brezinka 1990; Giesecke 1998) und in jüngeren Veröffentlichungen zur Erziehungspsychologie (im Überblick: Fuhrer 2005) fündig geworden sind. Brezinka definiert wie folgt:

> „Erziehung besteht in sozialen Handlungen zwischen Personen, die sich aber von anderen Handlungen bzw. Interaktionen dadurch unterscheiden, dass sie eine bestimmte Richtung implizieren, nämlich die Absicht, bestimmte Erziehungsziele zu erreichen. Genauer: Der Begriff Erziehung bezeichnet speziell solche menschlichen Handlungen, die darauf ausgerichtet sind, die psychischen Dispositionen und die psychische Entwicklung anderer Menschen dauerhaft zu fördern.“ (Brezinka nach Fuhrer 2005, 32)

Diese Definition enthält fünf Bestimmungsmerkmale. „(1) Erziehende sind Menschen, (2) die versuchen, dazu beizutragen, dass der Lerner selbst seine psychischen Dispositionen weiterentwickeln kann." (Fuhrer 2005, 32) Hier wird auf eine ideengeschichtlich bedeutsame Auseinandersetzung zum Thema „Autonomie" und „Bezogenheit" verwiesen, auf die wir weiter unten zurückkommen. Die „personale" Perspektive (vgl. Böhm 2004, 121) wird bemerkenswert selbstverständlich eingenommen, Selbsterfahrung und Selbstentwicklung sind dabei die Kernbegriffe. Die Annahme, Erziehung und Entwicklung könnten ausschließlich gesellschaftlich determiniert und normiert sein, wird erst gar nicht in Erwägung gezogen. „(3) Soziale Handlungen setzen ein zielgerichtetes, zweckbestimmtes Verhalten voraus, dessen man sich subjektiv bewusst ist, wobei sozial meint, dass diese Handlungen auf andere bezogen sind. (4) Mit psychischen Dispositionen sind nicht flüchtiges Erleben und Verhalten gemeint, sondern relativ dauerhafte Bereitschaften zum Erleben und Verhalten." (Fuhrer 2005, 32) Ausgangs- und Zielpunkt sind also psychische Dispositionen. Diese müssten in einer Handlungstheorie, die reale Erziehungsprozesse modelliert, konkretisiert und differenziert, beschrieben werden. „(5) Verbessern oder erhalten (oder neue schaffen bzw. als schädlich bewertete beseitigen) meint, dass einem vorgestellten Soll-Zustand vom erzieherisch Handelnden Wert zugeschrieben wird." (Fuhrer 2005, 32) Hier kommt der normative Rahmen zur Sprache, in dem sich Erziehende und Heranwachsende bewegen.

Es stellt sich die Frage, weshalb Erziehung bei den meisten Autoren im Wesentlichen als ein Handeln von Professionellen verstanden wird, warum Eltern als Erziehende im Blickwinkel der Erziehungswissenschaft und der pädagogischen Reflexion so gut wie keine Rolle spielen, und wenn doch, dann – wie bei Alice Miller – als Bezugspersonen, die das Kind eher deformieren als fördern. Wir vermuten, dass der blinde Fleck im Wahrnehmungsfeld der professionellen (Sozial-)Pädagogik, der die elterlichen Erziehungsfunktionen weit gehend ausblendet, etwas zu tun hat mit der Ambivalenz erziehender Institutionen wie der Schule und Erziehung regulierender Institutionen wie der Jugendhilfe gegenüber der Rolle der Eltern.

Eine Analyse des Verhältnisses zwischen Jugendhilfe und Schule einerseits und Eltern andererseits könnte darüber Aufschluss geben, würde jedoch den Rahmen dieses Buches sprengen. Wir begnügen uns hier mit der Formulierung des Eindrucks, dass sich Vertreter der professionellen Jugendhilfe bis heute schwer damit tun, ein klares Verständnis dessen zu definieren, was Elternschaft bedeutet, was, bezogen darauf, eingreifende Jugendhilfe und was unterstützende Jugendhilfe leistet. Gut möglich, dass solches Zögern in einer gewissen ratlosen Scheu, einer Art von professionellem Fremdeln vor der Besonderheit des Privaten wurzelt, die für familiäre Erziehungsprozesse charakteristisch sind. Das Besondere dieser Erziehungsform sehen wir in der emotionalen, üblicherweise liebevollen Verbundenheit der Eltern mit ihren Kindern. In der (sozial-)pädagogischen Forschung wird dieser emotionale Faktor bisher kaum, wenn überhaupt beachtet. Er lässt aber das elterliche Erziehungshandeln völlig anders erscheinen und wirken als professionelles Erziehen. Professionelle spüren das in jedem Kontakt mit Eltern-Kind-Systemen. Angesichts der Andersartigkeit elterlicher Erziehung hat die professionelle (Sozial-)Pädagogik nur die Wahl zwischen einer respektvollen Haltung, die, wenn nötig, klare Grenzsetzung nicht ausschließt, und dem ambivalenten Schwanken zwischen Resignation und Verärgerung.

Wir versuchen nun, eine Arbeitsdefinition der elterlichen Erziehung zu gewinnen und machen dazu eine Anleihe bei Schleiermacher, einem Pädagogen und Theologen, der von 1768 bis 1834 lebte und in der Tradition des humanistischen, personorientierten Denkens über Erziehung steht. Seiner Vorlesung aus dem Jahr 1826 entnehmen wir die folgende Definition: *„Erziehung ist die Einleitung und Fortführung des Entwicklungsprozesses des Einzelnen durch äußere Einwirkung.“* (Schleiermacher 1959, 261)

Bereits vor 200 Jahren gesteht Schleiermacher also dem einzelnen Kind zu, sich selbst zu entwickeln. Die Umwelt initiiert diesen Prozess oder regt seine Fortsetzung an. „Entwicklung“ ist bei Schleiermacher immer Entwicklung des Individuellen. Er ist ein Gegner der Auffassung, man könne „aus jedem Menschen alles machen“. Das nämlich würde die „Allmacht der Erziehung“ voraussetzen – für ihn eine abwegige Vorstellung. Neben dem Respekt vor der Individualität der Zöglinge soll die Förderung von deren Selbsttätigkeit das pädagogische Handeln bestimmen. Erzieherisches Handeln vollzieht sich, mit anderen Worten, in der Begegnung von zwei Subjekten: Das Kind als das sich entwickelnde Subjekt begegnet einem äußeren Subjekt, das auf seine Entwicklung einwirkt. Ausgangspunkt und Ziel der pädagogischen Einwirkung ist der Entwicklungsprozess des Einzelnen. Erziehung ist somit nicht die totale Einflussnahme auf eine vermeintliche Tabula rasa in Gestalt des Kindes. Vielmehr bezieht sie sich auf den kindlichen Prozess der Selbstentwicklung und hat darin ihr Motiv, ihren Gegenstand und ihre Richtung.

Das gilt auch für die elterliche Erziehung, die allerdings den Erziehungszweck, die Entwicklung des Kindes zu ermöglichen und zu befördern, in einer besonderen Form erfüllt. Das Besondere ist die starke emotionale Verbindung zwischen Eltern und Kind. Die liebevolle Gründung der elterlichen Erziehung bildet nicht nur die motivationale Basis elterlichen Erziehungshandelns; sie bestimmt auch die je spezifische Einfärbung der elterlichen Erziehungshandlungen. Gerade das Fehlen professioneller Distanz macht elterliche Erziehung so eigen- und einzigartig. Wenn wir Schleiermachers Definition mit Rücksicht auf die Besonderheit elterlicher Erziehung abwandeln, kommen wir zu folgendem vorläufigen Arbeitsbegriff:

Elterliche Erziehung ist die Einleitung und fortlaufende Ermöglichung des Entwicklungsprozesses des Kindes durch die von tiefen Gefühlen begründete und gekennzeichnete Einwirkung auf das Kind durch seine Eltern.

Diese von Schleiermacher inspirierte begriffliche Annäherung an die elterliche Erziehung integrieren wir schließlich mit dem uns überzeugenden, bereits zitierten, allgemeinen Erziehungsbegriff von Brezinka (1990). Wir gelangen so zu unserem Begriff von elterlicher Erziehung, den wir der vorliegenden Arbeit zugrunde legen:

Der Begriff der elterlichen Erziehung bezeichnet speziell solche zumeist von tiefen Gefühlen getragenen Handlungen von Eltern, die diese in der Absicht vollziehen, die psychischen Dispositionen und die psychische Entwicklung ihres Kindes dauerhaft und in einer Weise zu fördern, dass dem Kind stets die Möglichkeit erschlossen bleibt, Erfahrungen als autonomes und zugleich bezogenes Wesen zu machen und zu integrieren.

Die Definition legt nahe, bei der näheren Untersuchung der elterlichen Erziehung vom Kind auszugehen und mit der Untersuchung von dessen Bedürfnissen zu beginnen.

2 Auf dem Weg zu einer „Struktur der elterlichen Erziehung"

2.1 Der Ausgangspunkt: kindliche Bedürfnisse

Inzwischen ist es in der Entwicklungspsychologie unstrittig, dass kindliche Motivationen nicht mehr nur aus ein oder zwei triebdynamischen Konzepten herzuleiten sind. Postuliert wird vielmehr eine (begrenzte) Vielfalt von fünf bis sieben basalen Motivationssystemen, deren Ineinanderwirken die Forschung aufzuklären sucht. Lichtenberg (1989; et al. 2000) geht von fünf Grundbedürfnissen und Empfindungen des Säuglings aus, die reguliert werden müssen: „1. das Bedürfnis nach psychischer Regulierung physiologischer Erfordernisse, 2. das Bedürfnis nach Bindung – später nach Zugehörigkeit, 3. das Bedürfnis nach Exploration und Selbstbehauptung, 4. das Bedürfnis, aversiv zu reagieren – mit Antagonismus oder Rückzug – und 5. das Bedürfnis nach sinnlichem Genuss und sexueller Erregung" (Lichtenberg et al. 2000, 13; vgl. auch Dornes 2001, 97). Dornes konstatiert in jüngerer Zeit ein sechstes Bedürfnis nach intersubjektiver Anerkennung und rückt damit stark in die Nähe personzentrierten humanistischen Denkens (Biermann-Ratjen et al. 2003). Diskutiert wird, ob diese Motivationssysteme alle gleichrangig sind oder eher in einem hierarchischen Verhältnis zueinander stehen, und unklar scheint auch, ob die Liste der oben erwähnten Motivationssysteme abschließend ist (z.B. Gedo 1996).

Hervorzuheben sind hier die auf Bowlby zurückgehenden bindungspsychologischen Konzepte und Forschungsarbeiten (z.B. Bowlby 1982), die u.a. in einem von Spangler und Zimmermann (1999) herausgegebenen Sammelband übersichtlich dargestellt werden.

Wir gehen davon aus, dass es mindestens drei Bedürfnisklassen erster Ordnung und zwei Bedürfnisklassen zweiter Ordnung gibt, die elterliches Erziehungshandeln herausfordern.

Bedürfnisklassen erster Ordnung umfassen angeborene Bedürfnisse. Das sind erstens die vitalen Bedürfnisse, die der biologischen Natur des Menschen entsprechen. Es sind zweitens Bedürfnisse, die auf die Herstellung eigener Sicherheit vermittels Bindung zu anderen Menschen gerichtet sind. Erlebt sich das Kind sicher und geborgen, entwickelt es drittens Bedürfnisse, sich selbst und seine Umgebung zu erkunden, also explorative Bedürfnisse.

Bedürfnisse zweiter Ordnung leiten sich ab aus der Art und Weise, wie Bedürfnisse erster Ordnung befriedigt werden. Als solche betrachten wir erstens Bedürfnisse, die sich vermutlich sekundär bei der Befriedigung der drei Grundklassen und anderer Bedürfnisse aus den Befriedigungserfahrungen und den damit einhergehenden lustbetonten Impulsen heraus entwickeln; wir nennen sie Bedürfnisse nach Erleichterung und Genuss. Zweitens: Aus der Erfahrung, Bedürfnisse nach vitaler Regulation sowie nach Sicherheit und Exploration nicht ohne die Kommunikation mit dem anderen befriedigen zu können, entfalten sich Strebungen, diese Kommunikation selbst zu optimieren, also kommunikative Bedürfnisse. Im Folgenden werden diese fünf Bedürfnissysteme näher erläutert.

a) Bedürfnisse nach Befriedigung vitaler Spannungen

Wir verwenden hier eine Klassifikation, die sich an Als und Brazelton (zit. nach Ziegenhain et al. 2004, 21f) anlehnt. Das Bedürfnis nach Regulation vitaler Spannungen bezieht sich danach zunächst auf das vegetative physiologische System, das Atmung, Temperatur, Verdauung und Kreislauf reguliert. Das zweite zu regulierende vitale System „umfasst die Motorik und dabei insbesondere den Muskeltonus und die Bewegungskoordination" (Ziegenhain et al. 2004, 21f). Das dritte System reguliert Schlafen und Wachen und führt zur Modulierung des Übergangs zwischen den unterschiedlichen Wach- und Schlafzuständen. Das vierte vitale System steuert die kognitive Aufmerksamkeit und die soziale Aufgeschlossenheit. Regulation führt in diesem System zur Ausdifferenzierung und Stabilisierung des Aufmerksamkeitsniveaus, der Erregung, der Zuwendung und Zugänglichkeit sowie der Abwendung und Reizabwehr. Diese vitalen Systeme entwickeln sich nach der Geburt nicht parallel, sondern nacheinander. In Abbildung I.1 ist die Entwicklungsabfolge grafisch dargestellt.
Säuglinge unterscheiden sich bereits von Geburt an stark in der Fähigkeit zur vitalen Regulation. Sie bedürfen daher auch einer sehr individuellen Unterstützung.

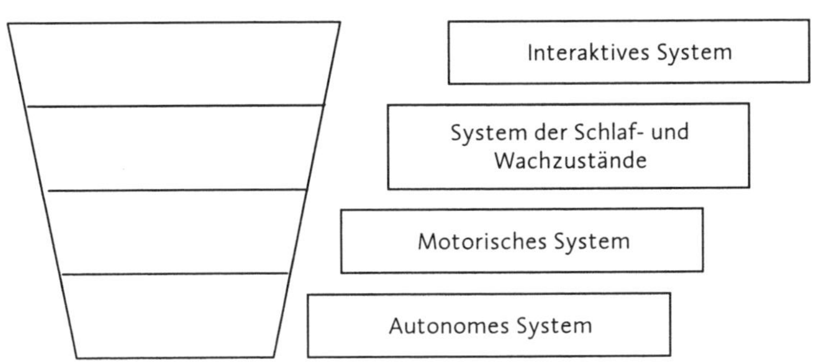

Abbildung I.1: Vitale Systeme des Neugeborenen (nach Ziegenhain et al. 2004, 21f)

b) Bedürfnisse nach Sicherheit durch Bindung

Die Kerngedanken der Bindungstheorie fassen Ziegenhain u. a. 2004 (S. 44) wie folgt zusammen:

- „Es gibt eine angeborene Disposition, Bindungen einzugehen.
- Bindungsbezogenes Verhalten ist in einem eigenständigen Motivationssystem, dem Bindungssystem organisiert.
- Das Bindungssystem wird insbesondere in Situationen von Verunsicherung und / oder Angst aktiviert.
- Die Aktivierung des Bindungssystems ist mit starker innerer Erregung verbunden.
- Bindungsverhalten hat das Ziel, räumliche und psychologische Nähe und emotionale Sicherheit zu gewinnen."

Bindungsbedürfnisse sind somit Bedürfnisse, die auf die Wiedererlangung von innerer Sicherheit gerichtet sind, insbesondere dann, wenn das Kind angstbesetzte Verunsicherung erlebt. Befriedigung erlangen diese Bedürfnisse durch Erfahrungen von Nähe, Trost und Schutz. Zutreffender wäre es, statt von Bindungsbedürfnissen von Sicherheitsbedürfnissen zu sprechen, denn Bindung ist das Mittel und das Erleben von Sicherheit das Ziel. Der Begriff ist jedoch inzwischen so eingeführt, dass kaum die Hoffnung besteht, ihn ersetzen zu können.

c) Bedürfnisse nach Exploration

Explorative Bedürfnisse sind Strebungen, die der Erkundung von sich und der Umwelt dienen. Sie führen zum anschaulichen und mit zunehmendem Alter auch zum nicht anschauungsgebundenen Erforschen. Ihre Befriedigung verschafft Entspannung und Erleichterung, allerdings weniger derart, wie man Erleichterung erlebt, wenn eine bedrohliche Situation überwunden ist, sondern eher als Befriedigung, die mit Empfindungen von Stolz und Zufriedenheit verbunden ist. Konzepte zum Selbstwirksamkeitserleben (z.B. Bandura 1994) beziehen sich u. E. auf die Entfaltung dieser Bedürfnisse.

Bowlby (1982) hat das Bindungssystem unauflösbar – ähnlich dem Verhältnis kommunizierender Röhren – mit dem Bedürfnissystem nach Erkundung verbunden gesehen. Das Wechselwirkungsverhältnis zwischen Bindung und Erkundung ist in Abb. I.2 grafisch dargestellt.

d) Bedürfnisse zweiter Ordnung

Die Bedürfnisklasse zweiter Ordnung entwickelt sich vermutlich aus Erfahrungen mit der Befriedigung der vitalen sowie der Sicherheits- und Explorationsbedürfnisse. In der Konzeption einer Bedürfnishierarchie hätte sie daher eine abgeleitete Position.

Die Balance zwischen Bindung und Erkundung
Beruhigung des Bindungssystems

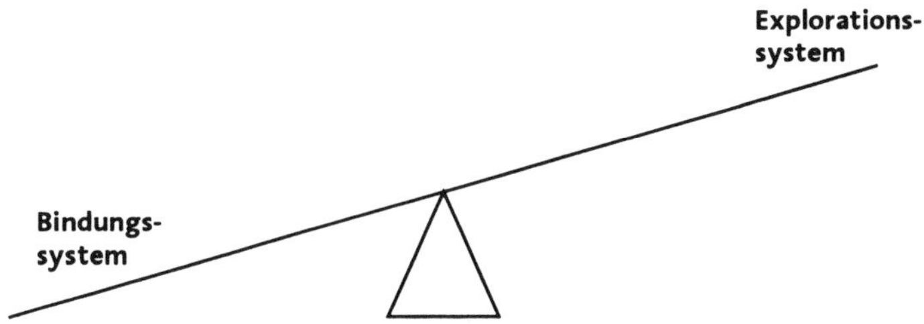

Beruhigung des Bindungssystems, d. h.: Bei Wohlbefinden und dem Gefühl von Sicherheit wird das Erkundungssystem aktiviert. Das Kind ist unternehmungslustig, sozial neugierig, spiellustig, explorativ mit Mund und Händen.

Die Balance zwischen Bindung und Erkundung
Aktivierung des Bindungssystems

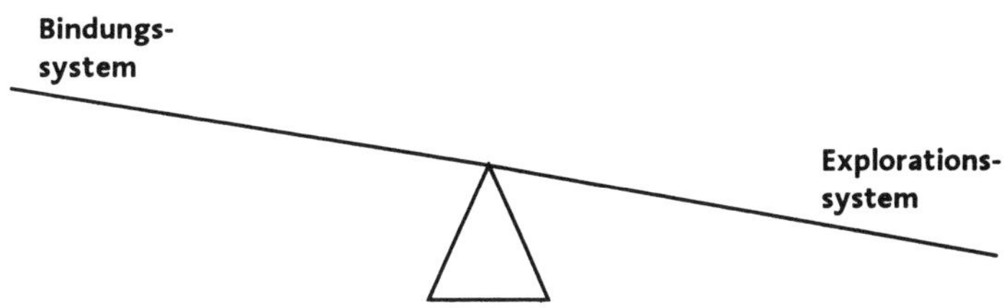

Eine Erregung des Bindungssystems und Dämpfung des Erkundungssystems geschieht, wenn das Kind ängstlich, unsicher, misstrauisch, krank, müde, hungrig, einsam, verlassen, fremd ist, bei Schmerz usw.

Abbildung I.2: Die Balance zwischen Bindung und Erkundung (nach Grossmann/Grossmann 1994, 12)

Vorformen der Bedürfnisse nach Erleichterung und Genuss lassen sich in Strebungen finden, die aus der körperlich-sinnlichen Stimulation und Freude, aus Erfahrungen von Erleichterung und Zufriedenheit und umgekehrt aus negativer Erregung, Aversion und Unzufriedenheit bei Nichtbefriedigung stammen. Diese lustbetonten bzw. unlustbetonten Erfahrungen scheinen eine Eigendynamik zu entwickeln; so können sie selbst zum Gegenstand von Suche, zur Strebung und schließlich zum Bedürfnis werden. Das Mittel verwandelt sich zum Zweck. Diese Motivationsklasse nennen wir Bedürfnisse nach Erleichterung und Genuss. Letztlich dient sie nicht nur der eigenen Befriedigung, sondern unterstützt auch die Selbstherstellung sicherer und angstfreier Beziehungen im sozialen Netz; sie fördert auf diese Weise auch die Erkundung.

Eine andere Gruppe von Bedürfnissen zweiter Ordnung entwickelt sich aus der Erfahrung des Kindes, die Befriedigung seiner Wünsche nicht ohne Kommunikation mit der anderen Person erreichen zu können. In diesem Prozess erfährt es sich in seiner eigenen Kommunikationsfähigkeit und entwickelt auf diese Weise die Tendenz, die Kommunikation selbst und seine Kommunikationsmittel zu entfalten. Wir nehmen an, dass kommunikatives Verhalten sich nicht aus einem angelegten Kommunikationsbedürfnis heraus entwickelt, sondern Mittel zum Zweck ist. Kommunikation wird erst später, im Zuge der Entwicklung, selbst zum Bedürfnis. Die Entwicklung und Differenzierung des kommunikativen Repertoires dient primär der Befriedigung von Bedürfnissen, die aus den drei Grundbedürfnissen stammen. Erfahrungen mit den eigenen Bedürfnissen und mit den Mitteln, diese zu befriedigen, werden in der kindlichen Entwicklung selbst zu Motiven und lösen dann auch Verhalten aus, das der Befriedigung dieser Motive zweiter Art dient.

Ähnlich dürfte es sich mit dem Bedürfnis nach positiver Beachtung verhalten. Erst durch die nicht optimale Befriedigung bestimmter basaler Bedürfnisse gerät das Kind in Spannungen, die es auffordern, den anderen außer sich zu erkennen, ihn zu „benutzen“ (vgl. hierzu auch Martin Dornes’ [1993] Aufsatz über die Entwicklung der kindlichen Kommunikation). An dieser Stelle tritt dann – vermittelt v.a. durch Affektspiegelung (vgl. Gergely in Dornes 2001) – die Erfahrung von Angewiesenheit und später von Bezogenheit in das Leben des Babys. Diese erste Selbst-Erfah-

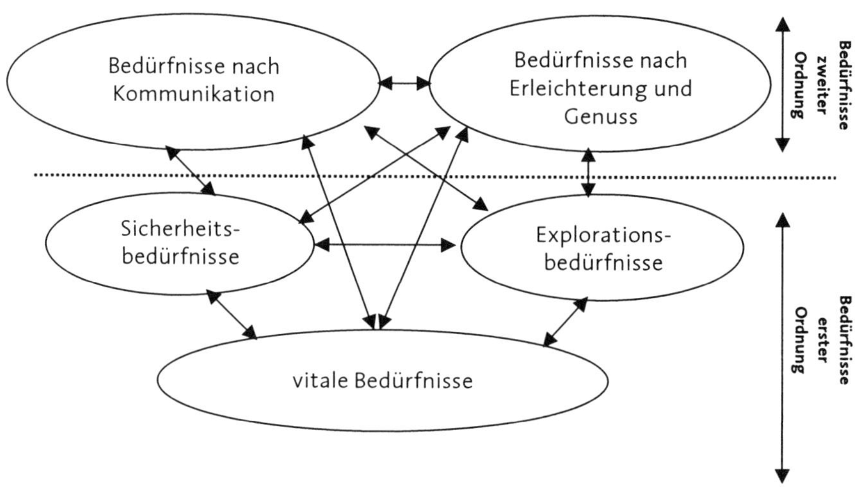

Abbildung I.3: Das System der kindlichen Bedürfnisklassen

rung fühlt sich nur dann leicht und angstfrei an, wenn es eine positive war. Positive Selbsterfahrung „verlockt" das Kind zur weiteren Exploration nicht nur der Umgebung und des anderen, sondern auch seiner selbst. Stern (1985) beschreibt sehr eindrucksvoll die Entstehung des Selbstkonzeptes durch Interaktion. In Abb. I.3 ist dargestellt, wie wir die Verhältnisse zwischen den fünf Motivationsklassen sehen.

Mit der Struktur der elementaren Bedürfnisse des Kindes haben wir die motivationale Grundlage seiner Selbstentwicklung skizziert. Diese ist zugleich der Realitätsbereich, auf den sich elterliches Pflege- und Erziehungsverhalten bezieht. Elterliches Handeln kümmert sich um die Bedürfnisbefriedigung des Kindes und hat sein Motiv in dem Interesse an den darin begründeten kindlichen Entwicklungsfortschritten. Die Bedürfnisse des Kindes, die den Prozess seiner Entwicklung in Gang setzen und in Bewegung halten, sind der eine Bezugspunkt der elterlichen Erziehung; sie sind gewissermaßen deren ständiger Ausgangspunkt. Indessen, wenn Eltern ihre Kinder umsorgen und erziehen, ist stets und ständig ein zweiter Bezugspunkt im Spiel. Dieser gehört einem Realitätsbereich an, in den das Kind erst hineinwachsen soll. Eltern wünschen, dass ihr Kind sich zu einem Erwachsenen entwickelt, der in der Gesellschaft anderer Erwachsener Anerkennung findet. Anerkennungspotentiale erwirbt man freilich nur durch die Anpassung an kulturell geprägte Erwartungsmuster. Deshalb ist elterliches Erziehungsverhalten immer auch von der Kultur durchwirkt, der eine Familie sich verpflichtet, in der sie sich sozusagen zu Hause fühlt. Mit dem kulturell bedingten Zielbezug der kindlichen Entwicklung befasst sich der folgende Abschnitt.

2.2 Der kulturelle Zielbezug: Entwicklung als Personwerdung

Fragt man, worauf hin sich das Kind entwickeln soll, so liegt dem ein unmittelbar normatives Interesse zugrunde. Die Antworten auf die Frage nach dem „Woraufhin" hängen dann von normativ geprägten Grundhaltungen ab; sie schwanken zwischen einer eher individualistischen und einer eher kollektivistischen Position. Gestritten wird darum, ob es in der Erziehung und Entwicklung eines Kindes eher um die Entfaltung seiner Individualität oder mehr um die Einordnung in die Gesellschaft zu gehen habe. Nach dem Ziel der Entwicklung eines Kindes kann man freilich auch in deskriptiver Absicht fragen und wird dann versuchen, angestrebte und tatsächlich erreichte Entwicklungsziele oder -zustände teleonomisch, d.h. unter dem Gesichtspunkt ihrer Funktionalität, durch Wirkmechanismen (wirkende Programme) zu erklären, die den funktionalen Zielbezug gewährleisten. In dieser Perspektive hat die kulturvergleichende Entwicklungspsychologin Heidi Keller die Personentwicklung des Kindes beschrieben – sie geht davon aus, dass die Entwicklung der Persönlichkeit in besonderem Maß von soziokulturellen Gegebenheiten geprägt ist.

Keller definiert Entwicklungsaufgaben aus einer evolutionären Perspektive als Aufgabenstellungen, die zur Lebensgeschichte eines jeden Menschen gehören. Individuen seien für die Lösung dieser Entwicklungsaufgaben mit offenen genetischen Programmen, d.h. mit spezifischen Lernbereitschaften ausgestattet, die es ihnen ermöglichen, optimale Strategien zu ihrer Bewältigung in den jeweiligen soziokulturellen Kontexten zu erwerben. Nach Keller gibt es aber nur eine begrenzte Anzahl von Lernmöglichkeiten, die im Wesentlichen durch die ebenfalls stammesgeschichtlich gewachsene Reaktionsnorm vorgegeben sind.

> „Das Entwicklungsergebnis früher Entwicklungsaufgaben organisiert die Art der Bewältigung späterer, so dass Lebensverläufe kohärent sind. Die psychologische Kontinuität im Selbsterleben wird durch die kulturelle Konstruktion und Ko-Konstruktion hergestellt. Dazu sind kulturelle Ideale und Wertvorstellungen bedeutsam. Aus kulturvergleichender [...] wie kulturpsychologischer Sicht [...] sind solche kulturellen Wertesysteme vorgeschlagen worden, die die Folie für die individuelle Persönlichkeits- und Selbstentwicklung abgeben können. Diese Selbstkonstruktionen sind auf unterschiedliche sozioökonomische Kontexte bezogen, in denen sie psychologisch und reproduktionsstrategisch adaptiv sind." (Keller/Chasiotis im Druck, 18)

Die Autoren unterscheiden im Wesentlichen zwei Alternativen: die autonome (independente) und die bezogene (interdependente) Selbstkonstruktion.

Mit dem Begriff der **„Autonomie"** lässt sich das Bestreben bzw. die Fähigkeit eines Individuums beschreiben, unabhängig von anderen seine Entwicklungschancen zu nutzen, sich dabei von anderen abzugrenzen und sich mit Eigenschaften zu beschreiben, die situationsübergreifend gelten sollen. Diese Dimension („Agency") weist die Pole „Autonomie" vs. „Abhängigkeit" auf (vgl. auch Roth 2003a, 427f). Roth versteht unter Autonomie „die Fähigkeit unseres ganzen Wesens – Bewusstsein, Unbewusstes, das ganze Gehirn und der ganze Körper – innengeleitet, aus individueller Erfahrung heraus zu handeln".

Die **interdependente** (d.h. **bezogene**) Selbstkonstruktion „beschreibt ein sozial vernetztes Individuum, das seine Entwicklungsmöglichkeiten dazu nutzt, seine soziale Bezugsgruppe – und das ist in der Regel die Familie – optimal zu unterstützen und mit der Gruppe eine gemeinsame Identität zu entwickeln. Dazu gehört die Akzeptanz der sozialen Hierarchie und der eigenen Rolle in dem sozialen System, was die Selbstwahrnehmung situativ und beziehungsabhängig färbt (Keller/Chasiotis im Druck, 18). Diese Dimension der „Relatedness" weist die Pole „Getrenntheit" und

„Bezogenheit" auf. Mit Keller und Chasiotis gehen wir davon aus, dass es sich hier um zwei unabhängige Dimensionen handelt, die beide in allen Menschen und in allen Kulturen vorhanden sind – in ihrer Ausprägung und Komposition allerdings situativ und normgebunden variieren können.

Vom Grunde her wird also für die kindliche Personwerdung eine kulturspezifische Folie oder Matrix vorhanden sein, die sich über die kulturunabhängigen Dimensionen von Autonomie und Bezogenheit aufspannt. In der Auseinandersetzung mit konkreten Personen seiner Umgebung und mit Rücksicht auf das kulturell geprägte Person-Modell, an dem diese sich orientieren, steht somit jedes Kind vor der Aufgabe, die in seiner Kultur möglichen Erfahrungen sowohl mit der Autonomiewerdung („Individualisierung") als auch mit der Beziehungsangewiesenheit („Sozialisierung") zu machen. Die Lösung dieser Aufgabe und damit das durch die Aufgabenlösung bestimmte Entwicklungsziel wird erreicht, wenn es dem Kind gelingt, erstens die ihm zugänglichen Autonomie- und Interdependenzerfahrungen möglichst vollständig zuzulassen und zweitens die im Verhältnis zwischen Autonomie- und Interdependenzerfahrung enthaltene dialektische Widersprüchlichkeit zu „ertragen" und, wenn möglich, auch zu nutzen. Insofern lässt sich das in der Personwerdung angestrebte Entwicklungsziel als Integrationsleistung beschreiben. Es geht darin um die Integration von Erfahrungen mit der Dialektik zwischen dem Selbständigwerden bzw. den jeweils eigenen Selbständigkeitsansprüchen und dem gleichzeitigen Angewiesensein auf soziale Beziehungen. Obgleich in jeder Kultur für diese Integrationsleistung spezifische Muster bereitgehalten werden, muss doch jedes Individuum sie stets von neuem und immer selbst erbringen. Zudem ist es schwerlich möglich, objektiv zu bestimmen, wann jemals im Lebenslauf eines Menschen diese Leistung abschließend erbracht ist, und wie das Ergebnis dann zu beschreiben wäre. Womit gesagt ist, dass das Entwicklungsziel der Personwerdung ein Richtungs- und nicht ein Zustandsziel ist. Einmal erreichte Zustände im personalen Werdeprozess können, auch wenn sie gut balanciert sind, unter veränderten Erfahrungsbedingungen erneut revisionsbedürftig werden.

2.3 Konzepte der elterlichen Erziehung

Stimmige, theoretisch gut fundierte Konzepte elterlicher Erziehungsmuster lassen sich nur wenige finden. Die meisten Ansätze (vgl. systematisierend z.B. Kindler 2004) ergänzen sich eher, als dass sie sich widersprechen. Deshalb werden in letzter Zeit auch integrative Modelle favorisiert, z.B. mit Bezug auf Belsky (1984). Allerdings sind Versuche, diese Modelle empirisch zu fundieren, bisher wenig erfolgreich gewesen. Selten konnten signifikante Zusammenhänge aufgeklärt werden; die Befunde verlangen daher nach kritischer Reflexion (Holden/Buck 2002). Im Folgenden stellen wir kurz fünf Ansätze vor, die uns entweder in ihrer Heuristik für die praktische Arbeit mit Eltern wertvoll erscheinen oder die auf die Theorieentwicklung einen größeren Einfluss gehabt haben. Danach werden wir einen eigenen, pragmatisch orientierten Vier-Komponenten-Ansatz vorschlagen.

2.3.1 Das Konzept der „Sensitivität" in der frühen Kindheit

> „Mit dem *Konzept der elterlichen Sensitivität* wurde auf der Grundlage der Bindungstheorie eine normative elterliche Qualität definiert, die als grundlegend für die Ausbildung einer sicheren Bindungsbeziehung gesehen wird [...]. Elterliche Feinfühligkeit („sensitivity") stellt eine fest verschaltete Reaktionsbereitschaft aus Aufmerksamkeit, Promptheit, Angemessenheit und Konsistenz dar, die auf der quantitativen Dimension von weniger nach mehr variieren kann, die mehr oder weniger insbesondere zur Regulation negativer Kindsignale eingesetzt werden sollen." (Keller 2001, 18)

Die prognostische Relevanz dieses Konzepts ist in Zweifel gezogen worden, denn die Auswirkungen von in der frühen Kindheit erfahrener Bindungssicherheit scheinen nicht stärker als andere Erziehungsaspekte zu gelingender bzw. misslingender Entwicklung beizutragen. Ferner weist Keller (2001) darauf hin, dass das Konzept der Feinfühligkeit Annahmen (etwa über die Bedeutung exklusiver dyadischer Aufmerksamkeit) impliziert, die in vielen Kulturen keinen Realitätsgehalt haben.

2.3.2 Das Konzept nach Borba

Von Borba (1999, zit. nach Schneewind 2001, 136) wird eine Zusammenstellung von kindlichen Entwicklungszielen und elterlichen Unterstützungsmaßnahmen vorgeschlagen, die wir in Tab. I.1 wiedergeben.

Für jede der aufgeführten acht Fertigkeiten beschreibt Borba ausführlich konkrete Mittel und Handlungen, mit denen Kinder bei der Erreichung der zu diesen Fertigkeiten in Bezug gesetzten Entwicklungsziele unterstützt werden können. Die Herleitung seiner Empfehlungen bleibt allerdings weitgehend im Dunklen.

2.3.3 Das Konzept der Erziehungsstile

Das Erziehungsstil-Konzept ist offenkundig in Analogie zu Kurt Lewins Konzeption von Führungsstilen konstruiert und hat in dessen Untersuchungen und Beschreibungen der Auswirkungen unterschiedlicher

Tabelle I.1: Entwicklungsziele, Erfolgskriterien und elterliche Unterstützungsmaßnahmen (nach Borba, zit. nach: Schneewind 2001, 136)

Erfolgskriterien	Elterliche Unterstützungsmaßnahmen	Entwicklungsziele
	Persönliche Fertigkeiten	
❶ Positives Selbstwertgefühl	dem Kind helfen, solide, positive Selbstüberzeugen und eine Haltung des „Ich kann's schaffen" vermitteln, so dass es sich erfolgszuversichtlich fühlt	Selbstvertrauen
❷ Kultivierung von Stärken	Sensibilisierung der Achtsamkeit des Kindes für seine speziellen Talente und Stärken, so dass es auf seine Individualität stolz sein kann und sein persönliches Potenzial erweitern kann	Selbstbewusstsein
	Emotionale Fertigkeiten	
❸ Kommunizieren	das Kind unterstützen, aufmerksam zuzuhören, für sich selbst zu sprechen und das, was es sagen will, mitzuteilen, um das eigene Wissen zu vergrößern und Missverständnisse zu reduzieren	Verstehen
❹ Problemlösen	dem Kind beibringen, wie es in Ruhe die besten Lösungen findet und verantwortliche Entscheidungen treffen kann	Selbstverantwortlichkeit
	Soziale Fertigkeiten	
❺ Mit anderen auskommen	Unterstützung des Kindes bei der Entwicklung seiner Fähigkeiten, Freundschaften zu schließen und mit schwierigen Beziehungen zurechtzukommen	Kooperation
	Motivationale Fähigkeiten	
❻ Ziele setzen	dem Kind helfen, wie es lernen kann, die Ziele zu bestimmen, die es erreichen möchte, und die Schritte für eine erfolgreiche Zielerreichung festzulegen	Selbstmotivation
❼ Nicht aufgeben	dem Kind zeigen, wie es etwas, das es begonnen hat, zu Ende zu bringen kann, auch wenn sich Schwierigkeiten auftun	Beharrlichkeit
	Moralische Fertigkeiten	
❽ Sich kümmern	Stärkung des kindlichen Mitgefühls und seiner Sensibilität für die Gefühle und Bedürfnisse anderer	Empathie

Führungsstile auf das Gruppenklima (vgl. z.B. Lewin 1953) seinen historischen Ursprung. Einem Vorschlag von Baumrind (1971) folgend, wird seither von drei Erziehungsstilen gesprochen: Der Laissez-faire-Stil, den die Autorin noch einmal differenziert in den permissiven und den nonkonformen Stil, wird dem autoritativen und dem autoritären Stil gegenübergestellt. Überblicke zu den wichtigsten Studien über die Wirkungen von Erziehungsstilen geben im deutschsprachigen Raum z.B. Schneewind und Herrmann 1980, Schneewind et al. (1983) und Mattejat (1985). Cierpka (2003a, 271) formuliert folgende Begriffsdefinition:

> *„Unter Erziehungsstil versteht man, dass Eltern sowohl in verschiedenen spezifischen kindbezogenen Situationen als auch zu verschiedenen Zeitpunkten relativ stabil gegenüber ihren Kindern reagieren [...]. Der Erziehungsstil wird allgemein als eine übergeordnete Kategorie aufgefasst und lässt sich weiter in Erziehungseinstellungen, Erziehungsziele und Erziehungspraktiken differenzieren."*

Seit den frühen 1980er Jahren wird der Begriff „elterliches Erziehungsverhalten" teilweise synonym für „Erziehungsstile" benutzt. Schneewind (1980) fasst darunter alle kindbezogenen Erlebnisse und Handlungen zusammen, die Eltern absichtsvoll, aber auch unabsichtlich zur Beeinflussung ihrer Kinder zeigen. Diesem Verständnis zufolge hat Erziehungsverhalten zwar immer einen Richtungsbezug (es ist kindbezogen), dieser ist jedoch nicht unbedingt an absichtsvolles Handeln gebunden.

Eine umfassende Kritik an der Erziehungsstilforschung hat Asendorpf (1996, zit. nach Asendorpf/Banse 2000, 81) vorgelegt. Die Annahme, Erziehungsstile „erklärten" die kindliche Persönlichkeit kausal, sei nicht zu halten. Asendorpf nennt drei Gründe, die gegen das klassische Erziehungsstil-Konzept sprechen und zur Beendigung der an ihm orientierten Forschung führten:

- „Korrelationen zwischen Erziehungsstil und kindlicher Persönlichkeit sind beim Vergleich von Eltern-Kind-Dyaden aus unterschiedlichen Familien nicht interpretierbar, weil sie a) auf Effekten des Erziehungsstils auf die Persönlichkeit des Kindes, b) auf Effekten der Persönlichkeit des Kindes auf den Erziehungsstil seiner Eltern und c) auf gemeinsamen genetischen Faktoren von Eltern und Kindern beruhen können.
- Adoptionsstudien, in denen der genetische Einfluss kontrolliert ist, zeigen, dass die Korrelationen zwischen Erziehungsstil und kindlicher Persönlichkeit minimal sind.
- Der Erziehungsstil der Eltern variiert deutlich von Kind zu Kind, ist also eher eine Beziehungsqualität als ein (beziehungsunabhängiges) Persönlichkeitsmerkmal der Eltern" (Asendorpf/Banse 2000, 81).

2.3.4 Das Konzept der „fünf Säulen von Erziehung“ von Tschöpe-Scheffler

Der von Tschöpe-Scheffler (2003 b) vorgelegte Katalog von Merkmalen erzieherischer Verhältnisse ist pragmatisch aufgebaut, praxisbezogen und übersichtlich. Er kann zur differenzierenden Beschreibung elterlicher Erziehung verwendet werden. Als Grundelemente der elterlichen Erziehung postuliert die Autorin erstens entwicklungsfördernde Interaktionen, zweitens die in der UN-Kinderrechtskonvention verankerten Überlebens- und Entwicklungsrechte des Kindes und drittens elterliche und kindliche Kompetenzerfahrungen. Aus diesen leitet sie dann die sogenannten „fünf Säulen entwicklungsfördernder Erziehung“ ab. Diese sind:

1. Liebe vs. emotionale Kälte und Überfürsorge
2. Achtung vs. Missachtung des Kindes
3. Kooperation vs. Dirigismus
4. Struktur vs. Chaos
5. Förderung vs. Mangelförderung oder Überforderung

Der Ansatz hat den Charme, leicht verstehbar und nachvollziehbar zu sein. Er wird in den letzten Jahren häufig zitiert und verwendet. Für unsere Zwecke scheint er jedoch kaum geeignet; denn *erstens* fußt er nicht auf einer konsequenten theoretischen Position, *zweitens* weist er eine zu große intersubjektive Bewertungsspanne auf und lässt damit, *drittens*, keine diagnostisch einigermaßen reliablen Schlüsse zu. *Viertens* finden sich keine hinreichend schlüssigen Hinweise auf das Zusammenspiel zwischen den Komponenten der Erziehung und deren Bedingungen. Um nicht missverstanden zu werden: Die von Tschöpe-Scheffler skizzierten Säulen sehen auch wir als Teilaspekte gelingender bzw. dysfunktionaler Erziehung. Allerdings werden wir in unserem Ansatz versuchen, sie systematischer herzuleiten, zu operationalisieren und mit diagnostischen wie mit interventionsrelevanten Aussagen strikter in Beziehung zu setzen.

2.3.5 Elterliche Verhaltenssysteme und Interaktionsmechanismen – der Ansatz von Keller

In einem Beitrag auf der wissenschaftlichen Jahrestagung der Bundeskonferenz für Erziehungsberatung im Jahr 1999 (von Schlippe et al. 2001) hat die bereits erwähnte Entwicklungspsychologin Heidi Keller einen interessanten Vorschlag unterbreitet, die vorhandenen wissenschaftlichen Erkenntnisse über elterliches Verhalten neu zu systematisieren. In der begrifflichen Grundlegung einer Theorie des elterlichen Verhaltens unterscheidet sie „Verhaltenssysteme“ und „Interaktionsmechanismen“. Keller schlägt vor,

> „elterliches Verhalten in fünf funktionalen Verhaltenssystemen zu betrachten, die als grundsätzlich unabhängig voneinander konzipiert sind und als adaptive Antworten auf unterschiedliche Problemstellungen im Verlauf der Phylogenese evolvierten. In der Regel überlappen die Verhaltenssysteme und bilden so kontextspezifische Phänotypen.“ (Keller/Chasiotis im Druck, 22)

Als Verhaltenssysteme werden ausgewiesen: Pflege, Körperkontakt, Körperstimulation, Objektstimulation und Face-to-face-Verhalten.

Innerhalb dieser Systeme wirken Interaktionsmechanismen, die ebenfalls grundsätzlich unabhängig voneinander und auch unabhängig von den Verhaltenssystemen sind. Als Interaktionsmechanismen werden Aufmerksamkeit (geteilte und ungeteilte), Sensitivität, Wärme und Kontingenz konzipiert. Diese „modulieren die Verhaltenssysteme auf einer kulturellen und individuellen Ebene. Während die Verhaltenssysteme kulturell geteilte und damit bewusst zugängliche Verhaltensregulationen darstellen, können Interaktionsmechanismen auch auf intuitiver, nicht bewusst gesteuerter Basis operieren.“ (Keller/Chasiotis im Druck, 22) Der Einfluss, den Ver-

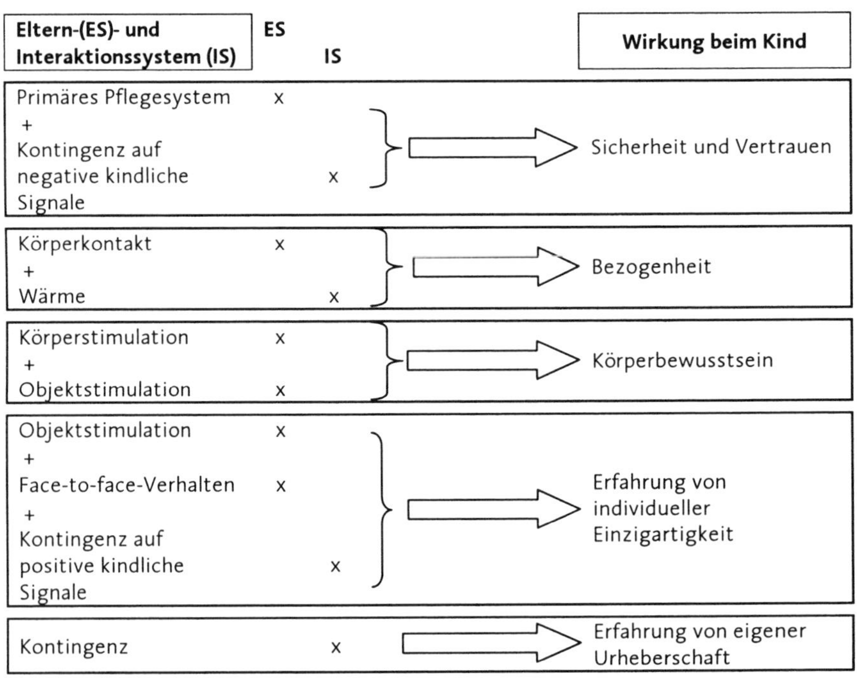

Abbildung I.4: Die Herausbildung kindlicher Erfahrungen durch das Zusammenspiel von Elternsystemen und Interaktionsmechanismen nach Keller (2001)

haltensmechanismen auf das Funktionieren elterlicher Verhaltenssysteme ausüben, kann auf der phänotypischen Ebene beispielsweise des elterlichen Pflegeverhaltens oder des elterlichen Face-to-face-Verhaltens in der Interaktion mit dem Kind zu erheblicher Varianz führen. Die vom Ehepaar Papoušek (z.B. 2002) beschriebene und erforschte *intuitive Elternschaft* z.B. manifestiert sich in einer Reihe spezieller Handlungen, die Keller mit Hilfe des Konzepts der Interaktionsmechanismen analysiert. Unter Verwendung der von ihr eingeführten Begrifflichkeit formuliert sie schließlich Vermutungen über den denkbaren Zusammenhang zwischen elterlichem Verhalten und kindlichen Erfahrungen. Wie man sich die Wirkungen des Zusammenspiels von Elternverhaltenssystemen und elterlichen Interaktionsmechanismen auf das Kind vorstellen und erklären kann, wie das Kind dadurch zu besonderen Erfahrungen kommt, haben wir in Abb. I.4 dargestellt.

Dieser uns sehr plausibel erscheinende Theorieentwurf ist leider bisher kaum empirisch erforscht. Auch ist er im Hinblick auf die Entwicklung älterer Kinder noch nicht differenziert genug ausgearbeitet. Seine Fruchtbarkeit für die entwicklungspsychologische Erforschung elterlichen Verhaltens können wir daher nur vermuten.

2.3.6 Das Vier-Komponenten-Modell – unsere Konzeption elterlicher Erziehung

Zwar sind uns aus der empirischen Forschung keine direkten Belege für den Realitätsgehalt oder das Modellierungspotential der Keller'schen Konzeption zentraler Bestimmungsstücke elterlichen Verhaltens bekannt; aber wir kennen auch keine Befunde, die deren empirische Validität in Zweifel ziehen würden. Was wir hingegen haben, sind unsere praktischen Erfahrungen aus der beraterischen und therapeutischen Arbeit mit Eltern-Kind-Systemen. Darauf gründet unsere Überzeugung, dass Kellers Theorieentwurf erfahrungshaltig genug ist, um mit ihm den Grundstein für ein eigenes, umfassenderes Modell der elterlichen Erziehung zu legen. Dieses sollte in sich theoretisch konsistent sein und es sollte in der Lage sein, im Rahmen der professionellen Arbeit mit Eltern-Kind-Systemen, insbesondere in der Jugendhilfe, elterliches Erziehungsverhalten in seiner Wirkung auf die kindlichen Entwicklungsprozesse differenziert genug abzubilden. Wobei „differenziert genug" heißt: Das Modell sollte die Möglichkeit einer hinreichend präzisen Hilfeplanung mit Ableitungsregeln für die Indikation passgenauer Hilfen eröffnen.

Zu diesem Zweck also greifen wir die von Heidi Keller erarbeiteten Konzepte auf und bauen sie in unser Strukturmodell elterlicher Erziehung ein. Zur Explikation eines allgemeinen Funktionsrahmens, in dem die von Keller konzipierten elterlichen Verhaltenssysteme ihre strukturelle Verankerung finden, bedienen wir uns der Theorie lebender Systeme. Da wir elterliches Verhalten im Bezug zur Selbstentwicklung des Kindes betrachten, ist hier insbesondere das Theorem der „Selbstorganisation“ (Maturana/Varela 1987; Höger 1993; Kriz 1999) hilfreich. Als das Grundprinzip lebender Systeme postuliert dieses Theorem deren „Selbstherstellung“. Erhaltung und Entfaltung sind ihre beiden Grundfunktionen. „Erhalten“ und „Entfalten“ schließen sich wechselseitig aus, denn „Entfalten“ bedeutet immer die Veränderung des Bestehenden, und „Erhalten“ bedeutet die Bewahrung des Status quo, negiert also die für eine „Entfaltung“ notwendige Veränderung. Beide Grundfunktionen stehen jedoch zugleich in einer sich wechselseitig ergänzenden funktionalen Beziehung. Es ist die Funktion dieser Beziehung, dem Organismus zu ermöglichen, über eine gegebene Situation hinauszugehen. Um sich entfalten zu können, darf der Organismus nicht zerstört werden, muss also in seinem Bestand prinzipiell gesichert sein. Andererseits vermehrt die Entfaltung als Differenzierung und Erweiterung seine Möglichkeiten zur Anpassung an eine sich verändernde Umwelt und damit zugleich sein Potential, sich zu erhalten. Prozesse der Erhaltung und der Entfaltung setzen einander also wechselseitig voraus (vgl. auch Höger 2000; Roth 1986; Kießling 1998).

(1) Wir unterscheiden nun **Elternverhaltenssysteme** (i.S. von Keller) im Hinblick auf ihre Funktion für die beiden Grundfunktionen der Selbstentwicklung des Kindes. Entweder dienen sie primär der Selbsterhaltung des Kindes oder sie unterstützen seine Entfaltungsfunktion. Die dem entspre-

Tabelle I.2: Elterliche Verhaltenssysteme

Elterliche Verhaltenssysteme, die der Entwicklung des Kindes dienen in						
seiner organismischen Erhaltung		seiner organismischen Entfaltung				
elterliches Basisverhalten		**elterliches Erziehungsverhalten**				
❶ Pflegen	**❷ Strukturieren**	**❸ Sichern**		**❹ Orientieren**	**❺ Anregen**	
Versorgung und Pflege	Strukturgebung	nahsinnlicher Körperkontakt	fernsinnlicher Kontakt	Strukturierung früherer Erfahrungen	kognitive und emotionale Anregung in der Zone der der nächsten Entwicklung	körperlich sinnliche Stimulierung

Tabelle I.3: Erläuterung elterlicher Verhaltenssysteme

❶ Pflegen	Darunter verstehen wir nach Keller (2001) Ernährungshandlungen, Handlungen, die dem Schutz des Kindes dienen sowie seiner Hygiene.
❷ Struktu-rieren	Strukturgebende Handlungen sind solche elterliche Handlungen, die entweder durch zeitliche Muster oder durch inhaltliche oder räumliche Gleichartigkeit dem Kind Erfahrungen von Gliederung und Ordnung vermitteln. Hierzu zählen Regularien und Rituale, aber auch Mitteilungen, die Aktionen ankündigen und beenden.
❸ Sichern	Sichernde Handlungen umfassen das Verhalten, welches Eltern zur Beruhigung ihres Kindes zeigen, also „Bindungsverhalten". Das umfasst im Wesentlichen Handlungen wie Trösten, Schützen, Entspannen und Beruhigen. Wir unterscheiden hier noch einmal nahsinnliche Handlungen (also direkter Körperkontakt, Temperaturerhöhung durch wärmendes Verhalten, leichte rhythmische Beruhigungsberührungen sowie gustatorisch befriedigendes Verhalten, sprich Füttern) von fernsinnlichem Bindungsverhalten, das vorwiegend durch akustische Ansprachen, durch Blickkontakt sowie durch olfaktorische Reize (Wohlgeruch) gekennzeichnet ist.
❹ Orien-tieren	Elterliches Orientierungshandeln umfasst vor allem Hilfestellungen beim Einordnen früherer Erfahrungen. Es sind sowohl anschauliche als auch nicht anschauungsgebundene Erinnerungshilfen sowie Angebote zur begrifflichen Einordnung. Sie fördern die prozedurale und deklarative Erinnerung sowie deren Verbindung zur entsprechenden emotionalen Tönung. Dass dies im unmittelbaren Zusammenhang zur Gehirnentwicklung steht, darauf verweist z.B. Roth (2003).
❺ Anregen	Wir verstehen unter Anregungshandeln all die Verhaltensweisen der Eltern, die das Kind kognitiv, emotional und behavioral zu neuen Erfahrungen führen, sowie solches Verhalten, das eigenes Suchverhalten auslöst (also z.B. körperlich-sinnliche Erregung durch Stimulation). Diese neuen Erfahrungen müssen auf die Zone der nächsten Entwicklung (vgl. Vygotsky 1987) ausgerichtet sein, wenn ihr Anregungsgehalt das Kind nicht überfordern soll (vgl. auch Papoušek 1994).

chende Gliederung der elterlichen Verhaltenssysteme ist in Tab. I.2 dargestellt. In Tab. I.3 erläutern wir die von uns unterschiedenen fünf Verhaltenssysteme im Einzelnen.

Einige Anmerkungen dazu: In der Beobachtung alltäglichen elterlichen Tuns werden die elterlichen Verhaltenssysteme nicht immer scharf voneinander abzugrenzen sein; meist durchwirken sie einander und ihr Operieren wird ineinander übergehen.

„Orientieren" und „Anregen" zusammengenommen könnte man auch als ein einziges Verhaltenssystem konzipieren. Für diagnostische Zwecke halten wir jedoch ihre getrennte Beurteilung für nützlicher; der elterlichen Hilfestellung zur Einordnung früherer Erfahrungen („Orientieren") wird sonst zu selten und zu wenig Beachtung geschenkt.

Die Funktion erzieherischer Handlungen sehen wir darin, dass sie im Wesentlichen der kindlichen Entfaltung dienen, während pflegendes und strukturierendes Elternverhalten eher die Erhaltungsprozesse des Kindes unterstützt.

(2) Keller unterscheidet elterliche Verhaltenssysteme von **elterlichen Interaktionsmechanismen.** Wir übernehmen drei der von ihr vorgeschlagenen Interaktionsmechanismen, die u. E. auch für andere Altersstufen in dieser Abstraktion Gültigkeit haben.

1. **Aufmerksamkeit:** Dieser Interaktionsmechanismus wird als dyadische, ungeteilte oder als geteilte Aufmerksamkeit beschrieben. Er operiert in der elterlichen Feinfühligkeit und fokussiert insbesondere auf die Wahrnehmung kindlicher Signale. Interessanterweise wird das Muster der geteilten Aufmerksamkeit v.a. in Kulturen gezeigt, die den negativen kindlichen Signalen besondere Bedeutung beimessen, während exklusive dyadische Aufmerksamkeit hauptsächlich mit positiven Interaktionssignalen verknüpft ist.

2. **Sensitivität** in Bezug auf positive und negative Kindsignale. Hierunter wird v.a. das rasche und adäquate Antwortverhalten auf die kindlichen Signale durch die Elternperson verstanden.

3. **Kontingenz:** Gemeint ist damit das dem Kind angemessene rasche Reagieren auf dessen Signale, so dass dieses in die Lage versetzt wird, zwischen seinem Signal und dem darauf folgenden Ereignis eine stabile Verbindung zu konstruieren. Die Wahrnehmung von Kontingenzen ist bei Säuglingen mit positivem Affekt besetzt und die Verletzung der Kontingenzerwartungen führt zu einem negativen Affekt.

In Tab. I.4 sind die genannten drei elterlichen Interaktionsmechanismen noch einmal zusammengestellt. In der Alltagsrealität operieren sie auf einem eher intuitiven Niveau und moderieren unbewusst die elterlichen Verhaltenssysteme (s. o.). Den von Keller außerdem postulierten Interakti-

Tabelle I.4: Elterliche Interaktionsmechanismen

❶ Aufmerksamkeit	ungeteilt, dyadisch
	geteilt
❷ Sensitivität	für positive Signale
	für negative Signale
❸ Kontingenz	auf negative Signale
	auf positive Signale

onsmechanismus „Wärme" betrachten wir als ein elterliches Affektmuster, das wir dem dritten Baustein zuordnen.

(3) Das Konzept der **elterlichen Affektmuster** bildet die dritte Komponente zur Beschreibung der elterlichen Erziehung. Aus zwei Gründen halten wir dieses Konzept für notwendig. Zum einen wird in ihm konsequent berücksichtigt, dass nach unserem, weiter oben erläuterten, Verständnis von elterlicher Erziehung diese eine durch intensive Gefühle getönte Angelegenheit ist. Zum anderen wird die Konzeption dieser Komponente auch durch die Überlegung nahe gelegt, den elterlichen Umgang mit dem kindlichen Bedürfnis zweiter Ordnung nach Erleichterung und Genuss abzubilden. Elterliche Affektmuster sind emotionale Haltungen und Verhaltensweisen der Eltern gegenüber ihrem Kind, die länger andauern und ein allgemeines emotionales Klima bilden (vgl. Krause 1998, 27f). Wir unterscheiden vier elterliche Affektmuster, die wir in Tab. I.5 erläutern.

Tabelle I.5: Erläuterung elterlicher Affektmuster

❶ Wärme	Positives Affektsystem, das sich entwickelt hat, „um die innerfamiliären Beziehungen zu stabilisieren"; es „wird beschrieben als positiver, affektiver Austausch [...], der sich äußert in der emotionalen Regulation [...], besonders im mimischen Ausdruck, aber auch im empathischen Affekt, der sich in der Stimme äußert" (Keller 2001, 30); Gegenpol ist eine eher gespannte Ängstlichkeit.
❷ Gelassenheit und Erleichterung	Positives Affektsystem, das sich herausbildet, um insbes. bedrohliche Situationen zu entschärfen, das sich orientiert auf die Herstellung von Angstfreiheit. Gegenpol sind gereizte Dysphorie und spannungsvolle Ängstlichkeit
❸ Genuss und Humor	Verhalten, das dem kindlichen Erleben von Genuss dient; unterscheidet sich vom sichernden Verhalten weniger in seinem Inhalt als darin, wodurch es ausgelöst wird und wann es zum Einsatz kommt. Genuss verschaffende Elternhandlungen dienen z.B. weniger der Ernährung, sondern eher dem Stillen von Appetit. Es sind freudvolle, humorige und genussvolle Handlungen, die mit entsprechenden verbalen, paraverbalen und körperlichen Begleithandlungen verbunden sind. Sie dürften ihren Ursprung haben in kindlich lustvollen Wünschen – wir sprechen hier in Abgrenzung zu tiefendynamischen Ansätzen absichtlich nicht von infantilen sexuellen Wünschen – nach allsinnlichen angenehmen Erfahrungen. Den Gegenpol bilden körperliche Aversion, Kargheit und Ärger (bis hin zu Feindseligkeit).
❹ Interesse und Anteilnahme	Dieses Affektsystem ist gekennzeichnet durch Signale aufmerksamer Zuwendung und Reaktionen auf Signale des Kindes. Es dient der affektiven und kognitiven Abstimmung von Kind und Eltern. Gegenpole sind Desinteresse und Teilnahmslosigkeit. Es ist die wesentliche affektive Basis der elterlichen Interaktionsmechanismen.

(4) Als vierte Komponente konzipieren wir aus der Ziel-Perspektive die **kindlichen Erfahrungen**. Die Begründung dafür ist, dass sich elterliches Handeln immer auf die Erfahrungen und Erfahrungsmöglichkeiten des Kindes bezieht. Eltern fragen sich und ggf. uns als Erziehungsberaterinnen, auf welche konkreten Erfahrungen hin sie ihre Kinder erziehen sollen, welche Erfahrungen sie ihnen ermöglichen oder zumuten sollen und welche nicht. Die Antworten auf solche Fragen finden ihre Richtschnur immer auch in kulturtypischen Mustern der Personwerdung, die in einer bestimmten Kultur als gelungen gelten. Wie oben erläutert, sind sie kulturabhängige Antworten auf die Frage, wie das Verhältnis von Autonomie und Bezogenheit im Leben eines Menschen komponiert sein sollte, um es als ein gutes Leben empfinden zu können. Insofern liegt es nahe, als Kernelemente die Erfahrungen von Autonomie und Bezogenheit in die Matrix der kindlichen Erfahrungen aufzunehmen, auf die sich elterliche Erziehung im Sinne von Zielen bezieht. Neuere Befunde aus der Psychobiologie (z.B. Roth 1994; 2003), aber auch die Beschäftigung mit psychodynamischen Strukturtheorien haben uns angeregt, die beiden Entwicklungsziele Autonomie und Bezogenheit noch einmal zu differenzieren und für beide – in Anlehnung an einen Vorschlag des Arbeitskreises zur Operationalisierten Psychodynamischen Diagnostik (z.B. Arbeitskreis OPD 2001) – jeweils einen Aktiv- und einen Reaktiv-Modus vorzusehen.

Was bedeutet der Aktiv- und was der Reaktiv-Modus bezogen auf die Erfahrung, ein autonomes Kind zu sein? Für ein *aktives* Kind mit der Orientierung, sich als autonomes Wesen zu erleben, geht es vor allem um die Erfahrung von Autorschaft (als Autorschafts-Ich vermutlich eher im Frontalkortex lokalisierbar) oder von Selbstwirksamkeit. Anzumerken ist, dass sich das ursprüngliche Konstrukt der Selbstwirksamkeit insbesondere auf den sich als lernend erlebenden Menschen bezog und daher begrifflich zunächst nicht so umfassend angelegt war, wie es heute benutzt wird (Bandura 1994). Wenn sich das Kind als Urheber seiner eigenen Produkte – worunter nicht nur Äußeres, sondern auch innere Abbildungen und Sprachschöpfungen zu verstehen sind – begreift, wenn es darin gespiegelt und verstanden wird, so dass dies eine positive Selbsterfahrung ist, dann

Tabelle I.6: Kindliche Erfahrungen aus kulturspezifischen Orientierungen

Kulturspezifische Ziele (kindliche Erfahrungen)	**Modus**	
	aktiv	**reaktiv**
Autonomie („Agency") (vs. Abhängigkeit)	Autorschaft	individuelle Einzigartigkeit
Bezogenheit („Relatedness") (vs. Getrenntheit)	unterstützend	unterstützt

wird es diese Erfahrung eines selbst Handelnden, eines eigenaktiven Subjektes in sein Selbstkonzept gut und widerspruchsfrei integrieren.

Der eher *reaktive* Modus von Autonomie ist die Erfahrung, anderen als etwas Besonderes, Einzelnes zu gelten, als ein Kind, das je spezifische Eigenschaften aufweist usw. Dies zielt stark auf die Herausbildung einer eigenen Identität oder, wie Keller formuliert, auf die „Erfahrung der individuellen Einzigartigkeit" (Keller 2001). Hier kann man Erfahrungen als gewordenes Ich (autobiografisches Ich, das eher im Hippokampus lokalisiert wird) und als Körper-Ich (wahrscheinlich im Scheitellappen angesiedelt) subsumieren.

Auch auf der Dimension „Bezogenheit" führt die Aktiv-reaktiv-Differenzierung zu zwei Subzielen. Bezogenheit erfährt jedes Kind im aktiven Modus als Unterstützung gebendes Kind, also als ein Mensch, der altruistisch für andere sorgt. Werte wie Solidarität oder Gebenkönnen markieren diese kulturelle Norm. Genauso wichtig – aber leider viel weniger empirisch erforscht – ist die Erfahrung, Hilfe und Unterstützung annehmen zu können. Dieses Unterziel von Bezogenheit ist als reaktiver Modus gemeint.

Die Matrix der Entwicklungsziele des Kindes ist in Tab. I.6 dargestellt. Die darin eingetragenen Erfahrungen können unterschiedlich akzentuiert und komponiert sein; sie sind in ihrer Verschiedenheit immer auch kulturgeprägt.

2.4 Die Struktur der elterlichen Erziehung

2.4.1 Allgemeiner Teil

Wir haben jetzt die Elemente einer Struktur der elterlichen Erziehung zusammengetragen. Im nächsten Schritt werden wir sie miteinander verknüpfen. Wie wir uns den strukturellen Zusammenhang von kindlichen Bedürfnissen, elterlichen Erziehungskomponenten (Verhaltenssysteme, Affektmuster, Interaktionsmechanismen) und kindlichen Erfahrungen, auch wie wir uns die Dynamik ihres zirkulären Zusammenspiels vorstellen, ist in der Abbildung I.5 zunächst anschaulich dargestellt.

Kindliche Bedürfnisse stimulieren und differenzieren zugleich elterliche Verhaltenssysteme, Interaktionsmechanismen und Affektmuster. Das dadurch angeregte komplexe elterliche Handeln wird von den Eltern in dem von ihnen vertretenen soziokulturellen Kontext vollzogen und erhält dadurch seine besondere kulturspezifische Färbung. Es ermöglicht dem Kind erstens die Befriedigung seiner Bedürfnisse und zweitens, dass es spezifische Erfahrungen mit den in seiner Kultur geltenden Normen und faktisch realisierten Formen von Autonomie und Bezogenheit macht. Das in Abb. I.6 dargestellte Schema erläutert die Dynamik der Struktur elterlicher Erziehung als Sequenz von vier Schritten.

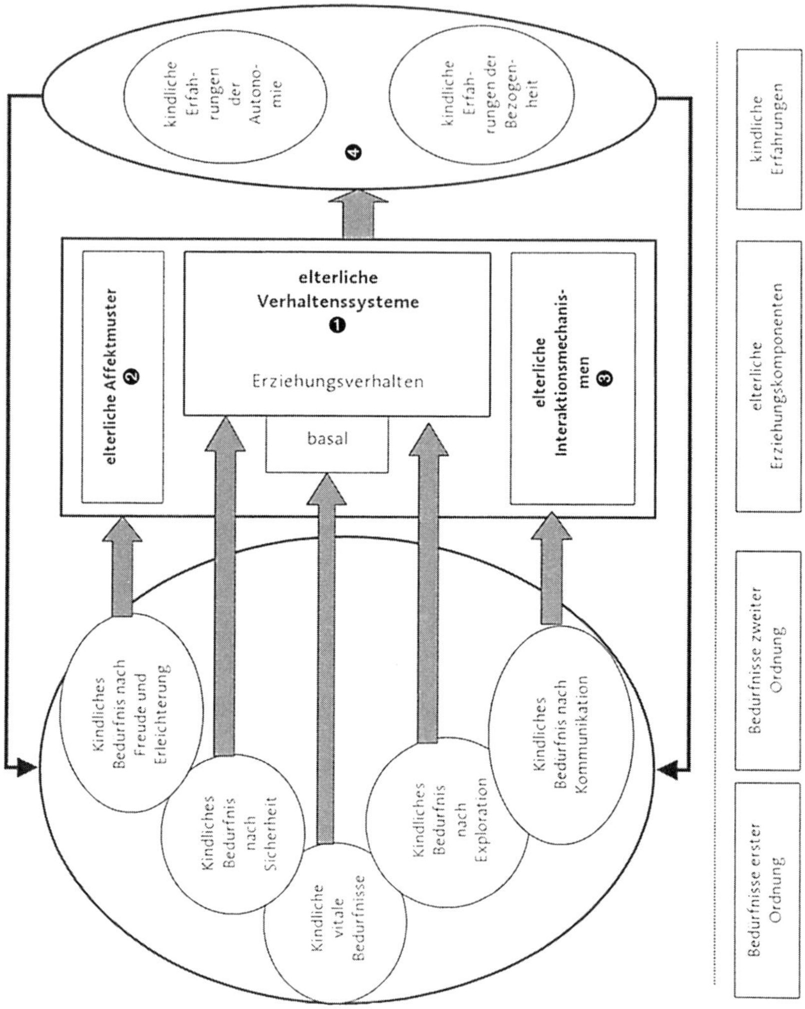

Abbildung I.5: Die Bausteine einer Struktur der elterlichen Erziehung

Dieselbe Struktur ist in Abb. I.7 dreidimensional veranschaulicht. Die räumliche Darstellung in drei Dimensionen hat ihre theoretische Begründung in der Annahme, dass die elterlichen Verhaltenssysteme, Interaktionsmechanismen und Affektmuster drei voneinander unabhängige Faktoren sind, die sich in ihrem Zusammenspiel orthogonal zueinander verhalten. Additiv miteinander verknüpft, interagieren sie als Parameter elterlichen Verhaltens mit den kindlichen Bedürfnissen erster und zweiter Ordnung. Vermittels dieser Interaktion wirken sie auf die Entwicklung des Kindes ein, indem sie ihm Erfahrungen ermöglichen, die an den kulturell

Schritt 1: Kindliche Bedürfnisse erster Ordnung organisieren elterliche Verhaltensmuster

Entwicklungsziel des Kindes:
Befriedigung seiner Bedürfnisse erster Ordnung nach
sinnlich vitaler Regulation **Sicherheit** **Exploration**

Stoffwechsel physiol. Regulation

↓

Elterliche Verhaltenssysteme dienen der Entwicklung des Kindes in...

seiner organismischen Erhaltung
seiner organismischen Entfaltung (Komponenten der Erziehung)

Pflegen **Strukturieren** **Sichern** **Orientieren** **Anregen**

Schritt 2: Insbesondere positive Erfahrungen mit der Befriedigung von Bedürfnissen erster Ordnung sowie mit dem gelingenden Funktionieren der Interaktionsmechanismen lassen beim Kind Wünsche nach einem Mehr von diesen positiven Erfahrungen entstehen. Diese Strebungen bezeichnen wir als kindliche Bedürfnisse zweiter Ordnung nach Erleichterung und Genuss sowie nach Kommunikation. Kindliche Bedürfnisse zweiter Ordnung aktivieren sowohl elterliche Interaktionsmechanismen als auch elterliche Affektmuster.

Entwicklungsziel des Kindes:
Befriedigung seiner Bedürfnisse zweiter Ordnung nach

Kommunikation **Erleichterung und Genuss**

↓ ↓

Elterliche Interaktionsmechanismen **Elterliche Affektmuster**

dienen dem Kind in ...

seiner Interaktion
- Aufmerksamkeit
- Sensitivität
- Kontingenz

seiner affektiven Regulation
- Wärme
- Erleichterung
- Genuss und Humor
- Interesse und Anteilnahme

Schritt 3: Elterliche Interaktionsmechanismen und elterliche Affektmuster modulieren elterliche Verhaltenssysteme

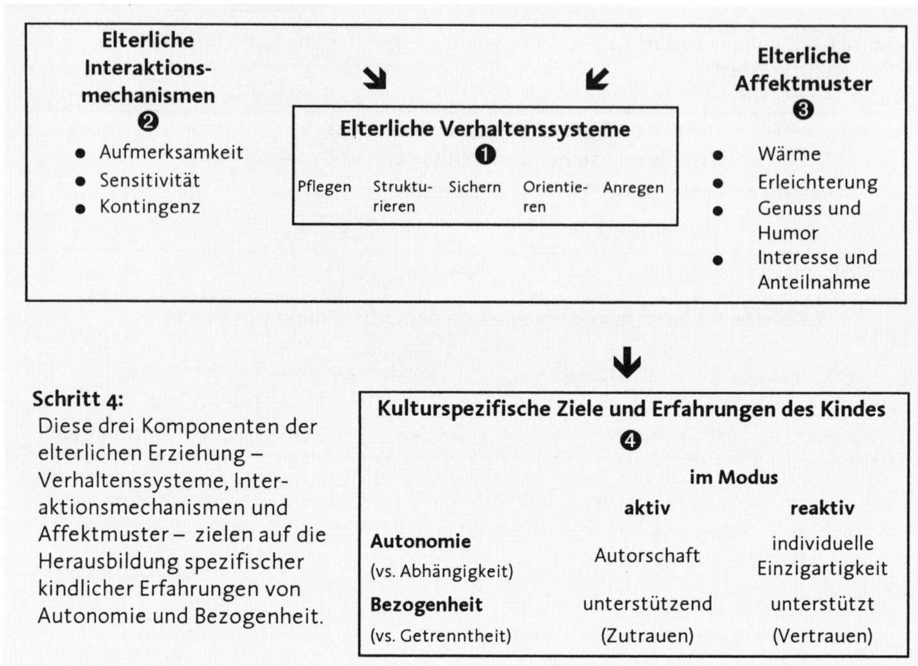

Abbildung I.6: Struktur der elterlichen Erziehung in vier Schritten

geprägten Entwicklungszielen von Autonomie und Bezogenheit orientiert sind.

Natürlich darf man sich diese Zusammenhänge nicht im Sinne eines deterministischen Modells vorstellen. Unser Strukturmodell ist vielmehr der Versuch, ein Bedingungsgefüge darzustellen, das Möglichkeitsfelder generiert, in denen sich Entwicklungsprozesse entfalten. Die in ihm modellierten Einflussgrößen sind deshalb keine zwingenden Kausalitäten, sondern haben den Charakter von Möglichkeitsbedingungen; sie sind Bedingungen der Möglichkeit wie auch Bedingungen der Möglichkeitseinschränkung.

Gleichwohl ist das Modell eine Abstraktion. Wie alle Abstraktionen arbeitet es wesentliche Bestimmungsstücke durch Weglassen von Einzelheiten heraus. Die Landschaft der alltäglichen Erziehungspraxis wird immer komplexer, vielfältiger und unübersichtlicher sein, als es die Landkarte des Strukturmodells elterlicher Erziehung vermuten lässt. Ob die Landkarte zu etwas taugt, zeigt sich jedoch nicht daran, dass sie die Landschaft im 1:1-Maßstab nachbildet, sondern vielmehr daran, ob sie in unübersichtlichem Gelände die Orientierung erlaubt und den Weg finden lässt. Im folgenden Abschnitt werden wir zeigen, inwiefern unser Modell das zu leisten vermag.

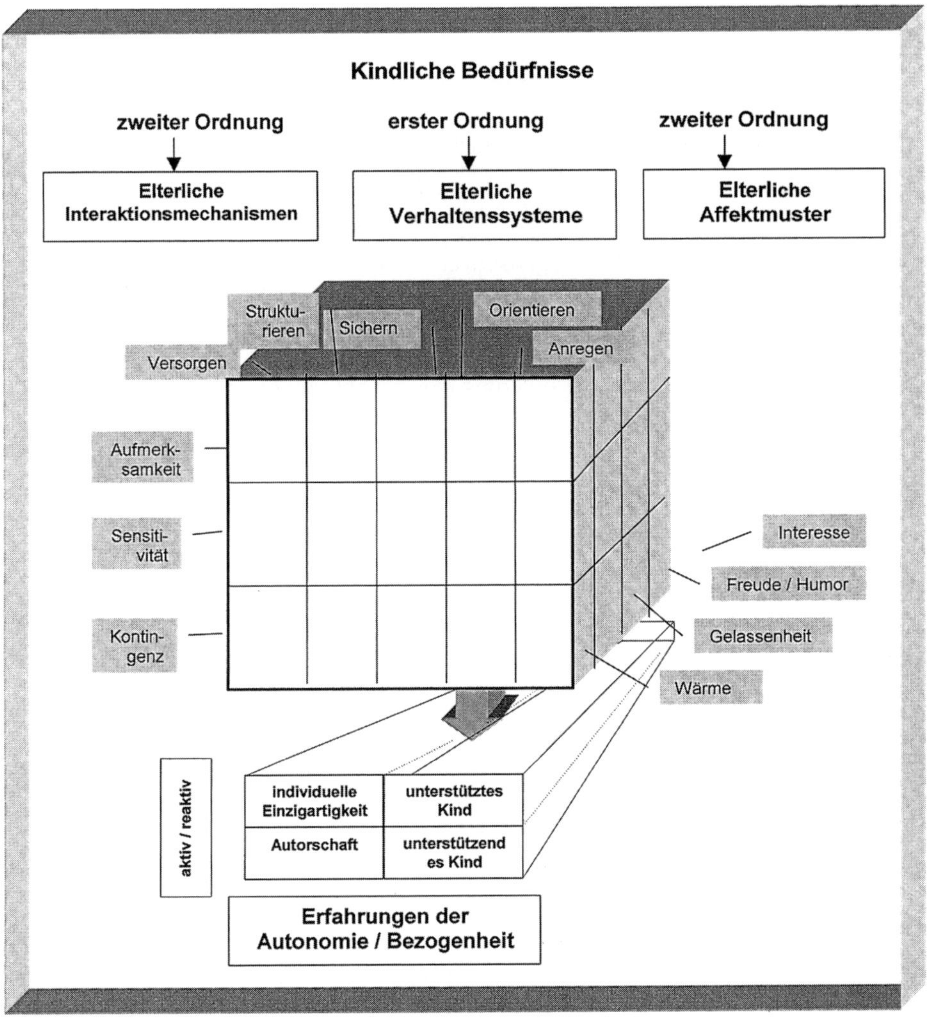

Abbildung I.7: Struktur der elterlichen Erziehung auf einen Blick

2.4.2 Spezieller Teil

Wir sind nunmehr in der Lage, elterliche Erziehungshandlungen so zu operationalisieren, dass deren Ausprägungen, aber auch deren Wirkungen bestimmbar werden. Das heuristische Potential unseres Vier-Komponenten-Ansatzes, die darin angelegten Möglichkeiten, sich einen systematischen und differenzierten Überblick über elterliches Verhalten zu verschaffen, wollen wir an zwei Beispielen demonstrieren: erstens am Beispiel der Zu-

Tabelle I.7: Elterliche Erziehungshandlungen mit Bezug auf die kindlichen Erfahrungen

			Kindliche Erfahrungen von			
			Autonomie		**Bezogenheit**	
			als einzigartiges Individuum	**als Urheber seiner Handlungen**	**als unterstütztes Kind**	**als unterstützendes Kind**
Elterliche Verhaltenssysteme	**Basales Elternverhalten**	Versorgen	individuelle Pflege	Förderung individueller eigenaktiver Versorgungshandlungen	Versorgung insbes. bei Krankheit und individueller Bedürftigkeit	Förderung von Versorgungshandlungen ggüb. Dritten
		Strukturieren	individuelle Strukturgebung	Förderung individueller strukturierender (selbstregulativer) Handlungen	besondere strukturgebende Handlungen bei Krankheit und individueller Bedürftigkeit	Förderung von strukturgebenden Handlungen bezogen auf Dritte
	Erziehungsverhalten	Sicherheit vermitteln	Trösten und Schützen Affektspiegelung Vorhersagbarkeit ermöglichen persönliche, konstante Präsenz ermöglichen	Unterstützung selbstregulativer Funktionen, von Eigenaktivität bei der Selbstbefriedigung physiologischer Bedürfnisse und zum Spannungsabbau. Unterstützung der Reflexion selbstregulativer Erfahrungen	Hilfestellung zum aktiven Aufsuchen anderer zu Trost- und Schutzzwecken	Unterstützung von kommunikativem Verhalten, das gekennzeichnet ist durch Einfühlung, Wertschätzung und Aufrichtigkeit. Unterstützung aktiver, prosozialer Handlungen
		Orientieren	Spiegeln von persönlichen, insbes. explorativen Eigenschaften des Kindes Strukturierung früherer Erfahrungen	Ausrichtung der Aufmerksamkeit auf die „Zone der nächsten Möglichkeiten" Unterstützung prozeduralen Lernens	Hilfestellung zum aktiven Aufsuchen von Menschen, die dem Kind mit ihren Stärken helfen, eigene Defizite auszugleichen	Hilfestellung zum aktiven Aufsuchen von Menschen, die die kindliche Unterstützung benötigen können und die darauf positiv reagieren
		Anregen	Ausrichtung der Aufmerksamkeit auf die „Zone der nächsten Möglichkeiten"	Unterstützung eigenaktiver Exploration Unterstützung der Selbstreflexion explorativer Erfahrungen		

Fortsetzung von Tabelle I.7

		Kindliche Erfahrungen von Autonomie: als einzigartiges Individuum	Kindliche Erfahrungen von Autonomie: als Urheber seiner Handlungen	Kindliche Erfahrungen von Bezogenheit: als unterstütztes Kind	Kindliche Erfahrungen von Bezogenheit: als unterstützendes Kind
Elterliche Interaktionsmechanismen: Aufmerksamkeit	ungeteilte	in verunsichernden Situationen Schutz vor Gefahr	Betonung von kindlichem Verhalten, das ungeteilte Aufmerksamkeit herstellt	elterliches Verhalten, das unmittelbar und direkt das Kind kompensierend unterstützt und fördert	elterliches Verhalten, das das Kind in seinem eigenen prosozialen Verhalten direkt und individuell fördert
	geteilte	Wechsel zur ungeteilten Aufmerksamkeit in verunsichernden Situationen	Betonung von kindlichem Verhalten, das bei geteilter Aufmerksamkeit dennoch Individualität erleben lässt	elterliches Verhalten, das das Kind in weniger individuell bedeutsamen verunsichernden Situationen eher indirekt unterstützt	elterliches Verhalten, das das Kind darin unterstützt, nicht ausschließlich dyadisch prosozial zu sein, also auch gruppenorientiert
Sensivität	für positive Signale	Betonung des Sicherheitserlebens des Kindes	reflektierendes Elternverhalten, das dem Kind seine eigenen positiven Signale erfahrbar und verstehbar macht	Erkennen und Verstehen von positiven kindlichen Signalen zur Unterstützung	Spiegeln, wenn das Kind positive Signale zur Unterstützung von anderen erkennt und versteht
	für negative Signale	schnelle Risikoabschätzung Verstehen von Bedrohungssignalen	reflektierendes Elternverhalten, das dem Kind seine eigenen negativen Signale erfahrbar und verstehbar macht	Erkennen und Verstehen von negativen kindlichen Signalen zur Unterstützung	Spiegeln, wenn das Kind negative Signale zur Unterstützung von anderen erkennt und versteht
Kontigenz	auf positive Signale	Betonung der spezifischen, die individuelle Sicherheit bewahrenden elterlichen Handlungen	reflektierendes Elternverhalten, das dem Kind sein eigenes Kontingenzverhalten bei positiven Signalen erfahrbar und verstehbar macht	promptes und zuverlässiges elterliches Unterstützungsverhalten	Spiegelung des Aspektes der Promptheit und der Zuverlässigkeit beim kindlichen prosozialen Verhalten

Fortsetzung von Tabelle I.7

		Kindliche Erfahrungen von			
		Autonomie		Bezogenheit	
		als einzigartiges Individuum	als Urheber seiner Handlungen	als unterstütztes Kind	als unterstützendes Kind
Elter. Interaktions.	**Kontigenz** auf negative Signale	Betonung der spezifischen, die individuelle Sicherheit herstellenden elterlichen Handlungen	Reflektierendes Elternverhalten, das dem Kind sein eigenes Kontingenzverhalten bei negativen Signalen erfahrbar und verstehbar macht	promptes und zuverlässiges elterliches Unterstützungsverhalten	Spiegelung des Aspektes der Promptheit und der Zuverlässigkeit beim kindlichen prosozialen Verhalten
Elterliche Affektmuster	Wärme	Betonung des typisch warmherzigen Verhaltens, das dem Kind Sicherheit vermittelt und wie es sich in Sicherheit fühlt	reflektierendes Elternverhalten, das dem Kind seinen Anteil bei der Herstellung eines positiven affektiven Klimas erfahr- und verstehbar macht	liebevolles und uneigennütziges Unterstützungsverhalten insbes. bei Krankheit und Bedürftigkeit des Kindes	Förderung warmherzigen Unterstützungsverhaltens
	Gelassenheit/ Erleichtern			entängstigendes elterliches Verhalten bei Krankheit und Bedürftigkeit	Förderung von entängstigendem, prosozialem kindlichem Verhalten
	Freude, Genuss			Orientierung an Ressourcen bei Einschränkungen des Kindes	Förderung von freudvollen Erfahrungen beim Helfen
	Interesse	anteilnehmendes Elternverhalten, das typische Risikosituationen und Sicherheit herausfiltert und reflektiert	Interesse zeigen an selbsterkundenden und selbstherstellenden kindlichen Handlungen	Interesse zeigen sowohl an Krankheits- als auch an Gesundungsaspekten (Bedingungen und Coping)	Interesse zeigen an prosozialem kindlichem Verhalten

ordnung kategorial geordneter Erziehungshandlungen der Eltern zu unterscheidbaren Erfahrungsqualitäten auf Seiten des Kindes, und zweitens am Beispiel der Bestimmung von prototypischen Gruppen dysfunktionaler Erziehungspraktiken. Die Beispiele sollen dazu anregen, das Modell in der Praxis der professionellen Arbeit mit Eltern-Kind-Systemen zu nutzen und es für die Beantwortung eigener Fragestellungen entsprechend zu adaptieren.

Matrix der elterlichen Erziehungshandlungen mit Bezug auf die kindlichen Erfahrungen

In diesem Schema (siehe Tab. I.7) sind die drei elterlichen Komponenten der Verhaltenssysteme, der Interaktionsmechanismen und der Affektmuster in Beziehung gesetzt zu der Zielkomponente der kindlichen Erfahrungen. Das Ergebnis ist eine zweidimensionale Matrix, deren Zellen jeweils bestimmte Merkmale elterlichen Erziehungsverhaltens enthalten.

1. Dysfunktionale elterliche Verhaltenssysteme	der organismischen **Erhaltung**	• in der Versorgung • in der Strukturgebung • unspezifisch
	der kindlichen **Entfaltung**	• Sichern • Orientieren • Anregen • unspezifisch
	unspezifisch	
2. Dysfunktionale elterliche Interaktionsmechanismen	der Aufmerksamkeit	• als ungeteilte Aufmerksamkeit • als geteilte Aufmerksamkeit
	der Sensitivität	• unspezifisch • für positive Signale • für negative Signale
	der Kontingenz	• unspezifisch • für positive Signale • für negative Signale
	unspezifisch	
3. Dysfunktionale elterliche Affektmuster	der Wärme	als Kühle und Distanz
	der Gelassenheit und Erleichterung	als angstvoll und gespannt
	der Freude und des Genießens	• als gereizt und dysphorisch • als offen ärgerlich, wütend und feindselig
	des Interesses	als chronisch desinteressiert
	unspezifisch	unkalkulierbar für das Kind

Abbildung I.8: Dysfunktionale elterliche Erziehung

Diese Merkmale qualifizieren das entsprechende elterliche Verhalten jeweils als besonders geeignet, das ihnen zugeordnete, für die Erreichung bestimmter Entwicklungsziele relevante Erfahrungsmuster des Kindes zu fördern.

Wenn man von den in den Matrixzellen jeweils verzeichneten elterlichen Verhaltenweisen ausgeht, so lässt sich mit Hilfe des Schemas einerseits deren Herkunft aus den elterlichen Verhaltenssystemen, Verhaltensmechanismen und Affektmustern bestimmen. Andererseits lässt sich in der anderen Richtung auch die wahrscheinliche Wirkung dieser Erziehungshandlungen auf Seiten des Kindes vorhersagen.

Dysfunktionale Erziehung

Mit Hilfe des Strukturmodells elterlicher Erziehung lassen sich nicht nur solche Erziehungshandlungen in eine theoretisch begründete und praxisorientierte Ordnung bringen, welche die Entwicklung des Kindes begünstigen. Ebenso ist es möglich, Klassen von Dysfunktionalitäten aus ihm abzuleiten. Auf Seiten der Eltern lassen sich dysfunktionale Verhaltenssysteme, Interaktionsmuster und Affektmuster zusammenstellen, auf Seiten des Kindes dysfunktionale Erfahrungen, die seine Entwicklung beeinträchtigen. Die Abb. I.8 und I.9 geben eine Übersicht über die aus dem Strukturmodell generierte Ordnung dysfunktionaler Formen der elterlichen Erziehung bzw. der kindlichen Erfahrung.

Die Übersicht lässt zunächst offen, anhand welcher Kriterien Dysfunktionalität jeweils festzustellen ist. Die Antwort auf die Kriterienfrage hängt ab

- von der Operationalisierung der einzelnen Verhaltens-, Interaktions-, Affekt- und Erfahrungsklassen;

Einschränkung der ...		**aufgrund von Mangelerfahrungen an ...**
1. Erfahrung der individuellen Einzigartigkeit 2. Erfahrung der eigenen Urheberschaft 3. Erfahrung der Bezogenheit als unterstütztes Kind 4. Erfahrung der Bezogenheit als unterstützendes Kind 5. (unspezifische Mangelerfahrung)	→	• basalem elterlichem Verhalten • Sicherheit • Orientierung und Anregung • elterlicher Interaktion • elterlicher Affektivität • gemischt

Abbildung I.9: Dysfunktionale Erfahrungen des Kindes

- vom Gegenstand der Beurteilung: ob sie sich auf die Quantität, die Qualität und/oder auf die Kontinuität eines Verhaltens- und Erfahrungsmusters bezieht; schließlich auch
- von der Fundierung des Urteils, also von der Art des diagnostischen Zugangs (Fremdeinschätzung, Selbsteinschätzung, diagnostische Instrumente). In Teil II und III kommen wir darauf zurück.

Fallvignette Familie S. (1)

Erfahrungen des Kindes mit gelingender sowie mit dysfunktionaler elterlicher Erziehung

Die Eltern S. (beide 30 Jahre) haben einen gemeinsamen Sohn Benjamin (18 Monate alt). Beide, am vehementesten jedoch die Mutter, beklagen, dass Benjamin wenig auf die Mutter höre und häufig mit Dingen um sich werfe. Vor allem die Mutter, eine gelernte Erzieherin, wüsste nicht mehr weiter und sei „mit den Nerven am Ende". Neben anderen diagnostischen Verfahren setzten wir eine videogestützte Interaktionsdiagnostik ein. In der Videoaufzeichnung vom gemeinsamem Spiel sowie von jeweils einer separaten Spiel- und einer Trennungssituation von Mutter oder Vater mit Benjamin war zu erkennen, dass Benjamin das Werfen nur zeigte in der gemeinsamen Spielsituation mit beiden Eltern sowie in der Spielsequenz mit der Mutter. In der Interaktion mit dem Vater war kein problematisches Verhalten zu sehen.

Die nähere Analyse der Videoaufzeichnung ergab dann folgende Einschätzung: Die *Mutter* wirkte affektiv wie leer, reagierte fast mechanisch und „professionell" auf Benjamins Erkundungsversuche. Sie erschien wenig warmherzig, sehr angespannt und latent aggressiv. Es machte ihr offensichtlich keinerlei Freude, mit Benjamin ins gemeinsame Spiel zu gehen. Die für die meisten Eltern sehr belastende Abwendung vom Kind nahm sie ohne erkennbare Regung hin und hielt sie auch ohne ein Anzeichen von Belastung durch. Positive Gefühlsäußerungen Benjamins (z.B. Freude beim Turmbau) griff sie kaum mit eigenen Gefühlen auf und beantwortete sie – wenn überhaupt – nur mechanisch-verbal. Auf Unmutssignale jedoch reagierte sie hektisch, druckvoll und wenig moduliert. Sie spielte insgesamt eher mechanisch, kaum anteilnehmend, wirkte wie abwesend und schien nur „auf der Hut" zu sein. In der Trennungssituation zeigte Benjamin ein vermeidendes Bindungsverhalten, reagierte kaum auf die Abwendung der Mutter, fing dann aber nach ein, zwei Minuten an, mit einem Ball und danach mit einem härteren Spielzeug in ihrem Blickfeld, aber nicht in ihre Richtung zu werfen. Danach wendete er sich emotionslos ab. Die Wiedervereinigung registrierte er beiläufig, ohne größere emotionale Regungen, ließ sich dann aber durch die Mutter relativ leicht in ein gemeinsames Konstruktionsspiel lenken.

Zusammenfassend können wir feststellen, dass die Mutter offensichtlich Bindungsunsicherheit evoziert, in der Interaktion mit Benjamin eine Unausgewogenheit in ihrer Resonanz auf positive und negative Signale zeigte und insgesamt eine deutliche und umfassende Einschränkung der mütterlichen Affektivität in Bezug auf Benjamin aufwies. Dies lässt Benjamin nicht nur eingeschränkte Autonomieerfahrungen machen, sondern veranlasst ihn auch zu Anstrengungen, in Gegenwart seiner Mutter in die Rolle des unterstützten Kindes zu kommen, weshalb er vermutlich mit dem Werfen von Gegenständen auf sich aufmerksam machen muss.

Ein Kontrastprogramm bot die Spiel-, Trennungs- und Wiedervereinigungssituation von Benjamin mit dem *Vater*. Benjamin war – bedingt durch das Verlassen des Raumes durch die Mutter und durch den etwas verzögerten Eintritt des Vaters in den Spielraum – sehr irritiert (körperliche Nähe der Mutter ist für ihn also auf jeden Fall Sicherheit gebend!) und weinte leicht. Der Vater tröstete ihn mit liebevollem Körperkontakt und sanftem Sprechen. Benjamin beruhigte sich schnell und lockte den Vater in ein Erkundungsspiel (Aufreißen und Wiederverschließen einer Matte), das der Vater zuerst unterbinden wollte. Er ließ sich dann aber doch darauf ein und unterstützte die Erkundung leicht amüsiert; zugleich bewahrte er Benjamin davor, zu destruktiv mit dem Material umzugehen. Das gemeinsame Spiel war von einer leichten Heiterkeit und einer spitzbubenhaften Kommunikation getragen. Auf die Abwendung des Vaters reagierte Benjamin für uns nach der Vorerfahrung mit seiner Mutter überraschend: Er wirkte verwirrt und näherte sich dann ca. zwei Minuten – immer wieder neu – mit kleinen idiosynkratischen Gesängen und faxenhafter Gestik werbend dem Vater an, der deshalb nur schwer die Abwendung durchhalten konnte. Danach zog sich Benjamin scheinbar beruhigt zu einem Turmbauspiel zurück und lockte nach weiteren zwei Minuten erneut (ohne mit irgendetwas zu werfen!) den Vater paraverbal und durch Körperkontakt vom Tisch weg in ein mit freudigem Körperkontakt begrüßtes, erneutes gemeinsames Spiel. Von einem leichten Mangel an verbaler Kommunikation abgesehen war hier die gesamte gemeinsame Zeit über eine sehr funktional anmutende Elternaktivität zu spüren und zu beobachten: Von warmherziger, humorvoller Emotionalität getragen, gelang es dem Vater, Benjamin rasch zu trösten, in seiner Erkundung zu unterstützen und zugleich auf das Mögliche zu begrenzen, er reagierte sensibel und kontingent auf positive und negative Signale des Kindes.

Natürlich dürfen wir hier die Interpretation des Beobachteten nicht überdehnen, handelt es sich doch zunächst nur um die Analyse lediglich einer Spielsituation. Daten aus Wiederholungen, aus anderen Kontexten und zu spezifischen Bedingungen von Erziehung wollen wir – auf diese Familie immer mal wieder zurückkommend – in den folgenden Kapiteln jeweils zur besseren Anschauung als Illustration heranziehen.

3 Die Bedingungen von Erziehung

3.1 Einführung

Für die Betrachtung der Bedingungen, unter denen Eltern ihre Erziehungsaufgabe erfüllen, wie für die Untersuchung der Erziehungsbedingungen, unter denen Kinder ihre Entwicklungsaufgaben bewältigen, sind die beiden Konzepte „Entwicklung“ und „Kontext“ von zentraler Bedeutung. Ideengeschichtlich haben diese beiden Begriffe mancherlei Wandlungen erfahren; auch unter verschiedenen wissenschaftlichen Paradigmen ist ihr Bedeutungsgehalt nicht immer derselbe. Ihre Bedeutungsverschiebungen sind selber Beispiele für entwicklungs- und kontextabhängige Veränderungen (vgl. dazu die Überblicksarbeiten z.B. von Kreppner 1998, Eckensberger/Keller 1998, Oerter/Montada 2002, Schmidt, H.-D. 1970.

Um konsensfähig und in den verschiedenen Kontexten akzeptabel zu sein, muss eine Definition von „Entwicklung“ offenbar einen hinreichend großen Abstraktionsgrad erreichen. Das ist u. E. bei dem von Schmidt formulierten Entwicklungsbegriff der Fall. Mit Schmidt verstehen wir unter Entwicklung solche *„Veränderungsreihen [...], deren Glieder existentiell auseinander hervorgehen, d.h. in einem natürlichen inneren Zusammenhang stehen, sich Orten in einem Zeit-Bezugssystem zuordnen lassen und deren Übergänge von einem Ausgangszustand in einen Endzustand mit Hilfe von Wertekriterien zu beschreiben sind“* (Schmidt 1970, 20). Eine ähnliche, fast gleich lautende Definition hat Thomae (1969, 113) als Resultat der Diskussion einer Vielzahl von Modellen und Theorien der menschlichen Entwicklung vorgelegt.

Bei den meisten Autoren, die sich mit dem Entwicklungsbegriff befassen, findet man die Feststellung, dass es eines definierten Bezugssystems bedarf – bei Schmidt sind es Wertekriterien –, um beschriebene Veränderungsreihen in ihrer Dynamik als Entwicklungsverläufe interpretieren zu können. Dem entsprechend haben wir im vorigen Abschnitt für die durch Erziehung intendierten Veränderungen beim Kind die Notwendigkeit betont, Werte und Normen als die soziokulturell geprägten Bedingungen zu identifizieren, aus denen heraus Erziehung funktioniert und die – als Richtungsziele – individuellen Entwicklungsprozessen sozial beglaubigten Sinn verleihen.

Werte und Normen gehören neben einer Fülle anderer Bedingungen zu den Kontexten, in denen Individuen Erziehung erfahren und sich entwickeln. Die mit den Kontextbedingungen menschlicher Entwicklung systematisch befasste Entwicklungspsychologie beginnt mit den Arbeiten Uri Bronfenbrenners. Als dieser 1979 (dt. 1981) sein Buch über die Ökologie der menschlichen Entwicklung veröffentlichte, war das der Übergang zur systemischen Fundierung entwicklungspsychologischer Forschung. Bronfenbrenner konzipierte psychische Entwicklung als ein Geschehen, das in verschiedene Kontexte eingebettet und aus diesen heraus verstehbar ist. Natürlich gab es eine Reihe von Wegbereitern, nicht zuletzt Kurt Lewin (1953) und seit den 1950er Jahren Roger G. Barker (1968). Aber es ist Bronfenbrenners Verdienst, mit seinem Forschungsansatz den Übergang zur multiperspektivischen und zur multikonditionalen Betrachtung der psychischen Entwicklung entscheidend befördert zu haben. Er hat maßgeblich dazu beigetragen, dass es in den letzten Jahrzehnten in der (Entwicklungs-)Psychologie selbstverständlich wurde, den Menschen als ein psychisches Wesen zu begreifen, das in ein System von Beziehungen eingebunden ist. Man kann sich inzwischen nur wundern, dass das Menschenbild der Psychologie zuvor ein kontextloses gewesen sein soll.

Fuhrer (2005) benennt den entscheidenden Vorteil des von Bronfenbrenner in die Entwicklungspsychologie eingeführten systemischen Denkens: „Der substanzielle Beitrag eines Denkens in Systemen besteht darin, dass entsprechende Theorieansätze eine Dezentrierung des Denkens auslösen, weg von der einseitigen Ausrichtung auf das sich entwickelnde Individuum hin auf die Mensch-Umwelt-Beziehung im Sinne eines sich über die Zeit verändernden Ökosystems." (Fuhrer 2005, 59) Bronfenbrenner hielt es für nützlich, verschiedene Entwicklungskontexte zu beschreiben, die sich über ihren jeweiligen Abstand zum Individuum definieren. Er betrachtet diese Kontexte als miteinander verschränkt und nimmt an, dass sie selbst sich jeweils in Entwicklung befinden. Das Mikrosystem wird durch die engsten familiären Beziehungen gebildet, besteht also aus dyadischen und triadischen Beziehungen, die als konkrete Settings innerhalb der Familie beschrieben werden können. Zu diesem System gehören auch die unmittelbar erfahrbaren materiellen Lebensbedingungen wie Wohnung, Handlungsmöglichkeiten, Wohlstand oder Armut. Das Mesosystem ist umfassender als das Mikrosystem und enthält mindestens zwei Mikrosysteme, an denen das Individuum beteiligt ist (z.B. Familie und Peergroup). Die Wechselwirkung zwischen diesen Mikrosystemen ist das kennzeichnende Merkmal eines Mesosystems. Das Exosystem umfasst dann ein oder mehrere Mikro- oder Mesosysteme, in denen das Individuum nicht selbst handelt, von denen es aber indirekt beeinflusst wird. Exosysteme eines Grundschulkindes sind z.B. die Arbeitswelt der Eltern oder die dem Kind zugänglichen Medien (Beispiele von Fuhrer 2005). Ein Makrosystem schließlich ist der umfassendste Entwicklungskontext. Bronfenbrenner versteht darunter eine Umgebung, die als Norm gebende Kultur fungiert, indem sie Invarianten in Systemen niederer Ordnung produziert. Beispiele dafür sind die Rahmenbedingungen der Alltagsgestaltung wie Kinderbildungsangebote und -betreuungsformen, die Arbeitswelt bestimmende Normen, z.B. die Arbeitszeit betreffend, aber auch Rollenerwartungen und Überzeugungssysteme. Den ursprünglichen, etwas statisch wirkenden

Aufbau von Entwicklungskontexten hat Bronfenbrenner 1986 mit der Konzeption eines Chronosystems zu dynamisieren versucht. Dabei geht er davon aus, „dass Entwicklung über den gesamten Lebenslauf auf Prozessen der immer komplexeren wechselseitigen Interaktion zwischen einem aktiven, sich entwickelnden bio-psychischen menschlichen Organismus und den Personen, Objekten und Symbolen in seiner unmittelbaren äußeren Umwelt [...] beruht. Damit die Interaktion wirksam sein kann, muss sie auf einer relativ regelmäßigen Basis über ausgedehnte Zeiträume stattfinden." (Fuhrer 2005, 61)

Bronfenbrenners Sicht auf die menschliche Entwicklung, die Fuhrer (2005) treffend die „entwicklungstheoretisch-kontextualistische Perspektive" nennt, halten wir für am besten geeignet, die Bedingungen der elterlichen Erziehung und der kindlichen Entwicklung zusammen zu denken. Im Mikrosystem der familiären Beziehungen bilden elterliche Erziehungshandlungen für das Kind den unmittelbaren Kontext seiner Entwicklung. Auf der Ebene der Meso-, Exo- und Makrosysteme lassen sich zugleich weitere Kontextbedingungen der kindlichen Entwicklung *und* der elterlichen Erziehung identifizieren.

Im Folgenden beschäftigen wir uns vornehmlich mit den Bedingungen von elterlicher Erziehung. Dabei orientieren wir uns an dem Ansatz von Jay Belsky (1984), an dem niemand, der sich mit diesem Thema auseinander setzt, vorbeikommt. Um einen Einstieg zu gewinnen, übernehmen wir die von Fuhrer (2005) leicht ergänzte grafische Darstellung des Belsky'schen Modells (siehe Abb. I.10). Darin sind sechs Bedingungen des elterlichen Erziehungsverhaltens identifiziert und in Wechselwirkungsverhältnissen aufeinander bezogen: die Partner-/Elternbeziehung, das soziale Netzwerk, die elterliche Persönlichkeit, die elterliche Arbeitswelt, die Merkmale der kindlichen Persönlichkeit und deren Entwicklung. Fuhrer (2005) hat dem noch die ökonomische Lage hinzugefügt. Es wird angenommen, dass die genannten Faktoren und ihre Rückkopplungswirkungen für die Qualität von Eltern-Kind-Beziehungen Ausschlag gebend sind.

Bevor wir diese Bedingungen in ihrer Bedeutung und auch in ihren konzeptionellen Weiterentwicklungen näher betrachten, möchten wir unsere Auffassung in zwei Fragen verdeutlichen, die wir bei der Beschreibung, Erklärung und Bewertung von Erziehungsprozessen nicht vermeiden können, und die deshalb grundsätzlich zu beantworten sind: Was verstehen wir unter Beeinflussungsgrößen? Und welche Funktion weisen wir normativen Größen zu?

Bedingungen oder Ursachen von Erziehung?

Einflussgrößen, die sich auf Erziehungsprozesse auswirken, wie auch solche, die sich auf Entwicklungsprozesse auswirken, sind ausnahmslos **Bedingungen**. Genauer gesagt handelt es sich um Bedingungen der Mög-

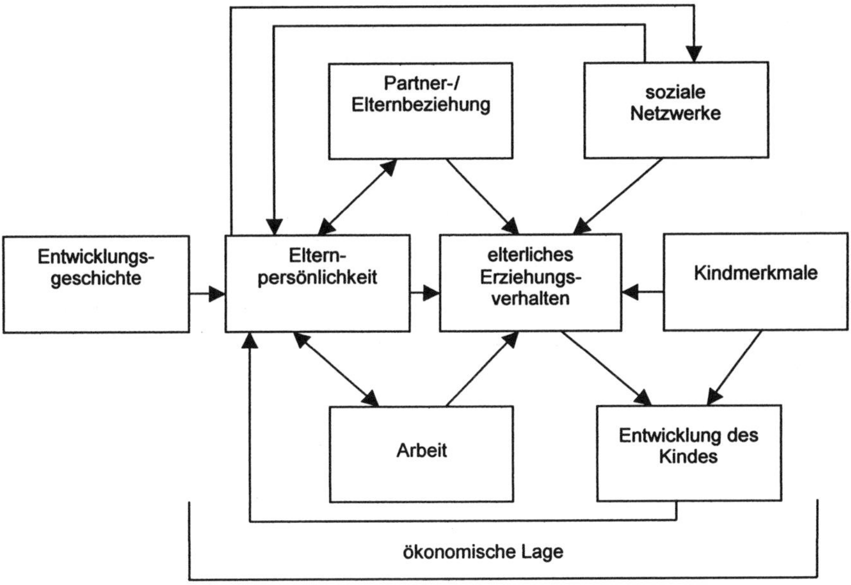

Abbildung I.10: Ein Modell der Einflussgrößen und Effekte von Eltern-Kind-Beziehungen (nach Belsky ergänzt und zit. nach: Fuhrer 2005, 130)

lichkeit; sie sind Ermöglichungs- oder auch Verhinderungsbedingungen. Unserer Meinung nach kann die Verknüpfung von Bedingung und Wirkung nicht als linearer Kausalzusammenhang gedacht werden. Das Kausalschema widerspricht dem auch von uns vertretenen Entwicklungskonzept, das die Selbstentwicklung bio-psycho-sozial verfasster Personen modelliert. Es widerspricht damit weiter dem ebenfalls von uns vertretenen Erziehungskonzept, das bestimmte sich selbst entwickelnde Personen mit Erziehungsaufgaben befasst sieht. Ferner gehen wir davon aus, dass sich auch das Bedingungsgefüge selbst in Veränderung befindet. Diese nichtdeterministische Entwicklungskonzeption ist daher in der Vorhersage von Wirkungen mit Wahrscheinlichkeitsaussagen zufrieden und betrachtet sie nicht als Ärgernis. Es genügt den Erkenntnisansprüchen, wenn Bedingungs-Wirkungszusammenhänge aufgrund von relativer Dauerhaftigkeit und Regelmäßigkeit als Muster erkennbar werden.

Normierte Erziehung?

> „Ziele dienen konkreten Zwecken und beschreiben praktische Handlungsintentionen (z.B. Erziehung zur Gewaltlosigkeit oder Friedfertigkeit). Normen sind die hinter den Zielen liegenden Überzeugungen oder Soll-Vorstellungen, die sich über längere Zeitabschnitte entwickelt haben

und für einen größeren Kulturkreis gelten (z.B. ‚Du sollst nicht töten'). Von Normen kann man schließlich Werte unterscheiden, die ihnen zugrunde liegen, wie z.B. Ehrfurcht vor dem Leben oder das ‚Prinzip Verantwortung' [...], die für das Überleben der Menschheit zentral sind." (Fuhrer 2005, 33)

Wenn wir Erziehung als einen Prozess betrachten, dem wir die Möglichkeit seiner Dysfunktionalität einräumen, wenn wir zudem beanspruchen, vorhandene Dysfunktionen von Erziehungshandlungen diagnostizieren zu können, kommen wir nicht umhin, uns auf normative Größen zu beziehen. Was ist normale, also in der Norm liegende Erziehung, und was sind die Kennzeichen nicht-normaler, außerhalb der Norm liegender Erziehungspraktiken? In einer pluralistischen Perspektive kann es u. E. keinen einseitigen und eng gefassten Begriff von Normalität in der Erziehung geben. Dennoch soll es möglich sein, anzugeben, wann und inwiefern Erziehung droht, zu misslingen. Es wäre sonst nicht ersichtlich, wie Instanzen der Jugendhilfe ihre regulative Funktion erfüllen könnten (siehe die Einführung zu diesem Buch), über die erzieherische Tätigkeit von Eltern zu wachen und gegebenenfalls präventive oder schützende Hilfe zu leisten (siehe § 8a SGB VIII). Daher genügt es nicht, Erziehung in den vielfältigen Formen ihres Gelingens zu beschreiben. Der Aufgabe, Erziehungsprozesse auch in ihrem Misslingen zu kennzeichnen, können wir uns nicht entziehen. Um sie einer praktikablen Lösung zuzuführen, die in der Jugendhilfe Praxisrelevanz beanspruchen kann, lassen wir uns von zwei Prinzipien leiten.

Bei der Bewertung von Erziehungspraktiken im Hinblick auf ihre Funktionalität bzw. Dysfunktion orientieren wir uns zum einen an entsprechenden soziokulturellen Normvorgaben, die in unserer Gesellschaft zum Teil auch in Form von Rechtsnormen Geltung beanspruchen. Dazu zählen insbesondere das gesetzlich verbriefte Recht des Kindes auf „Förderung seiner Entwicklung und auf Erziehung zu einer eigenverantwortlichen und gemeinschaftsfähigen Persönlichkeit" (§ 1 Abs. 1 SGB VIII) sowie das Recht auf gewaltfreie Erziehung (§ 1631 Abs. 2 BGB). In Bezug auf solche Rechtsnormen und andere kulturell verbindlichen Normen lassen sich in abgestufter Form Kindeswohleinschränkungen, also Entwicklungsbeeinträchtigungen des Kindes aufgrund von elterlichen Einflüssen, beschreiben. Und es lassen sich Kriterien dafür festlegen.

Das zweite Prinzip ist methodischer Natur. Es hat seine Begründung in der nicht-deterministischen Auffassung erzieherischer Vorgänge, ihrer Erscheinungsformen und Auswirkungen. Diese Auffassung lässt, wie oben erläutert, bei der Beschreibung und Beurteilung erzieherischer Verhältnisse nur Wahrscheinlichkeitsaussagen zu. Das bedeutet für das methodische Vorgehen, dass die Verlässlichkeit von Aussagen über Kindeswohleinschränkungen, zumal dann, wenn sie die Überschreitung eines kritischen Grenzwertes behaupten und Kindeswohlgefährdung anzeigen, in der Regel von mehreren Items i. S. v. belegten kritischen Sachverhalten gesichert sein muss.

Im weiteren Text werden wir entweder von „misslingender" oder von „dysfunktionaler" Erziehung sprechen. Dabei bezieht sich der Ausdruck „Misslingen" auf das Verpassen angestrebter Entwicklungsziele auf Seiten des Kindes; „Dysfunktionalität" hingegen charakterisiert elterliche Erziehungshandlungen, die ihrer Aufgabe nicht gerecht werden oder sie konterkarieren.

3.2 Der Begriff der „Beziehung" und seine Verwandten

Interaktionen sind Handlungen von zwei oder mehr Personen, die sich vermittels ihrer aufeinander beziehen (Richtungs- und Zielbezug). Interaktionsmuster sind wiederkehrende ähnliche Handlungen oder Handlungsketten, die Beobachter auf eine Beziehung zwischen den Akteuren schließen lassen. Interaktionsmuster machen die Beteiligten zu „Bezugspersonen" (vgl. Asendorpf / Banse 2000, 4). „Beziehungen sind meist nicht nur durch eines, sondern durch viele unterschiedliche Interaktionsmuster charakterisiert [...]. Interaktionsmuster [derselben Interaktionspartner, d. A.] sind situationsspezifisch, variieren also von Situationsklasse zu Situationsklasse. Innerhalb derselben Situationsklasse aber zeigen sie Regelmäßigkeiten." (Asendorpf / Banse 2000, 4) Als Dyade wird ein Paar von Personen bezeichnet, das „genau dann eine **soziale Beziehung** [hat], (1) wenn sie mindestens ein stabiles Interaktionsmuster aufweisen" (Asendorpf / Banse 2000, 4). Die psychologische Definition einer sozialen Beziehung erweitert das alltagspsychologische Verständnis von ihr um die psychische Abbildung, die Bildung interner Repräsentanzen. „Jede Beziehung ist bei beiden Bezugspersonen dreifach kognitiv repräsentiert als (2) Selbstbild, (3) Bild der Bezugsperson und (4) Interaktionsskripten; diese Repräsentationen sind beziehungsspezifisch." (Asendorpf / Banse 2000, 4) Baldwin (1992) (zit. nach Asendorpf / Banse 2000) spricht in diesem Zusammenhang von „Beziehungsschema". Diesem fügen Asendorpf und Banse weitere Aspekte hinzu: nämlich (5) normative Vorstellungen und (6) Zukunftsperspektiven. „Die Beziehungsschemata beider Bezugspersonen beruhen auf deren subjektiver Wahrnehmung des Interaktionsmusters. Umgekehrt beeinflussen und stabilisieren die Beziehungsschemata aber auch das Interaktionsmuster." (Asendorpf / Banse 2000, 4) Schließlich muss berücksichtigt werden, dass die drei Komponenten des Beziehungsschemas jeweils auch der affektiven Bewertung unterliegen in dem Sinne, dass (7) Präferenzen gebildet werden und eine (8) Einbettung in Emotionalität erfolgt. Die affektive Einbettung von Beziehungsschemata ist nicht nur eine Folge des interaktionellen Geschehens zwischen den Personen, sondern geht diesem auch als bereits gebildete Einstellung, die aus der jeweils eigenen Beziehungserfahrung resultiert, vor-

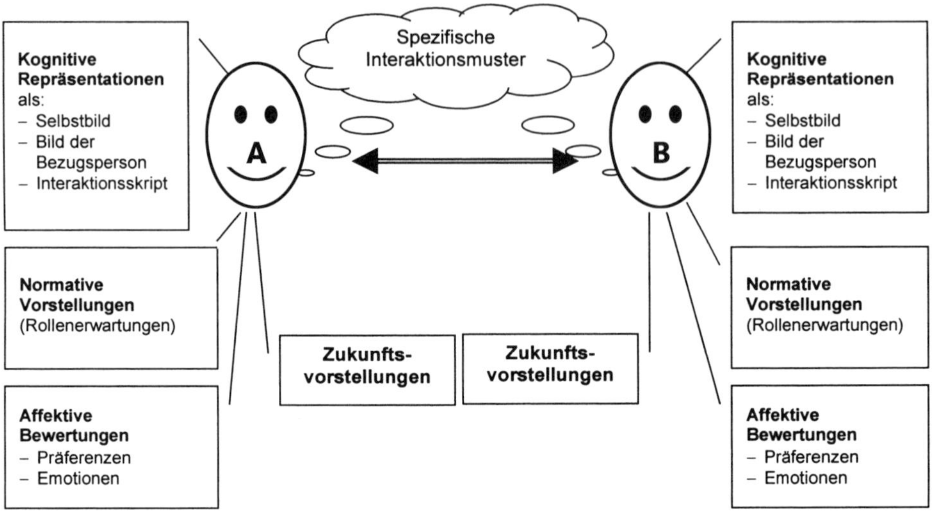

Abbildung I.11: Aspekte und Merkmale einer sozialen Beziehung

aus. Abbildung I.11 fasst die genannten Merkmale einer sozialen Beziehung noch einmal anschaulich zusammen.

In der Analyse von Asendorpf und Banse (2000) und der von ihnen verwendeten Terminologie wird also zwischen der Beziehungseinstellung und dem Beziehungsschema unterschieden. Erstere steht für die allgemeine, stabile Haltung einer Person zu Beziehungen; Letzteres bezieht sich auf die konkrete dyadische Beziehung mit einer bestimmten anderen Person.

Interaktionen sind operationalisierbare, beobachtbare Handlungen, in denen eine Beziehung der an den Interaktionen Beteiligten zum Ausdruck kommt. Sie sind praktisch „bezogenes Handeln". Den Beobachter lassen sie auf die Beziehungsschemata der Beteiligten schließen und, bei einer größeren Stabilität und Konsistenz, auf deren Beziehungseinstellungen. Insofern ist „Beziehung" ein Konstruktbegriff, der sich in seinem Konstruktcharakter von der beobachtbaren, damit auch operationalisierbaren „Interaktion" unterscheidet.

Der Begriff der **Kommunikation** wird im allgemeinen als ein Prozess des Informationsaustausches verstanden. Menschliche Kommunikation ist demnach der Informationsaustausch zwischen Menschen. Interaktives Verhalten kann unter der Perspektive der Kommunikation als informationsaustauschendes, psychisch reguliertes Handeln zwischen den Partnern beschrieben werden. Es „beinhaltet die durch Zeichen vermittelte Abbildung von Bedeutungen zwischen Individuen. Damit ermöglicht sie [die Kommunikation, d. A.] die Weitergabe menschlicher Erfahrungen in und zwischen den Generationen." (Hiebsch/Vorwerg 1980, 275)

Wir verwenden den Begriff der Kommunikation, wenn wir vom interaktiven informationsaustauschenden Handeln sprechen. Kommunikatives Handeln lässt wie andere Interaktionen Schlüsse auf die Beziehungsqualität der Kommunikationspartner zu, ist aber nicht mit deren Beziehung zu verwechseln. Die Beschreibung der kommunikativen Interaktion zwischen den Interaktionspartnern ist somit nicht die Beschreibung von deren Beziehung und erklärt diese auch nicht; die Deutung einer beobachteten kommunikativen Interaktion im Sinne der in ihr vermutlich zum Ausdruck kommenden Beziehungsqualitäten hat immer hypothetischen Charakter. Kommunikation zwischen Interaktionspartnern ist der Informationsaustausch von Personen, die zueinander in einer sozialen Beziehung stehen, wenn sie durch mindestens ein stabiles Interaktionsmuster miteinander verbunden sind (vgl. dazu auch Schultz von Thun 1994).

Sobald wir in der Beziehungsanalyse über dyadische Beziehungen hinausgehen, müssen wir die systemische Perspektive einnehmen. „Der Begriff des **Systems** bezeichnet ganz allgemein eine Menge von Elementen, die durch Relationen untereinander verknüpft sind, welche die Systemstruktur ausmachen [...]. Soziale Systeme bestehen aus Gruppen von mindestens drei Personen, die in regelmäßiger Interaktion stehen und von daher meist auch dyadische Beziehungen zueinander aufweisen." (Asendorpf/Banse 2000, 213; vgl. auch Kriz 1999) Schneewind (1999) benennt acht systemische Grundbegriffe, die familiensystemische Ansätze charakterisieren:

1. **Zielorientierung** zeigt sich in Familien z.B. in Form von phasentypischen Entwicklungsaufgaben.

2. **Regelhaftigkeit** manifestiert sich insbesondere bei längerer Beobachtung einer Familie in Form von Familienritualen (bewusst oder unbewusst realisiert).

3. **Zirkularität** meint die wechselseitige Beeinflussung der Beteiligten und das *Verschwimmen kausaler Konstruktionen,* auch wenn die Beteiligten subjektiv von ihnen überzeugt sind und sich entsprechend kausalattributiv äußern.

4. **Rückkoppelung** „bezeichnet einen Prozeß, der durch ein regelabweichendes Verhalten eines Familienmitgliedes ausgelöst wird und Effekte bei den übrigen Famlienmitgliedern hervorruft, die ihrerseits wieder auf das Verhalten dieses Familienmitgliedes zurückwirken" (Asendorpf/Banse 2000, 214). Die Rückkoppelung kann abweichungsverstärkend (positiv) oder abweichungsmindernd (negativ) verlaufen.

5. **Homöostase** ist die Ausbalancierung im Regelkreismodell der familiären Kräfte; sie wird gewöhnlich durch negativ verlaufende Rückkoppelung erreicht.

6. Veränderungen erster und zweiter Ordnung. Die Unterscheidung geht u. W. auf Watzlawick et al. (1974) zurück. Eine Veränderung des Systems erster Ordnung führt zu Veränderungen innerhalb des selbst stabil bleibenden Systems. Oftmals werden dann die Lösungen (z.B. gewalttätige Handlungen) selbst zum Problem. Veränderungen zweiter Art bewirken einen Wandel des Systems selbst.

7. Grenzen sind ein Merkmal des Systems selbst. Ein System hat eigene Grenzen sowohl nach außen, im Verhältnis zu anderen Systemen, als auch nach innen, z.B. in Form von Subsystemen. Die Bedeutung der Qualität der Grenzen (Plastizität, Diffusion und Klarheit) wird insbesondere von Vertretern der strukturellen Familientherapie betont.

8. Das interne Erfahrungsmodell ist die interne subjektive Repräsentation, die eine Person von sich, von der Umwelt und von seinen Beziehungen zur Umwelt aufbaut. Asendorpf/Banse (2000, 216) sehen hier einen engen Bezug zum Begriff des Beziehungsschemas.

In Familiensystemen lassen sich die Beziehungen zwischen Eltern und Kindern auch mit Hilfe des Begriffs der sozialen **Rolle** analysieren (zum Rollenbegriff vgl. im Überblick z.B. Joas 1991). Insbesondere für das Verständnis des von Eltern vollzogenen und von Kindern erfahrenen erzieherischen Handelns kann dieser Begriff nützlich sein. „‚Rolle' bezeichnet [...] eine kulturell bestimmte Erwartung an das Interaktionsverhalten [...]. Soziale Rollen erfüllen alle Kriterien einer sozialen Beziehung: stabiles Interaktionsmuster, Interaktionsskript, Selbstbild und das Bild vom Interaktionspartner sind vorhanden und beziehungsspezifisch ausgebildet." (Asendorpf/Banse 2000, 7) Für Rollen ist kennzeichnend, dass das ihnen eigentümliche Interaktionsskript und das Interaktionsmuster, das sie beschreiben, „entpersönlicht" sind: „Die Interaktionsmuster bleiben erhalten, wenn man die einzelnen Rollen durch unterschiedliche Personen besetzt. Die Persönlichkeit der Bezugspersonen und die Geschichte der Interaktionen haben keinen Einfluß auf ihre Beziehung zueinander" (Asendorpf/Banse 2000, 7). Jedoch führt die Aneignung der Rolle und deren Ausgestaltung im Verlauf der weiteren Interaktion zwischen den Bezugspersonen einerseits zu Veränderungen der weiteren Rollenerwartungen bei den konkret Handelnden. Und andererseits ist die Art und Weise, wie eine Rolle jeweils persönlich ausgefüllt und individuell eingefärbt wird, immer auch ein Beitrag zur Veränderung des kulturell geprägten „Drehbuchs", das für die Rolle bestimmend ist, mag dieser Beitrag auch noch so klein sein. Schließlich verändern die individuelle Ausformung der Rollen und die Rückwirkung der Rollenerfahrung auf die persönliche Entwicklung die Beziehung selbst, die zur Übernahme der Rolle geführt hat.

Was heißt das für die Elternrolle? Bei der Geburt ihres ersten Kindes werden Eltern in der Regel bestimmte Vorstellungen davon haben, wie sie ihr Kind versorgen und erziehen wollen. Sie werden ein Bild davon haben, wie es sein wird, ihrem Kind gute Eltern zu sein. Das Elternbild, das sie von sich haben, wird von bestimmten Rollenerwartungen aus ihrer sozialen Umgebung beeinflusst sein. Solche Erwartungen können sie sich gegenseitig vermitteln; sie gehören dann zu ihrem unmittelbaren Umfeld und tragen, in der Terminologie von Bronfenbrenner (1981, s.o.) formuliert, dazu bei, das Mikrosystem der Familie, die sie gerade gründen, zu organisieren. Erwartungen, welche die elterlichen Funktionen betreffen und Auskunft darüber geben, was gute Eltern zu tun und zu lassen haben, stammen darüber hinaus aus dem Mesosystem der Eltern (von ihren Herkunftsfamilien, von Freunden und Bekannten), aus dem Exosystem (Ratgeberliteratur, Tagespresse, Filme, Fernsehsendungen wie „Super-Nanny“, erziehende Institutionen wie Kindergarten, Schule, Personen und Einrichtungen des Gesundheitswesens usw.) und schließlich, über die schon genannten Systeme vermittelt, aus dem Makrosystem (Norm gebende Kultur, gesellschaftliche Strukturen, gesetzliche Regelungen). Mit all diesen Erwartungen, auch mit den in ihnen enthaltenen Widersprüchen, sind Erwachsene mehr oder weniger ausdrücklich konfrontiert, wenn sie die Elternrolle übernehmen wollen. Sobald ein Kind da ist, *müssen* sie sie übernehmen. Indem sie sich die ihnen zugewiesene Elternrolle aneignen und als Eltern aktiv werden, machen sie Erfahrungen mit ihr und der Wirksamkeit ihres Rollenhandelns. Eigene, erfahrungsbegründete Erkenntnisse über Erziehung sind die Folge. Mit deren Ausweitung und handlungsleitenden Kraft entwickelt sich ein immer persönlicher werdendes Rollenverständnis und -handeln. Dieses prägt den privaten Charakter des Mikrosystems der Familie, worin die Eltern ihre Rolle ausüben und in der persönlichen Interaktion mit ihrem Kind ihre Erziehungsaufgabe erfüllen. Sie tun das schließlich so, wie sie es in diesem Mikrosystem gelernt haben und immer wieder von neuem lernen. Beim zweiten Kind ist dann, was den Umgang mit der Elternrolle angeht, alles schon anders. Anders als zu Beginn ihrer Elternschaft müssen Eltern bei der Geburt eines Geschwisters längst nicht mehr auf Rollenklischees zurückgreifen oder sich davon beeindrucken lassen, wenn sie hinreichend gute Eltern sein wollen.

Ein zweiter Aspekt der Übernahme der Elternrolle betrifft das Paar, das die Eltern sind. Elternschaft verlangt vom Elternpaar eine vollkommen andere Art der Paarkommunikation und der Reflexion darüber, als das kinderlose Paar dies nötig hat. Insofern tritt die Elternrolle in Wechselwirkung mit der Paarrolle. Für das Paar bedeutet das neue Herausforderungen, aber auch neue Entwicklungsmöglichkeiten.

Wir können nun die elterliche Erziehung als eine kulturell definierte Aufgabe begreifen, der die Eltern versuchen, gerecht zu werden, indem sie sich die Rolle der „elterlichen Erzieherin“ und des „elterlichen Erziehers“ aneignen. Sie tun das in einem persönlichen und vom Elternpaar gestalteten Aneignungsprozess, wodurch die von ihnen gelebte Erzieherrolle stets eine besondere Qualität und emotionale Färbung annimmt; sie übernehmen also nicht einfach ein Rollenklischee. Mit ihrer Rollenübernahme wird auch das Kind automatisch zum Rollenträger. Als zu erziehendes Kind ist ihm die Rolle des „Zöglings seiner Eltern" zugewiesen. Die Erzieherrolle lässt sich nur ausüben, wenn es einen Adressaten gibt, der zu erziehen ist. Folglich sind Eltern nur dann in der Erzieherrolle, wenn sie ihrem Kind die komplementäre Rolle zumuten.

Eltern-Kind-Systeme mit Hilfe des Rollenkonzepts zu untersuchen, hat den Vorteil, dass die soziokulturellen Determinanten der elterlichen Erziehung, die als normativ geprägte Drehbuchanweisungen, als soziale Rollenskripte wirksam sind, schärfer und konturierter herausgearbeitet werden können. Auf dieser Folie lassen sich dann auch die Qualitäten der von den Beteiligten vollzogenen Rollenübernahme und -aneignung beschreiben. Betrachtet man Eltern und Kinder in diesem Sinne als Rollenträger in einem Erziehungsprozess, so hat das andererseits die Reduktion der beteiligten Personen auf die relativ wenigen Regeln und Merkmale zur Folge, die für die Rollen und ihre Verteilung charakteristisch sind. Es könnte aber sein, dass man darum gar nicht herumkommt, wenn es Eltern-Kind-Beziehungen unter der Erziehungsperspektive zu betrachten gilt. Ohne jeglichen normativen Gehalt nämlich dürfte diese Perspektive ins Leere laufen. Die Erzieherrolle der Eltern wird stets etwas Janusköpfiges haben, changierend zwischen persönlicher Präsenz und gesellschaftlichen Erwartungen. Insofern stehen Eltern immer wieder auch vor der Herausforderung, in ihrer Beziehung zum Kind die Dialektik von Allgemeinem und Besonderem zu bewältigen.

3.3 Familie

3.3.1 Aspekte der Familienbeschreibung

Es ist hier nicht möglich, die familienpsychologische Forschung und Theoriebildung in ihrer ganzen Fülle und Vielfalt zu referieren (vgl. Schneewind 1999; 2000; Cierpka 2003a; Walper/Pekrun 2001; Petzold 1999, Thomas 2003). Wir beschränken uns auf eine knappe Skizze jener Arbeiten, welche die Relation „Familie – Erziehung" beleuchten und sich auch um deren diagnostische Erfassung bemühen.

Schneewind umschreibt Familien als „intime Beziehungssysteme", deren hauptsächliche Funktion es sei, „lebenszyklisch wandelnden Entwicklungserfordernissen ihrer Mitglieder gerecht zu werden" (Schneewind 1999, 24f); sie leisteten dies durch „starke, häufige und sich in unterschiedlichen Aktivitäten äußernden Interdependenzen von beträchtlicher Dauer" (Kelley zit. nach Schneewind 1999, 24). Vier Hauptmerkmale kennzeichnen laut Schneewind diese intimen Beziehungssysteme:

> „**1. Abgrenzung.** Damit ist gemeint, dass zwei oder mehr Personen ihr Leben in raumzeitlicher Abhebung von anderen Personen oder Personengruppen nach bestimmten expliziten oder impliziten Regeln in wechselseitiger Bezogenheit gestalten. Der Aspekt der raum-zeitlichen Abhebung impliziert zum einen
>
> **2. Privatheit,** d.h. das Vorhandensein eines umgrenzten Lebensraumes (z.B. eine Wohnung) oder zumindest eines Mediums (z.B. Telefon), in dem ein wechselseitiger Verhaltensaustausch möglich ist, und zum anderen
>
> **3. Dauerhaftigkeit,** d.h. einen auf längerfristige Gemeinsamkeit angelegten Zeitrahmen, der sich aufgrund wechselseitiger Bindung, Verpflichtungen und Zielorientierung ergibt. Auf diesem Hintergrund gewinnt schließlich ein viertes Kriterium Gestalt, nämlich
>
> **4. Nähe,** d.h. die Realisierung von physischer, geistiger und emotionaler Intimität im Prozeß interpersonaler Beziehungen."

Petzold fügt dieser Merkmalsliste die intergenerative Perspektive hinzu: *„Familie kann […] aus psychologischer Sicht als eine soziale Beziehungseinheit gekennzeichnet werden, die sich besonders durch Intimität und intergenerationale Beziehungen auszeichnet."* (Petzold 1999, 32)

Die intergenerationalen Beziehungen unter dem Gesichtspunkt der Erziehungsaufgabe der Familie zu erfassen, gelingt u. E. am besten mit Hilfe des von Steinhauer und Cierpka konzipierten Familienmodells. Überdies sehen wir in ihm einen gelungenen Versuch, wichtige andere Modelle zu integrieren. Es ist verwandt mit dem „McMaster Model of Family Functioning". Von Cierpka und Frevert (1994) referiert und weiterentwickelt, beschreibt es die Familienstruktur und -organisation in sieben Dimensionen:

> „Eine erfolgreiche Aufgabenerfüllung erfordert die Differenzierung von Rollen in einer Familie und die entsprechende Bereitschaft der Familienmitglieder, die ihnen zugeteilten Rollen zu übernehmen. Für das Verständigen über Rollenzuweisungen und -übernahmen ist eine möglichst effektive Kommunikation notwendig. Die Intensität der Gefühle, die Emotionalität, kann die Kommunikation entweder stören oder erleichtern und zur erfolgreichen Rollenerfüllung beitragen. Das emotionale Interesse der einzelnen Familienmitglieder füreinander ist in der Dimension ‚Affektive Beziehungsaufnahme' enthalten. Als Kontrolle wird der Prozess bezeichnet, mit dem sich die einzelnen Familienmitglieder untereinander beeinflussen. Die Familienmitglieder sollten fähig sein, bestimmte Funktionen zuverlässig aufrechtzuerhalten, andere in eher flexibler Weise zu verändern. Die gesellschaftlich vermittelten Werte und Normen werden von der Familie übernommen und gehen in alle diese Dimensionen ein." (Cierpka 2003b, 38)

Das dem Modell entsprechende diagnostische Inventar sind die Familienbögen (Cierpka/Frevert 1994). Im Rahmen unseres Ansatzes werden wir das Modell und die in ihm enthaltenen Dimensionen heranziehen, um die familiären Bedingungen, die auf die Erziehung wirken, zu beschreiben.

3.3.2 Familiäre Entwicklung

Bisher haben wir die Familie vor allem unter strukturellen und funktionalen Aspekte betrachtet: Wie gliedert sich die Familie als Ganzes und wie lassen sich diese Gliederungen beschreiben? Welche Aufgaben werden in und von ihr erfüllt? Ergänzt werden muss diese Sichtweise durch den *dynamischen* Aspekt, also um die Frage, *wie* Familien sich entwickeln. Der Prozess der Familienentwicklung ist in der einschlägigen Forschungsliteratur und in familientherapeutischen Schriften vielfältig beschrieben und analysiert worden. Keller und Eckensberger (1998) fassen die wichtigsten Positionen aus kulturpsychologischer Sicht instruktiv zusammen. Wir greifen einen Ansatz heraus, der uns für unsere Zwecke fruchtbar erscheint.

Wynne (zit. bei Schneewind 1999, 26f) beschreibt insgesamt vier Stadien oder epigenetische, also aufeinander aufbauende und sich mit ihren Leistungen gegenseitig durchdringende, Phasen der Familienentwicklung:

1. Bindung und Fürsorge. Die affektiv hoch aufgeladenen Leistungen dieser Phase familiärer Entwicklung werden prototypisch in der frühen Mutter-Kind-Beziehung realisiert. Für sie sind unmittelbare und äußerst starke emotionale Verbindungen zwischen den Beteiligten kennzeichnend. Die emotionale Involviertheit geht einher mit einer hohen Sensibilität für das Wohlergehen des Kindes und mit der Motivation zu einfühlsamem, fürsorglichem Verhalten. Diese Beziehungsqualitäten sind nicht nur zwischen Eltern und Kind zu beobachten, sie treten auch bei Verliebten auf, sind dann allerdings durch eine viel größere Symmetrie in der Beziehung charakterisiert.

2. Kommunizieren. Kommunikation als informationsaustauschende Interaktion findet mit zunehmendem Lebensalter immer stärker auf der Symbolebene statt. Dornes (1993; 1997; 2000) stellt dies im Zusammenhang mit der Entwicklung des Denkens, Fühlens und der Phantasietätigkeit eindrucksvoll dar. Die Sprachentwicklung ist immer die Herausbildung einer gemeinsamen Sprache, in deren Medium sich sozial geteilte Bedeutungsstrukturen *(shared meanings)* entwickeln. Familiäre Sprache und das Sprechen in der Familie wirken daher beziehungsstiftend.

3. Gemeinsames Problemlösen. Die Leistungen dieser Stufe der familiären Entwicklung sind nicht nur mit kognitiven und operativen Aspekten des

Problemlösens verknüpft, sie vermitteln auch die Erfahrung des gemeinsamen Engagements. Die Herausbildung einer gemeinsamen Aufgabenstellung, die mehr oder weniger gemeinsame Handlungsplanung und die Erfahrung von arbeitsteiliger Kooperation sind Ausdruck der familiären Möglichkeiten in dieser Entwicklungsphase. Sie regen ihrerseits die weitere Entwicklung der familiären Bindungen an. Gemeinsames Problemlösen basiert auf der vorausgehenden Erfahrung von Bindung, Fürsorge und Kommunikation und wirkt zugleich auf diese zurück.

4. Gegenseitigkeit. Wynne „verbindet mit diesem Begriff die Überprüfung und eventuelle Neugestaltung von eingespielten Beziehungsprozessen angesichts sich ändernder Lebensumstände“ (Schneewind 1999, 28). Der Begriff wird benötigt, um zu beschreiben und zu erklären, wie Familien sich unter veränderten Bedingungen restrukturieren können. Gegenseitigkeit, die strukturelle Innovationen in der Familie ermöglicht, zeigt sich zum Beispiel, wenn aufgrund einer erneuten Elternschaft die Notwendigkeit entsteht, Bindungs- und Fürsorgeverhalten neu zu justieren, und wenn dies im Medium der Kommunikation und im gemeinsamen Problemlösen dann auch gelingt.

3.3.3 Erziehung und Familie

Der bisher zusammengetragene Merkmalskatalog und das dem entsprechende Begriffsinventar zur Konzeptualisierung von familiärer Organisation und Entwicklung bieten nun die Grundlage für eine etwas genauere und an den Ergebnissen wissenschaftlicher Forschung orientierte Beschreibung der in Familien stattfindenden elterlichen Erziehung.

Dabei ist von der Feststellung auszugehen, dass Erziehung in der Familie eine Aufgabe der Eltern ist. Wir betonen das, obwohl es intuitiv klar zu sein scheint und demnach bloß eine Binsenweisheit ausdrückt. In der Familienforschung jedoch, in der Familientherapie, sogar in der Praxis der Erziehungsberatung gehört der klare Blick auf die *elterliche* Erziehungsfunktion nicht immer und nicht durchgängig zu den bevorzugten Wahrnehmungseinstellungen. Dass sich in dieser Hinsicht am „Set“ der Forschung, Beratung und Therapie kognitiver Nebel ausbreiten kann, wird schon durch die begriffliche Unschärfe und den „Bias“ des Ausdrucks „*Familien*erziehung“ nahe gelegt – als ob es die Familie wäre, die erzieht. Gewiss erbringt die Familie insgesamt für das Kind Sozialisationsleistungen, erzogen wird es im Mikrosystem der Familie hingegen nur von den Eltern; mitunter auch von Personen, die auf die Position der Eltern rücken und deren Rolle übernehmen. In der Realität einiger Familien kann das sogar das Kind selbst sein – allerdings nur in der Beziehung zu anderen Familienmitgliedern, zu denen neben den Geschwistern auch die Eltern zählen können. Das parentifizierte Kind ist freilich immer ein sicherer Hinweis auf elterliche Dysfunktionen, und zwar *per definitionem*: Es liegt schlichtweg im Widerspruch zur elterlichen Funktion und kann deshalb auch seiner eigenen Funktion als Kind nicht gerecht werden. Ähnlich dysfunktional wäre die in der Realität einiger Familien ebenfalls anzutreffende Erwartung von Eltern, ihr Kind möge sich doch am besten selbst erziehen. Das jedoch kann es nicht, auch wenn es wollte; es kann sich nur selbst *entwickeln*.

Im Hinblick auf die elterliche Aufgabenerfüllung ist folglich an erster Stelle die grundlegende Bereitschaft der Eltern vonnöten, die ihnen zukommenden Aufgaben zu antizipieren und dann auch wahrzunehmen. Bringen sie diese Bereitschaft auf, so sind sie sich klar darüber, dass sie als Eltern gegenüber dem Kind in zielsetzende und handlungsorientierende Funktionen gelangen. Um sich mit diesen Funktionen kognitiv und emotional vertraut zu machen, um, mit anderen Worten, die Rolle der Erziehenden zu erkennen, zu übernehmen und zu erproben, müssen sie sich darüber in einem Mindestmaß sowohl miteinander (in ihrem Mikrosystem) als auch mit anderen Personen in ihrer Umgebung (in ihrem Mesosystem) austauschen. Die ihnen (aus dem Exo- und Makrosystem) angetragene Rollenzuweisung und ihnen von ihrem Kind und ihnen selbst (im Mikrosystem) zugemutete Rollenübernahme erfordert Kommunikation. Ohne zu kommunizieren ist die Definition von Erziehungszielen, die Organisation der Arbeitsteilung und der Kooperation, die Abstimmung zwischen den beteiligten Generationen und auch die Überprüfung angestrebter Ziele und der Zielerreichung nicht möglich.

Die intergenerationelle Verbundenheit der Mitglieder des familiären Mikrosystems zeichnet sich durch eine starke affektive Involviertheit aus. Eltern, die für ihre Kinder die Erziehungsaufgabe wahrnehmen, können mit ihrem Erziehungshandeln nicht aus diesem unmittelbar von Gefühlen geprägten Kontext heraustreten. Versuchen sie es, so schafft das die Gefühle und die affektive Involviertheit keineswegs aus der Welt (des Mikrosystems). Para-professionell anmutende, quasi pädagogisch begründete Distanzierungs- oder Disengagement-Anstrengungen von Eltern gegenüber ihren Kindern können die Gefühle, die beide Seiten füreinander haben, durchaus verändern, sie können sie jedoch nie zum Verschwinden bringen. Gerade wenn familiäre Gefühle wie verschwunden erscheinen oder wie eingefroren wirken, sind sie vorhanden – zumeist in noch stärkerer Ausprägung, in jedem Fall aber negativ, aggressiv und/oder depressiv getönt. Auffällige Gefühlsqualitäten eines familiären Mikrosystems geben von daher ebenfalls Hinweise auf wahrscheinlich vorhandene elterliche Dysfunktionen. Die Validität und der Realitätsgehalt solcher Hinweise sind durch die affekt-logische Unmöglichkeit begründet, in der Elternfunktion zu sein und zugleich gegenüber seinem Kind in emotionaler Gleichgültigkeit, Kälte oder Zurückweisung zu verharren.

Das Postulat der mit der Elternrolle eng verknüpften affektiven Involviertheit steht freilich nicht im Widerspruch zu der mit dieser Rolle ebenfalls verbundenen Aufgabe und Funktionserwartung, dass Eltern „kontrollieren". Im Gegenteil: Eltern kommen dieser Aufgabe gerade aus dem ihnen eigentümlichen Interesse am Wohlergehen ihres Kindes nach. Sie erfüllen diese Funktion, indem sie die letztlich aus dem Makro- und Exosystem stammenden normativen Forderungen (Werte und Normen) mit Rücksicht auf die familiären Besonderheiten und im Hinblick auf den Entwicklungsstand sowie die wahrscheinlich nächsten Entwicklungsschritte ihres Kindes übersetzen und zur Geltung bringen. Dazu gehört auch, dass sie den Prozess ihrer Erziehung und den Entwicklungsprozess des Kindes auf dem Weg zu den angestrebten Zielen überprüfen, dessen Zustand reflektieren und sich darüber miteinander, gegebenenfalls auch mit ihrem Kind, austauschen. Tun sie all das nicht, so vernachlässigen sie nicht nur ihre Elternfunktion; sie vernachlässigen dann auch ihr Kind und beeinträchtigen dessen Wohlergehen.

In den verschiedenen Stadien der familiären Entwicklung nimmt die elterliche Erziehung eine jeweils andere Gestalt an. Sie verändert sich entwicklungsabhängig sowohl in ihren Inhalten als auch in methodischer Hinsicht. Das „Was", das „Wozu" und „Woraufhin" verschiebt sich; und damit auch das „Wie" des Erziehens. Geht es in der ersten Phase – nach dem Übergang in die Elternschaft – vorwiegend um die Herstellung von Bindung und um Fürsorge, und hat dementsprechend das elterliche Erziehungsverhalten in der Hauptsache die Befriedigung des kindlichen Bedürfnisses nach Sicherheit zum Ziel, so tritt danach die Befriedigung des Explorationsbedürfnisses des Kindes in den Vordergrund. Das verlangt von den Eltern verstärkt die sprachliche Kommunikation mit dem Kind und die Unterstützung seiner Sprachentwicklung. Sprache fördert Erkundung. Die Ausweitung seines Erkundungsverhaltens ermöglicht es dem Kind, in der nächsten Phase der familiären Entwicklung zunehmend Aufgaben in der Familie zu übernehmen, und es ermöglicht den Eltern, gemeinsame Aufgabenstellungen dem Kind auch zuzumuten. Wird das Kind mehr und mehr in die arbeitsteilige Organisation der Familie einbezogen, so verschaffen ihm die Eltern damit u.a. Erfahrungen von aktiver Bezogenheit (als „gebendes Wesen").

3.3.4 Erziehung und familiäre Subsysteme

In der folgenden Betrachtung beschränken wir uns auf die Darstellung von Bedingungen, die aus der Eltern-Kind-Beziehung und aus der elterlichen Paarbeziehung stammen. Mit Blick auf elterliche Erziehungsprozesse haben diese beiden Beziehungstypen für uns Priorität. Im Prinzip nicht minder bedeutsam sind die Auswirkungen anderer innerfamiliärer Beziehungskonstellationen wie der Geschwister- und der Großeltern-Enkel-Beziehung; diese werden z.B. von Petzold (1999, 62f), Fuhrer (2005, 133f) und Uhlendorff (2003) diskutiert.

Erziehung und Eltern-Kind-Beziehung

Dass die Eltern-Kind-Beziehung einen wesentlichen Einfluss auf die elterliche Erziehung ausübt, ist in der einschlägigen Forschungsliteratur unbestritten. Übersichten über die Befundlage geben Fuhrer (2005), Walper/Pekrun (2001), Petzold (1999).

Im Folgenden werden wir die Besonderheiten von Eltern-Kind-Beziehungen im Detail herausarbeiten und diese in Beziehung setzen zu Aussagen über deren Wechselwirkung mit der elterlichen Erziehung. Als Folie verwenden wir dafür das von Asendorpf und Banse (2000) vorgeschlagene allgemeine Konzept einer dyadischen Beziehung, der die Autoren acht Merkmale zuschreiben, die allesamt vorhanden sein müssen, damit man von einem sogenannten Personenpaar sagen kann, dass es eine soziale Beziehung unterhält (siehe auch oben Abb. I.11). Ein Personenpaar, das aus einer Elternperson und einer Kindperson besteht, wird in seiner sozialen Beziehung dieselben Merkmale realisieren, allerdings moduliert durch die Besonderheit der Rollenverteilung zwischen Elternperson und Kind. Im Einzelnen werden bei der Realisierung einer Eltern-Kind-Beziehung, in der die Elternperson Erziehungsaufgaben übernimmt, folgende Charakteristika vorliegen:

(1) Zwischen Elternperson und Kind gibt es mindestens ein stabiles *Interaktionsmuster*. Zumeist wird dieses bereits durch die Interaktionsformen der intuitiven Elternschaft realisiert, die sich im Kontakt zum Neugeborenen bzw. bereits in der Schwangerschaft spontan initiieren und ausdifferenzieren. Das Kind aktiviert die Komponenten intuitiver Elternschaft mit seinem angeborenen Verhaltensrepertoire. Zu den Verhaltensweisen des Kindes, die das elterliche Verhalten aktivieren, zählt Papoušek (1999a) dessen Blickverhalten, Mimik, Vokalisation, allgemeine Motorik, gerichtete Aktivität und Reaktivität. Das intuitive elterliche Repertoire wird von ihm über Dialogabstand, Grußreaktion, Imitationsneigung, prototypische Mimik, Ammensprache, interaktive Spielchen und die gemeinsame Ausrichtung der Aufmerksamkeit erfasst. Im Laufe der Entwicklung differenziert sich die Eltern-Kind-Interaktion aus und es kommen weitere Interaktionsmuster hinzu, die allerdings bisher deutlich weniger gut erforscht sind als das ursprüngliche.

Das Fehlen empirisch gesicherter Befunde, die es ermöglichen würden, Eltern-Kind-Interaktionen mit Bezug auf Muster zu beschreiben, die für spätere Entwicklungsphasen typisch sind, ist ohne Zweifel ein Mangel, der die Beurteilung von Eltern-Kind-Beziehungen erheblich erschwert. Diesen Mangel kann man zu kompensieren versuchen zum Beispiel mit Anleihen aus der Personzentrierten Psychotherapie, indem man Eltern-Kind-Interaktionen anhand von Merkmalen wie Akzeptanz und Wertschätzung, Echtheit und einfühlendem Verstehen beschreibt. Diese Beziehungsqualitäten werden wir später im Zusammenhang mit der Beschreibung der elterlichen Paarbeziehung etwas ausführlicher diskutieren. In der Beurteilung von Interaktionen, die Eltern mit ihren Kindern unterhalten, sollte darüber hinaus berücksichtigt werden, inwieweit sie die Eigenschaften der Stabilität und Kontinuität aufweisen, und ob es sich insgesamt um kindgerechte Kommunikationsmuster handelt. Hinsichtlich der Angemessenheit der elterlichen Interaktionsbeiträge in Bezug auf die des Kindes und dessen Bedürfnisse kann man mit Papoušek et al. (1999a) die adaptiv abgestimmte, elterlicherseits gut regulierte von der inadäquat regulierten Interaktion unterscheiden und letztere noch einmal differenzieren in die über- und die unterregulierte. Ob eine Interaktion eher die eine oder andere Qualität hat, lässt sich an einer Reihe von beobachtbaren Merkmalen ablesen; dazu zählen: der Inhalt der Interaktion, Zeit und Tempo, Distanz, Dynamik, Responsivität der Eltern auf Dialogbeiträge des Kindes und Responsivität der Eltern auf Belastungssignale des Kindes. Diese von Papoušek und seinen Mitarbeitern bei der Erforschung der Interaktionsmuster zwischen Eltern und Säuglingen betrachteten Merkmale lassen sich u. E. auf die Beurteilung der Interaktionen mit älteren Kindern übertragen, auch wenn – in Ermangelung entsprechender Forschungsbefunde, s.o. – nicht unbedingt klar ist, welche Merkmalsausprägungen jeweils die adaptiven und altersgemäßen sind. Die Merkmale als solche geben zumindest Hinweise, worauf bei der Beurteilung der Interaktionsqualität zu achten ist.

Von den direkt beobachtbaren und objektiv gegebenen Interaktionsmustern sind die Beziehungsschemata der Interaktionspartner zu unterscheiden. Diese beruhen auf deren subjektiver Wahrnehmung der Interaktionsmuster und bilden diese kognitiv ab. In Gestalt solcher Beziehungsschemata sind die Eltern-Kind-Interaktionen sowohl bei den Eltern als auch beim Kind jeweils dreifach kognitiv repräsentiert: als (1) Selbstbild, als (2) Bild der Bezugsperson und als (3) Interaktionsskript. Obgleich in der Gestaltung der Eltern-Kind-Beziehung selbstverständlich auch das Beziehungsschema des Kindes eine wichtige Rolle spielt, widmen wir hier unsere Aufmerksamkeit nur den mentalen Repräsentationen auf Seiten der Eltern.

(2) Im Hinblick auf die erzieherisch intendierten Interaktionen der Eltern mit ihrem Kind hat das *Selbstbild*, das Eltern von sich als elterliche Erzieher haben, eine kaum zu überschätzende Bedeutung. Die diesbezüglich relevanten Selbstkonzeptmerkmale werden von Dettenborn und Walter (2002, 103) als Einstellung zum erzieherischen Engagement gefasst: Interesse am Kind, subjektive Annahmen über den Sinn von Aktivität und Passivität im erzieherischen Handeln, und zwar mit Rücksicht sowohl auf eigene Wirksamkeitserwartungen als auch auf Überzeugungen, welche die Wirkmechanismen in der Entwicklung des Kindes betreffen: Wird die Ent-

wicklung eher als Reifung oder eher als beeinflussbare Veränderung begriffen? Damit verbunden sind die elterliche Akzeptanz und Wertschätzung des Kindes, die elterliche Einstellung zur Affektivität, zur Empathie und zum Wohlbefinden.

(3) Die kognitive *Repräsentation der Bezugsperson* ist auf Seiten der Eltern das innere, besondere Bild, das sie von ihrem Kind und dessen Individualität haben. Im Hinblick auf die Repräsentation des Kindes im Kopf der Eltern kann man fragen, woher sie ihren Inhalt und ihre Merkmale bezieht. Ist das Bild vom konkreten Kind aus den realen Erfahrungen mit ihm gespeist, oder entspringt es einer Abstraktion oder gar einer Fiktion? Die Wirksamkeit von elterlichen Kind-Fiktionen haben Selma Fraiberg u.a. (1975) eindrucksvoll aufgezeigt: „Gespenster im Kinderzimmer", das sind elterliche Phantasien über das Kind, die für dessen Entwicklung mitunter verheerende Folgen haben. Vorstellungen der Eltern von ihrem Kind lassen sich anhand von Eigenschaftslisten erfassen, wie sie zum Beispiel von Zeanah/Benoit (1995) zur Auswertung von Elterninterviews benutzt wurden (siehe Tab. I.8). Parameter, welche die mentale Repräsentation des Kindes bei seinen Eltern beeinflussen, hat Volger (2004) auf der Grundlage von Bowlbys Bindungstheorie und mit Bezug auf die Theorie der Affektspiegelung nach Gergely (zit. nach Dornes 2001, 194) beschrieben.

(4) Die dritte mentale Repräsentation der Eltern-Kind-Beziehung auf Seiten der Eltern ist deren *Interaktionsskript*. Diesbezüglich lassen sich etwa folgende Fragen stellen: Welche Interaktionsmuster sind in dem elterlichen Skript abgebildet, und welche nicht? Welche Themen bzw. Interaktionsbereiche sind darin vorgesehen, und welche nicht? Wie strukturiert und interpunktiert das Skript Eltern-Kind-Interaktionen im Hinblick auf Zeit, Tempo und Dynamik, Nähe und Distanz, Wortwechsel, Dialog-

Tabelle I.8: Auswertungskriterien zum Diagnostischen Interview zur Eltern-Säuglings-Beziehung (nach Zeanah/Benoit 1995)

Qualitative Eigenschaften der elterlichen Vorstellungen über ihr Kind	▪ Detailreichtum in den Erzählungen ▪ Flexibilität und Offenheit für Veränderungen ▪ Intensität des Involviertseins ▪ Kohärenz der Erzählung
Inhaltsbezogene Eigenschaften	▪ kindliche Schwierigkeiten ▪ Sensibilität und Aufmerksamkeit für das Kind ▪ Akzeptanz des Kindes ▪ Ängste und Sorgen bezüglich des Kindes
Affektive Stimmung der elterlichen Beschreibung	▪ Freude ▪ Wut ▪ Ängstlichkeit ▪ Gleichgültigkeit ▪ Schuldgefühle

bereitschaften, Dialogsequenzen usw.? Wie verteilt das Skript die Rollen der Interaktionspartner? Welche Gefühlsqualitäten verknüpft es mit den abgebildeten Interaktionsmustern? Und wie bewertet es intern deren Angemessenheit? Bildet das Interaktionsskript der Eltern deren Interaktionsregulation als adaptiert, als untersteuert oder als übersteuert ab? – Es ist anzunehmen, dass das elterliche Interaktionsskript unmittelbar die Interaktionen mit ihrem Kind beeinflusst, stellt es doch auf der mentalen Ebene der Eltern das Verhalten steuernde Programm ihres Interagierens dar. Es kann aber sein, dass aus der Sicht eines externen Beobachters die tatsächlich stattfindenden Interaktionen vom elterlichen Interaktionsskript nur mäßig gut, verzerrt oder gar nicht erfasst werden. Was die Eltern über ihre Interaktionen mit dem Kind zu wissen glauben, hätte dann wenig bis nichts mit der interaktionellen Realität zu tun, wie sie aus der Perspektive eines Dritten zu beobachten wäre. Eine solche Differenz wird man nur mit der Annahme erklären können, dass die Eltern einem anderen Verhalten steuernden Programm folgen, als sie meinen. Auch wenn die tatsächlich steuernden Faktoren den an der Interaktion Beteiligten, den Eltern wie dem Kind, verborgen bleiben, so können und werden diese doch die Differenz und die Spannung spüren, die zwischen Skript und erfahrener Realität besteht. – Offenbar ist damit eine weitere denkbare Quelle dysfunktionaler Erziehungspraktiken und -erfahrungen bezeichnet.

(5) Die Vorstellungen, die Eltern von ihrer Rolle als elterliche Erzieher haben, und die Rollenerwartungen, die sie an ihr Kind als die zu erziehende Person richten, sind *normative Vorstellungen*. Die Normvorstellungen der Eltern sind mit den gleichen Merkmalen beschreibbar wie das Selbstbild, das sie von sich als Erziehungspersonen haben, bzw. wie das innere Bild, das sie sich vom Kind machen. Auch hier kommt es entscheidend auf das Verhältnis zwischen den Eigenschaften an, mit denen die Eltern einerseits ihre mentalen Repräsentationen der realen Beziehungspartner (Selbst- und Kindbild) ausstatten, und die andererseits die Rollenerwartungen charakterisieren, die sie an sich selbst und das Kind adressieren. Bestehen zwischen Anspruch und Wirklichkeit allzu große Unterschiede und erscheint die Distanz zwischen ihnen unüberbrückbar, so sind wiederum dysfunktionale Erziehungspraktiken und Störungen im Eltern-Kind-Verhältnis die wahrscheinlichen Folgen.

(6) Die Gestaltung der Eltern-Kind-Beziehung wird auch von den *Zukunftsperspektiven* der Eltern beeinflusst, die sie mit ihrer Erzieherrolle verbinden, also von Vorstellungen und Erwartungen darüber, wie ihre elterliche Erziehungsfähigkeit in Zukunft beschaffen sein wird. Erwartet eine Elternperson beispielsweise, zukünftig den Versuchen ihres Kindes, Rauschmittel auszuprobieren, ohnmächtig gegenüberzustehen, wird sie in der aktuellen Auseinandersetzung mit ihm sehr viel angstvoller und schon im Vorfeld abwehrender agieren als mit der in die Zukunft projizierten Gewissheit, diesen Konflikt dann bewältigen zu können, wenn es ihn künf-

tig tatsächlich geben sollte. Problematische Entwicklungen der Eltern-Kind-Beziehung ergeben sich auch aus elterlichen Zukunftsvorstellungen, die von einem Mangel an Zutrauen in die kindliche Resilienz, in die Schutzfähigkeiten und Ressourcen des Kindes, geprägt sind. Ob die ihr Kind betreffenden Zukunftsvorstellungen der Eltern eher positiv oder negativ getönt sind, ob sie eher von Vertrauen oder von Misstrauen und Pessimismus gekennzeichnet sind, kann man zum Beispiel daran ablesen, ob die Eltern

- das Kind an Entscheidungen in der Familie beteiligen,
- die Selbständigkeit des Kindes fördern,
- prosoziales Verhalten des Kindes unterstützen,
- von zu starken negativen Affekten frei sind (vgl. dazu auch Trommsdorff 2001, 39).

Das die Eltern-Kind-Interaktionen abbildende elterliche Beziehungsschema ist stets mit mehr oder minder starken Affekten verknüpft. Differenziert nach seinen drei Komponenten – Selbstbild, Kindbild, Interaktionsskript – unterliegt es der affektiven Bewertung und gewinnt auf diese Weise für die konkrete Gestaltung der Eltern-Kind-Beziehung eine affekt-logische Bedeutung. Die affektive Bewertung der drei Schema-Komponenten hat zwei Erscheinungsformen. Sie manifestiert sich zum einen in affektiv aufgeladenen Präferenzen. Zum anderen geschieht sie in Form von Stimmungen, die das Beziehungsgeschehen und seine mentale Repräsentation situationsabhängig emotional einfärben oder auch situationsübergreifend mehr oder weniger dauerhaft grundieren.

(7) *Affektive Präferenzen* der Eltern in Bezug auf ihr Selbstbild transformieren dieses in ein Idealbild. Wie sie als Eltern am liebsten sein möchten, kommt darin zum Ausdruck; welche elterlichen Eigenschaften und Fähigkeiten sie für sich bevorzugen und welche sie am liebsten loswerden möchten; auch, ob sie gerne die Erzieher ihres Kindes sein möchten oder lieber dessen Freund und Spielgefährte. Das Idealbild, das Eltern sich von ihrem Kind machen, ist ebenfalls das Ergebnis ihrer affektiven Präferenzen. Entspricht dieses nicht dem Realbild, das sie vom Kind haben, entstehen daraus Spannungen, welche die reale Eltern-Kind-Beziehung erheblich belasten können. Ähnliche Belastungen werden entstehen, wenn Eltern das Interaktionsskript ihrer Beziehung zum Kind emotional nicht akzeptieren können, aber indessen nicht in der Lage sind, ihre realen Interaktionen einem von ihnen bevorzugten Skript anzupassen.

(8) Die *emotionale Einbettung* des Beziehungsschemas der Eltern und seiner Komponenten ist abhängig von den emotionalen Möglichkeiten und Dispositionen, die den jeweiligen Elternpersönlichkeiten zur Verfügung stehen. Die im Rahmen des von uns vorgelegten Strukturmodells der elterlichen Erziehung (s. o.) beschriebenen, relativ überdauernden elterlichen

Affektmuster von Wärme, Gelassenheit, Freude und Humor sowie Interesse sehen wir als besonders bedeutsame Moderatoren des Eltern-Kind-Beziehungsschemas auf Seiten der Eltern. Auf das affektive Klima der realen Eltern-Kind-Beziehung werden sie sich sowohl vermittelt über das emotional entsprechend getönte elterliche Beziehungsschema auswirken als auch unmittelbar in der Begegnung des Kindes mit einer so oder so gestimmten Elternperson und/oder mit einem so oder so gestimmten Elternpaar.

Das Mikrosystem einer Familie besteht aus den sozialen Beziehungen zwischen mindestens drei Personen: Vater, Mutter und Kind. Dass nicht unbedingt alle drei Personen räumlich und zeitlich präsent sein müssen, damit ein solches Mikrosystem sich erhalten kann, verdankt sich der Existenz psychischer Beziehungsschemata im kognitiv-affektiven Leben der beteiligten Personen. Es muss nur irgendwann zu tatsächlichen Interaktionen zwischen den Beteiligten gekommen sein, und es muss sich dabei mindestens ein Interaktionsmuster herausgebildet haben, das bei den Interaktionspartnern psychisch repräsentiert bleibt und in der Gestalt von Beziehungsschemata fortbesteht. Auch realiter nicht präsente Personen können auf diese Weise im psychischen Leben der anderen Personen weiter existieren und mit ihnen ein – freilich eher virtuelles – familiäres Mikrosystem bilden. Auf die Belastungen, denen die Teilnehmer von (partiell) virtuellen Mikrosystemen oftmals ausgesetzt sind (und zwar sowohl im Hinblick auf die Beziehungsschemata, die ständig Gefahr laufen, rein fiktional zu werden, wenn sie an der Realität fehlender Bezugspersonen nicht mehr überprüft werden können, als auch auf der Ebene der realen Interaktionen, soweit diese noch möglich sind), wollen wir hier nur hinweisen. Sie sind dem Praktiker, der mit Trennungs- und Scheidungsfamilien oder mit Familien, die Migration, Tod oder andere Verluste erfahren haben, zur Genüge bekannt.

Das kleinste familiäre Mikrosystem (Eltern-Kind-System) besteht aus genau drei sozialen Beziehungen: Mutter – Kind, Vater – Kind, Mutter – Vater. Jede Person in diesem System unterhält mit den beiden anderen Personen eine Beziehung. Die in dem Mikrosystem vorhandenen drei Beziehungen sind demnach bei jeder Person psychisch in Form von zwei Beziehungsschemata repräsentiert. In dem System sind somit sechs Beziehungsschemata und ihre jeweiligen affektiven Bewertungen wirksam. Es können bei jeder Person noch weitere Schemata hinzukommen: proto-systemisch kann das Kind die Elternbeziehung konzipieren, der Vater die Mutter-Kind-Beziehung, die Mutter die Vater-Kind-Beziehung; schließlich kann jede Person auch noch ein echtes Systemschema entwickeln, welches das Beziehungsgeflecht der Familie insgesamt abbildet. Wir kommen auf insgesamt 6 + 3 + 3 = 12 persongebundene Beziehungs- oder (Proto-)Systemschemata, die allein schon in der hier vorausgesetzten Kleinfamilie eine mehr oder weniger große Rolle spielen und auch die elterlichen Erziehungshandlungen beeinflussen werden. Das sind zu viele, um sie hier alle im Detail nach dem Muster der oben für die Position einer Elternperson durchgeführten Beziehungsanalyse beschreiben zu können. Das heuristische Potenzial des verwendeten Beziehungsmodells bei der Aufklärung des Einflusses sozialer Beziehungen auf die elterliche Erziehung müsste auch ohnedies deutlich geworden sein. Im nächsten Abschnitt werden wir die Analyse lediglich noch für die elterliche Paarbeziehung durchführen. Deren Bedeutung für die elterliche Erziehung leuchtet unmittelbar ein, wenn man zum Beispiel an die Auswirkungen der Nichtübereinstimmung von Eltern in Erziehungsfragen denkt. Mit dem darüber vorhandenen Alltagswissen stimmt die erziehungspsychologische Forschung überein, die seit eh und je die Bedeutung der elterlichen Konsensorientierung hervorhebt (vgl. zusammenfassend z.B. McHale/Cowan 1996).

Zusammenfassend ergibt sich nach den bisherigen Überlegungen ein Katalog von Beziehungen moderierenden, organisierenden und regulierenden Faktoren, die bei der diagnostischen Beschreibung und Bewertung von Eltern-Kind-Beziehungen zu berücksichtigen und zu erfassen wären: Akzeptanz, Echtheit, Verständnis, Zuverlässigkeit positiver Kommunikation, Regulationsniveau, elterliche Vorstellungen vom Kind, Affektmuster, Rollenverständnis der Eltern als Erziehende und Zukunftsvorstellungen.

Fallvignette Familie S. (2)

Die Mutter-Kind-Beziehung bei Familie S.

Wir untersuchten die Mutter-Kind-Beziehung mit Hilfe der weiteren videogestützten Spielbeobachtung sowie über ein Elterninterview nach Zeanah/Benoit (1995). Auf der Basis der so erhaltenen Daten mussten wir feststellen, dass es der Mutter nur schwer gelingt, Benjamin als fühlendes Wesen vollständig zu akzeptieren. Immer wieder geriet sie bei kleinsten Veränderungen, die Benjamin initiierte, stark unter Druck und in Angst. Für seine Erkundungen zeigte sie wenig Wertschätzung. Nur wenn er sich folgsam verhielt, bekam er von der Mutter positive Aufmerksamkeit. Bei Widerstand Benjamins hielt sie nur selten ihren Ärger zurück und explodierte förmlich. Auf Ärger, Erschrecken oder Provokationen Benjamins reagierte die Mutter praktisch ohne Latenz und verstärkte so eher noch seine Affekte. Dies wiederum ließ Benjamin seine eigene Affektivität nur schwer regulieren. Die Mutter äußerte sich über ihn, als wäre er ein Kind, das absichtsvoll die Mutter schädigen wolle („Kind als Bösewicht"). Außerdem schimmerten Ideen von Trennung durch: „Wenn das so weitergeht, halte ich das mit ihm bestimmt nicht lange aus." Nur sehr selten gelang es ihr, eine unbeschwerte, angstfreie Situation herzustellen. Dies war ausschließlich dann der Fall, wenn sie sich selbst als beschützt erlebte (wenn z.B. der Berater selbst mit Benjamin spielte und sie eher beiläufig mitspielen konnte). Das Rollenverständnis der Mutter als Erziehende war geprägt durch einen enormen – offenbar von ihrer beruflichen Identität als Erzieherin herrührenden – Leistungsanspruch. Sie wollte Benjamin alles pädagogisch perfekt und zum richtigen Zeitpunkt beibringen. Benjamin wirkte eher wie ihr Zögling, nicht wie ihr eigenes Kind. Die Zukunftsvorstellungen, die sie für ihn hegte, sahen für ihn eine beruflich viel versprechende Position vor; sie waren mit gesundheitlichen Sorgen verbunden, aber relativ wenig emotional getönt: „Rechtsanwalt wäre nicht schlecht; Hauptsache, er bleibt gesund."

Erziehung und elterliche Paarbeziehung

Welchen Einfluss die Qualität der elterlichen Paarbeziehung auf die kindliche Entwicklung haben kann, wird meistens mit Bezug auf die negativen Folgen von Trennung und Scheidung belegt. Hierzu existieren zahlreiche Untersuchungen und Befunde (vgl. z.B. die sehr instruktive Untersuchung von Schmidt-Denter 2000; 2001; des Weiteren auch Fthenakis 2000a und zusammenfassend Petzold 1999, 72f). Von den betroffenen Kindern wird als größter Belastungsfaktor die anhaltende Störung der elterlichen Paarbeziehung berichtet. Das zeigt im Umkehrschluss, wie wichtig ein auf Achtung, Wärme und Verständnis gegründetes Verhältnis der beiden (sozialen) Eltern für das Kind ist.

Zwei unterschiedliche Auffassungen von der Wirkung der elterlichen Paarbeziehung auf die kindliche Entwicklung sind untersucht worden (vgl. ausführlich dazu Fuhrer 2005, 244): Die Spill-over-Hypothese

> „postuliert einen positiven Zusammenhang zwischen der Qualität der Ehe-Beziehung und der Eltern-Kind-Beziehung [...]. Der Spill-over-Hypothese steht die sogen. Kompensationshypothese gegenüber. Im Rahmen dieser wird vermutet, dass Eltern, die ihre Bedürfnisse nach Zuwendung nicht in der Partnerschaft erfüllen können, versuchen, diese Bedürfnisse in der Eltern-Kind-Beziehung zu verwirklichen. Derart sagt diese Hypothese bei niedriger Ehequalität eine besonders intensive Eltern-Kind-Beziehung voraus." (Fuhrer 2005, 244)

Einige metaanalytische Studien (vgl. zusammenfassend Fuhrer 2005, 244f) legen nun nahe, dass elterliche Paarbeziehungen mit hoher Unzufriedenheit und Stress sich im Sinne der Spill-over-Hypothese negativ auf die Kinder auswirken. Paarbeziehungen von hoher Zufriedenheit hingegen fördern die Entwicklung der Kinder. Diese Befunde stützen insgesamt die Annahme von Spill-over-Effekten.

Allzu belastete Paarbeziehungen gewinnen im Erziehungsprozess auslösende und verstärkende Funktion. Mindestens vier unterschiedliche Prozesse konstellieren – nach Schneewind 2002 (zit. bei Fuhrer 2005, 245) – diese Wirkungen:

- das Umlenken des Partnerkonfliktes auf die Eltern-Kind-Beziehung, was die Eltern kurzfristig entlastet;
- konflikthafte Elternbeziehungen, die zum Verhaltensmodell für die Kinder werden;
- Partnerkonflikte als Auslöser inter- und intraparentaler Inkonsistenz; Differenzen zwischen den Eltern in Erziehungsfragen können z. B. zu Koalitionen zwischen Elternteil und Kind führen;
- Familienstress und Rollenbelastungen durch externe Stressoren (wie Arbeitslosigkeit) und interne Stressoren (wie chronische Krankheit).

Überraschend sind Befunde, in denen sich der Zusammenhang zwischen partnerschaftlicher Zufriedenheit und kindlicher Entwicklung negativ darstellt, also hohe Zufriedenheit in der Partnerbeziehung mit Überbehütung und einschränkender Kontrolle der Kinder einhergeht (vgl. Uhlendorff 2001). Insgesamt belegen alle Untersuchungsergebnisse, dass die elterliche Paarbeziehung einen sehr bedeutsamen, direkten und mittelbaren Einfluss auf die kindliche Entwicklung ausübt. Die Entwicklungs- und Erziehungserfahrung mit dem Kind wirkt zugleich zurück auf die Partnerschaft. Die ganze Komplexität und Dynamik der Einflüsse in einem schlüssigen Modell abzubilden, ist beim gegenwärtigen Forschungsstand jedoch noch nicht möglich.

Vor diesem Hintergrund werden wir nun die elterliche Paarbeziehung unter den Gesichtspunkten betrachten, die uns für die elterliche Erziehungsaufgabe als besonders bedeutsam erscheinen. Wir tun das erneut entlang des Leitfadens der von Asendorpf und Banse (2000) explizierten Definitionsmerkmale einer sozialen Beziehung.

(1) *Interaktions- und Kommunikationsmuster* in der elterlichen Paarbeziehung lassen sich hinsichtlich ihrer Qualität am besten nach den Merkmalen beurteilen, die in der personzentrierten Beziehungstheorie als die entscheidenden, die Kommunikation selbst und die weitere Entwicklung fördernden Faktoren betrachtet werden: Ob zwischen den Eltern eine von Achtung und Wertschätzung, von Wärme und von gegenseitigem Verständnis getragene Kommunikation realisiert ist, steht dann im Mittelpunkt der diagnostischen Urteilsbildung; ergänzt durch die Frage nach der Stabilität und Störbarkeit des entsprechenden Kommunikationsmusters.

Gegenseitiges Verständnis manifestiert sich als wechselseitiges **einfühlendes Verstehen**, das nach Finke (1994) aus zwei Leistungen besteht: (a) aus dem eher emotional-intuitiven Sich-Einfühlen, das als ein zeitlich begrenztes Sich-Identifizieren mit dem Interaktionspartner eine partielle Teilhabe an dessen Erleben ermöglicht, und (b) aus dem eher kognitiven Verstehen, das auf zwei Ebenen des Begreifens stattfindet: als „Spiegeln" im Sinne der sprachlichen Formulierung des Nachempfundenen, verbunden mit der Botschaft „Ich verstehe dich"; und als Erfassen des Zusammenhangs, in dem das Verhalten und Empfinden des anderen steht: „Ich erahne den Sinn deines Tuns."

Akzeptanz und Wertschätzung ist die Haltung des Respekts vor der Person des anderen und die für sie empfundene Achtung. Darin enthalten ist auch die Bereitschaft zur engagierten Anteilnahme, eine tief gehende Bejahung des anderen und ein sich sorgendes Interesse an dessen Schicksal (vgl. Finke 1994).

Echtheit bedeutet (nach Finke 1994), in der Kommunikation mit dem anderen relativ offen und frei von Fassaden zu sein und dadurch authentisch und selbstkongruent zu wirken.

Als vierte Komponente einer die Bezugspersonen fördernden und sich selbst optimierenden Beziehung ist u. E. die **Präsenz** vonnöten. Damit meinen wir zum einen die reale Anwesenheit der Bezugsperson: Eine abwesende Elternperson kann zwar prinzipiell einfühlsam, akzeptierend und authentisch kommunizierend sein; allein, wenn sie nicht zur Verfügung steht, wird dieses Kommunikationsmuster für ihre Interaktionspartner im Alltag des Mikrosystems Familie, für den anderen Elternteil und für das Kind, nicht erfahrbar und damit auch nicht wirksam. Ein zweiter Aspekt der Präsenz ist eng verbunden mit der Kongruenz und meint die personale, psychische Anwesenheit: Für die Kommunizierenden muss der andere auch psychisch spürbar sein im Sinne des Daseins und Hierseins.

(2) *Kognitive Repräsentanzen* der Eltern thematisieren wir hier unter dem Aspekt, dass die Eltern als Paar eine gemeinsame Erziehungsaufgabe haben. Wollen die Eltern diese Erziehungsaufgabe gemeinsam als Paar wahrnehmen, so kommen sie nicht umhin, die Beziehungsschemata, die jede Elternperson zunächst jeweils für sich von ihrer Beziehung zum Partner und zum Kind hat, aneinander zu überprüfen, sie einander anzugleichen bzw. aufeinander abzustimmen. Dieser Assimilations- und Akkommodationsprozess der elterlichen Beziehungsschemata erzeugt im günstigen Fall ein gemeinsames, von den Eltern geteiltes Schema ihrer Paarbeziehung sowie der Beziehung, die sie als Elternpaar zum Kind unterhalten. Für das Gelingen dieses Prozesses sind die soeben beschriebenen Qualitätsmerkmale einer entwicklungsförderlichen Interaktions- und Kommunikationsstruktur günstige Voraussetzungen.

Eine weitere Voraussetzung für das Gelingen dieses Abstimmungsprozesses kommt hinzu: Die Eltern müssen grundsätzlich Zugang zu ihren Beziehungsschemata haben, sie müssen diesen Zugang zumindest finden oder sich ihn gegebenenfalls gemeinsam und gegenseitig erschließen können. Anders gesagt, die Eltern müssen reflexionsfähig sein und sich darüber hinaus ihre Reflexionstätigkeit gegenseitig mitteilen können, wenn sie ihre

Beziehung zum Kind und ihr erzieherisches Verhalten bewusst und gemeinsam gestalten wollen. Andernfalls wird dieses Verhalten nicht den Charakter von Erziehungshandlungen mit von den Eltern geteiltem Sinn annehmen können. Und andernfalls werden Eltern ihr erzieherisches Handeln auch nicht bewusst und geplant modifizieren können, wenn es zu Effekten führt, die sie nicht wollen. – Damit sollte deutlich geworden sein, wie eminent wichtig die Reflexions- und Beratungstätigkeit im Zusammenhang mit der elterlichen Erziehung ist. Bei der Beurteilung von realen erzieherischen Verhältnissen wird man daher auf die Einschätzung des Reflexionsniveaus der Erziehenden nicht verzichten können: Realisieren Eltern ihre erzieherische Beziehung zum Kind auf einer eher unreflektierten und intuitiven Grundlage? Oder pflegen sie eine Kultur des Reflektierens und des Mitteilens des Bedachten? – An dieser Stelle zeigt sich, dass es einen Zusammenhang der kognitiven Reflexionsfähigkeit von Erziehenden mit dem emotional gefärbten Faktor „Impulsivität vs. Kontrolle“ gibt, anhand dessen sich ihr Verhalten gegenüber dem Kind unter dem Gesichtspunkt der Berechenbarkeit beschreiben lässt. Wer keinen überlegten Plan hat und/oder diesen nicht mitteilen kann, wird in seinem Tun auch nicht gut verstanden und als verlässlich erlebt.

(3) *Normative Vorstellungen* beeinflussen ebenso wie persönliche Beziehungsschemata das Verständnis, das Eltern von sich als einem Elternpaar haben. Sie beeinflussen auch das Verständnis, das sie von dem Verhältnis zwischen sich als Elternpaar und sich als Lebenspartnern haben. Solche normativen Vorstellungen sind Rollenerwartungen, die ihre normative Kraft aus dem Exo- und dem Makrosystem (sensu Bronfenbrenner 1981) beziehen. Die in diesen Kontexten legitimierten Erwartungen adressieren die Partner zunächst wie selbstverständlich an die eigene Person wie an die des anderen. Es ist aber nicht damit zu rechnen, dass solche Rollenerwartungen, insbesondere wenn sie die Kinderpflege und -erziehung betreffen, bei den Eltern von Anfang an dieselben sind oder gut zusammenpassen. Deshalb bestehen diesbezüglich im Prinzip ähnliche Abstimmungs-, Anpassungs- und Reflexionserfordernisse, wie wir sie oben für die Beziehungsschemata dargelegt haben. „In der Partnerschaft spielt der Zusammenhang zwischen übereinstimmenden Rollenerwartungen der Partner und ehelicher Zufriedenheit eine zentrale Rolle. Nach Jäkels [1980] hängt der Eheerfolg besonders von einem aktiven gemeinsamen Bearbeiten der Rollenerwartungen ab.“ (Petzold 1999, 65) Oftmals bemerken die Partner erst, wenn sie Eltern werden, also bei der Geburt des ersten Kindes, dass sie divergierende Rollenerwartungen aneinander haben. „Je besser die Partner solche Diskrepanzen in Übereinstimmung bringen, desto größer ist der Eheerfolg.“ (Petzold 1999, 65) Umso besser werden sie dann auch in der Praxis des Familienlebens in der Lage sein, die Eltern- von der Paarrolle zu trennen. Sie werden die Paarkommunikation in kindgerechter Abgrenzung führen und sie für das Kind nicht beliebig öffnen. Sie werden das Kind

nicht parentifizieren und es nicht für die Paarkommunikation instrumentalisieren. Dem Paar wie auch den Partnern jeweils für sich wird es gelingen, dem Kind gegenüber verlässlich in der Elternrolle zu bleiben. – Der Leser wird bemerken: Unversehens sind uns die letzten Sätze normativ geraten. In der Tat formulieren sie eine normative Vorstellung, die wir für verbindlich halten. Die Einhaltung der Generationengrenze ist nötig, weil dem Kind sonst Unrecht geschähe.

(4) *Affektive Bewertungen* verleihen der elterlichen Paarbeziehung – vermittelt über die darin wirksamen affekt-logischen Beziehungsschemata (s.o.) – eine charakteristische emotionale Färbung, tauchen sie in ein bestimmtes familiäres Stimmungsklima, dem auch das Kind ausgesetzt ist, und bringen die Eltern dazu, im Mikrosystem Familie bestimmte Situationen und Aktivitäten zu bevorzugen, andere zu meiden. Affektive Bewertungen leisten damit auch einen Beitrag zur Strukturierung des Alltags der Familie. Denn auf der Grundlage der für die Paarbeziehung charakteristischen Dynamik beeinflussen sie beispielsweise die Nähe-Distanz-Regulation zwischen den Eltern, das Schaffen und Nutzen von Gelegenheitsstrukturen zur Kontakt-, Kommunikations- und Beziehungspflege der Eltern oder auch zu deren Vermeidung. Diese Phänomene werden in der Forschung unter dem Thema „Zufriedenheit mit der Partnerschaft“ beschrieben (vgl. z.B. Uhlendorff 2001, der aktuelle Forschungsergebnisse berichtet). Auf den Zusammenhang zwischen partnerschaftlicher Zufriedenheit und positiver Erziehung weisen zahlreiche Untersuchungen hin, die ziemlich eindeutige Korrelation nachweisen (Gräser u.a. 2001).

Es ist daher nur sinnvoll, die elterliche Paarbeziehung auch unter dem Aspekt ihrer Affektivität zu beschrieben, wenn wir deren Einfluss auf die Erziehungspraktiken der Eltern erfassen wollen. Wir schlagen vor, dies mit Hilfe der bereits skizzierten elterlichen Affektmuster zu versuchen: Wärme, Erleichtern, Genuss und Humor sowie Interesse sind aus unserer Sicht die für elterliches Erziehungshandeln bedeutsamen Gefühlshaltungen.

Zusammenfassend gelangen wir zu folgender Eigenschaftsliste, die wir zur Beschreibung der elterliches Paarkommunikation in unser diagnostischen System übernehmen werden: Akzeptanz, Echtheit, Verständnis, Stabilität positiver Kommunikationsmuster, Präsenz, Reflexivität, Selbstkontrolle, Rollendiskrimination, Fähigkeit zur Konsensbildung in der Elternrolle, Affektmuster und partnerschaftliche Zufriedenheit.

Fallvignette Familie S. (3)

Die elterliche Partnerschaft in Familie S.

In gemeinsamen Elternkontakten, aus der gemeinsamen Spielbeobachtung sowie bei einem Hausbesuch konnten wir differenzierte Beobachtungen zum Umgang beider Eltern als Mann und Frau und in Bezug auf ihre Elternrolle gewinnen. Beiden Eltern gelang es kaum, sich in den anderen einzufühlen und das Eingefühlte zu kommunizieren. Sie wirkten recht fremd und hölzern miteinander und zeigten sich beide auch nur selten warmherzig und aufeinander bezogen. Es schien viel Spannung im Raum zu sein, meistens dominierte Frau S. das Gespräch und wies den Vater auf dessen Defizite im Umgang mit Benjamin sowie bezüglich seines Beitrags zum familiären Zusammenleben auch in unserer Gegenwart hin. Er widersprach selten, nahm die herabwürdigenden Äußerungen seiner Frau eher devot hin. Er beschrieb sich als beruflich sehr engagiert. Frau S. nahm gerade das zweite Jahr Erziehungsurlaub. Wahrscheinlich entzog sich Herr S. der gereizten häuslichen Atmosphäre mehr als notwendig durch berufliche Aktivitäten. Die Versorgung und die Alltagsstruktur übernahm Frau S. vollständig und richtete sich bei der Ernährung häufig nach objektiven Gesundheitskriterien und weniger nach den Vorlieben aller Beteiligten. Über dem Ganzen schien eine Art Askese zu liegen, gegen die sich Herr S. auch nicht auflehnte. Er zeigte viel Verständnis für die Anspannungen seiner Frau und brachte hin und wieder auch kleine Aufmerksamkeiten mit, über die sie sich auch zu freuen schien. Wenn Herr S. in der Familie anwesend war, erschien er nur präsent, wenn er dazu eine Art Berechtigung bekam (so z.B. durch die von uns arrangierte Spielsequenz, oder zu Hause, wenn die Mutter allein zum Einkaufen ging). Ansonsten beeindruckte uns sehr, wie er in Gegenwart seiner Frau „unterzutauchen" schien.

Beiden Eltern war die Reflexion über eigenes Erleben eher fremd und sie schienen bei entsprechenden Fragen auch verwirrt. Ihre verbale Kommunikation beinhaltete größtenteils Fakten oder Verhalten, jedoch kaum Motive, eigene Gefühle oder Wertungen. Es wurde außerdem deutlich, dass Ambivalenzen bei der Beurteilung kaum verstanden und schon gar nicht ausgehalten wurden. „Entweder-oder"-Sätze machten dies deutlich. – Benjamin schien des Öfteren benutzt zu werden, um elterliche Wünsche zu äußern. So fielen uns während des zweiten Hausbesuchs zwischen beiden Eltern starke Spannungen auf, die Frau S. dann sagen ließen, dass Benjamin mal dringend an die frische Luft müsse. Unterschiedliche Auffassungen zur Erziehung wurden nicht thematisiert, der Vater „versteckte" sich nach unserer Meinung hinter der Haltung seiner Frau, trat nicht mit eigenen Ideen nach vorn und riskierte daher zunächst auch keinen Konflikt. Beide Eltern schätzten ihre Partnerschaft als „normal" ein, machten dazu aber beide ein sehr angespanntes Gesicht und äußerten sich trotz Nachfrage nicht direkt zur partnerschaftlichen Zufriedenheit. Zur Zukunft der Partnerschaft befragt, zeigten sich wiederum beide fast idealisierend hoffnungsfroh.

Benjamin hat offenbar die Präsenz des Vaters in der Gegenwart seiner Mutter kaum bemerkt. Sein auf emotionale Resonanz zielendes Werfen von Gegenständen fand nicht nur in der Mutter-Kind-Dyade, sondern auch beim gemeinsamen Familienspiel statt.

3.4 Personmerkmale der Eltern

3.4.1 Einführung

Die familien- und erziehungspsychologische Forschung hat die Frage nach den Auswirkungen der Elternpersönlichkeit auf die Erziehung in bemerkenswerter Weise eher vernachlässigt (Fuhrer 2005; Petzold 1999). Schneewind und Schmidt teilen mit, als elterliche Risikomerkmale seien „psychische Störungen bzw. abweichendes Verhalten oder Behinderungen eines Elternteils [...], elterliche Kriminalität, mütterliche Psychopathologie und geringer Ausbildungsstand“ (Schneewind/Schmidt 1999, 290) nachgewiesen worden. Das kann nicht weiter überraschen, gibt aber noch keinen Hinweis, welche Persönlichkeitsfaktoren auf Seiten der Eltern für gelingende Erziehungsprozesse bedeutsam sein könnten. Antworten hierzu finden sich in der metaanalytischen Studie von Belsky und Barends (2002), die über die Geschichte und den aktuellen Stand der Erforschung der Zusammenhänge zwischen Merkmalen der Elternperson und solchen der elterlichen Erziehung sowie der Kindesentwicklung sehr instruktiv berichtet. Die Eigenschaften der Elternpersönlichkeit, deren Einflüsse auf das Kind empirisch belegt sind, stellen wir im Folgenden zusammen und fügen dem eine Reihe von Fähigkeiten hinzu, die Eltern im erzieherischen Umgang mit ihren Kindern benötigen. Wir nehmen an, dass der Erwerb und die Performanz von elterlichen Kompetenzen durch die elterlichen Persönlichkeitsmerkmale moderiert werden.

3.4.2 Elterliche Persönlichkeitseigenschaften – das Trait-Modell der „Big Five“

Persönlichkeitsmerkmale von Eltern sind in der Studie von Belsky und Barends (2002) als „traits“ konzipiert (siehe zu diesem Konzept z.B. Ahrens 1999). Die Autoren orientieren sich in ihrer Darstellung am Modell der „Big Five“. Diese fünf Traits, die in der Persönlichkeitsforschung als die Haupteigenschaften gelten, ergänzen sie um zwei weitere Konstrukte, von denen angenommen wird, dass sie zum Gelingen elterlicher Erziehung ebenfalls wesentlich beitragen. Die Befundlage zu diesen insgesamt sieben Charakterzügen stellt sich wie folgt dar:

1. Neurotizismus vs. emotionale Stabilität. Herpertz-Dahlmann und Remschmidt (2000) belegen in ihrer Untersuchung, dass eine anhaltende

Depression der Mutter die emotionale und kognitive Entwicklung des Kindes gefährdet. Belsky und Barends (2002) tragen eine Reihe ähnlicher Untersuchungsergebnisse zusammen, die insbesondere mütterliche Depressivität und Angst als starke Prädiktoren für eine risikovolle Entwicklung des Kindes nachweisen.

2. *Extraversion* bildet die Quantität und Intensität der interpersonalen Beziehungen einer Person ab. Diese Eigenschaft bei Eltern ist in ihrer Wirkung auf die Entwicklung der Kinder bisher weniger gut erforscht. Belsky und Barends (2002) berichten von eigenen Untersuchungen, deren Ergebnisse die Annahme stützen, dass vergleichsweise extravertierte Eltern besser in der Lage sind, ihre positiven Gefühle gegenüber ihren Kindern auszudrücken und sich feinfühlig und kognitiv anregend ihnen gegenüber zu verhalten.

3. *Soziale Verträglichkeit* lässt sich mit Adjektiven wie einfühlsam, warmherzig, hilfsbereit, verzeihend, verträglich und optimistisch beschreiben. Belsky und Barends (2002) fanden lediglich vier Studien vor, die sich ausdrücklich mit diesem Merkmal und dessen Bedeutung für die kindliche Entwicklung befassten. Allen gemeinsam ist der Befund, dass Eltern, die sich empathisch verhielten, eine wesentlich bessere Beziehung zu ihren Kindern hatten. Zudem reagierten diese emotionaler und eindeutiger auf ihre Eltern als Kinder, deren Eltern eher weniger einfühlsam waren.

4. *Offenheit für Erfahrungen.* Eltern mit einer hohen Ausprägung in diesem Merkmal erfreuen sich an neuen Erfahrungen, sie haben breit gefächerte Interessen und Vorstellungen. Auch in Bezug auf dieses Merkmal ist die Datenlage eher spärlich. Die von Belsky und Barends (2002) ausgewerteten beiden Studien belegen aber übereinstimmend, dass Offenheit für Erfahrungen hoch korreliert ist mit guten Eltern-Kind-Beziehungen.

5. *Gewissenhaftigkeit* bildet das Ausmaß ab, in dem Eltern planvoll handeln, zielstrebig und gut organisiert sind. Diese Eigenschaft scheint keinen eindeutigen und direkten Einfluss auf die kindliche Entwicklung zu haben. Die wenigen referierten Untersuchungen belegen, dass Gewissenhaftigkeit in Verbindung mit Sensitivität und Unterstützung die Eltern-Kind-Beziehung positiv beeinflusst und die kindliche Entwicklung gut fördert. Ein großer Mangel an Gewissenhaftigkeit, einhergehend mit Unüberschaubarkeit und Chaos, dürfte auf alle Fälle der kindlichen Entwicklung abträglich sein. Gewissenhaftigkeit allein jedoch, ohne dass elterliche Empathie hinzukommt, wird vom Kind als zu starke Einengung und Kontrolle erlebt; isoliert betrachtet ist sie also kein Prädiktor für eine positive kindliche Entwicklung.

6. *Selbstwertschätzung* korreliert negativ mit dem Merkmal „Neurotizismus“ und deutlich positiv mit „Extraversion“. Einige von Belsky und Barends (2002) zitierte Studien zeigen, dass Eltern, die sich selbst wertschätzen, sich eher feinfühlig, unterstützend, anregend und entwicklungsfördernd gegenüber ihren Kindern verhalten.

7. *Kontrollüberzeugung* ist ein Konzept, das Aussagen darüber macht, wie eine Person ihr eigenes Handeln begründet und verantwortet; welche Überzeugung sie also davon hat, wer oder was ihr Leben bestimmt (Krampen 1985). Menschen mit internaler Kontrollüberzeugung erleben sich im allgemeinen als selbst verantwortlich sowohl für positive als auch für negative Erfahrungen; realistischerweise schreiben sie sich allerdings keine (alleinige) Verantwortung zu, wenn es eine (Mit-)Verantwortung Dritter gibt. Menschen mit externaler Kontrollüberzeugung wiederum verlagern die Verantwortung generell entweder auf andere Menschen oder auf das Schicksal (fatalistisch). Untersuchungsbefunden zufolge regen internal kontrollüberzeugte Eltern ihre Kinder mehr an; sie verhalten sich responsiver und weniger negativ (ängstlich) kontrollierend (Belsky / Barends 2002, 429).

Die Forschungsergebnisse zusammenfassend beschreiben Belsky und Barends die ideale Elternperson, die sich ein Kind aussuchen würde, wenn es wählen könnte. Nicht wirklich überraschend, wäre es diejenigen Person, die

> „für sein Wohlergehen sorgt. Die Entwicklung [des Kindes, d. A.] profitiert, wenn man eine psychisch gesunde und reife Elternperson wählt, konkreter formuliert: jemanden mit geringer Neurotizismustendenz, ausgeprägter Extraversion, guter sozialer Verträglichkeit, mit großer Offenheit für Erfahrungen und Gewissenhaftigkeit. Darüber hinaus sind eine positive Selbstwertschätzung und eine internale Kontrollüberzeugung förderlich." (Belsky/Barends 2002, 431) (Übers. d. A.)

In der Interaktion mit solchen Elternpersönlichkeiten erfahren Kinder die feinfühlige Unterstützung, die sie brauchen, sie erleben die Eltern als ansprechbar und zugleich intellektuell anregend.

Dieses Bild einer idealen Elternpersönlichkeit ist unmittelbar überzeugend. Wer hätte solche Eltern nicht gern? Gleichwohl hat die Forschung, die in dieses auch alltagspsychologisch plausible Elternkonstrukt mündet, Lücken: Die meisten Untersuchungen, ausgenommen die zum Neurotizismus, haben die Elternpersönlichkeiten jüngerer Kinder erforscht. Außerdem sind sie zum größten Teil in den USA durchgeführt worden. Wissenschaftlich begründete Aussagen über altersunabhängige bzw. altersspezifische und über kulturunabhängige bzw. kulturspezifische Zusammenhangsmuster sind deshalb bisher nicht möglich.

Immerhin zeigen die oben berichteten Forschungsbefunde, dass die Persönlichkeitsmerkmale der Eltern Einfluss nehmen auf ihr Erziehungshandeln und auf die Entwicklung ihrer Kinder. Unterschiede zwischen elterlichen Persönlichkeitsstrukturen korrelieren mit Unterschieden in der erzieherischen Beziehungsgestaltung und mit Unterschieden in den Entwicklungsverläufen der Kinder. *Wie* sich diese Zusammenhänge vermitteln, lässt sich beispielsweise mit Hilfe der Theorie der Affektspiegelung von Gergely (ausführlich dargestellt bei Dornes 2000) begreifen: Eltern schreiben ihren Kindern Gefühle, Motive und Ziele zu. Diese elterlichen Attribuierungen bilden den Horizont, innerhalb dessen Eltern in konkreten Situationen das konkrete Erleben und Verhalten ihres Kindes interpretieren. An diesen Deutungen orientieren sie ihr elterliches Verhalten; entsprechend gestalten sie ihre Interaktionen mit dem Kind. Die elterlichen kindbezogenen Zuschreibungen sind somit der Rahmen, in dem Eltern ihre Elternschaft leben. Dieser Attributionsrahmen und Verstehenshorizont wiederum steht unter dem starken Einfluss der elterlichen Stimmungen und Gefühle. Diese schließlich korrelieren eng mit den Persönlichkeitseigenschaften der Eltern. Die Vermutung, dass es das Affektsystem der Eltern ist, das die mediatorische Rolle zwischen deren Persönlichkeitseigenschaften und Erziehungsverhalten übernimmt, ist auch von Belsky und Barends (2002) formuliert worden. – Die vermittelnde Funktion elterlicher Affekte ist eine bisher empirisch nicht überprüfte Hypothese. Ihre theoretische Plausibilität ist aber einer der Gründe, weshalb wir in unserem Strukturmodell der elterlichen Erziehung auch die Affektmuster der Eltern abbilden.

3.4.3 Elterliche Fähigkeiten der Beziehungsgestaltung – ein theoriegeleiteter Ansatz

Auf der Grundlage der Theorie der Affektspiegelung von Gergely (Dornes 2000) hat Volger (2004) Fähigkeiten von Eltern expliziert, die eine kindgemäße Beziehungsgestaltung mit ihrem Säugling ermöglichen und damit eine wichtige Voraussetzung gelingender Entwicklung bilden. „So müssen Eltern z.B.

- in der Lage sein, sich als psychisch von dem Säugling getrennte Wesen zu erleben, um seinen emotionalen Zustand als etwas außerhalb Befindliches wahrnehmen zu können,
- zur Wahrnehmung der innerseelischen Verfassung des Kindes fähig sein,
- zu emotionaler Resonanz in der Lage sein,
- ein Vertrauen entwickelt haben, eigene, aber auch fremde Affekte halten und regulieren zu können,
- und schließlich fähig sein, auf den affektiven Ausdruck des Kindes angemessen zu reagieren.“ (Volger 2004, 7)

In verallgemeinerter Form, aus dem Kontext der Interaktion mit einem Säugling herausgelöst, finden wir solche Fähigkeiten der persönlichen Beziehungsgestaltung im Konzept der „psychischen Struktur des Selbst“ zusammengefasst, wie es beispielsweise auf tiefenpsychologischer Grundlage in der „Operationalisierten Psychodynamischen Diagnostik“ (Arbeitskreis OPD 2001) beschrieben oder auch im personzentrierten Ansatz verwendet wird (vgl. z.B. Biermann-Ratjen et al. 2003, 77, 168). Volgers Ansatz hebt die Bedeutung der mentalen Repräsentation des Kindes im psychischen Leben der Eltern hervor. Demgemäß richten sich seine Schlussfolgerungen für die Beratungspraxis recht einseitig auf die Modifikation der psychischen Repräsentanz des Kindes bei seinen Eltern. Freilich sollte man die Bedeutung anderer Faktoren, die auf die elterliche Erziehung Einfluss nehmen, nicht unterschätzen.

Forschungsarbeiten, welche die postulierten Zusammenhänge zwischen den mit tiefenpsychologischen Konzepten beschriebenen elterlichen Fähigkeiten und gelingender Elternschaft empirisch belegen würden, haben wir nicht gefunden.

Exkurs zur Fähigkeit, für sich Hilfe zu mobilisieren

Nach einem Vorschlag von Nadler unterscheidet Sellin (2003) drei Typen der Hilfesuche: „Overutilization“, „Underutilization“ und autonome Hilfesuche. **Overutilization** „ist durch eine dauerhafte und vorschnelle Suche nach Hilfe gekennzeichnet“ (Sellin 2003, 5); Hilfe wird selbst dann gesucht, wenn sie nicht unbedingt erforderlich ist. **Underutilization** ist

> „die Ablehnung oder verringerte Nutzung von Hilfe, auch wenn dadurch Fehler wahrscheinlicher und Misserfolge erlebt werden. **Autonome Hilfesuche** [...] findet mit dem Ziel statt, im weiteren Verlauf die Aufgaben oder Probleme autonom oder unabhängig von Helfer/inne/n lösen zu können. Vorstellbar wäre, dass hier Hilfen in Anspruch genommen werden, die Teilschritte auf einem Lösungsweg erleichtern, jedoch nicht den ganzen Lösungsweg offen legen.“ (Sellin 2003, 5)

Die Typologie der Fähigkeiten und Bereitschaften zur Nutzung von Hilfen bildet den Rahmen für Untersuchungen von deren Zusammenhang mit Situationen und Formen des Hilfeangebots sowie mit anderen Persönlichkeitsmerkmalen. Das Untersuchungsdesign unterscheidet Situationen, die ausschließlich vollständige Lösungen bieten, von solchen, die der Person, die der Hilfe bedarf, Teillösungen anbieten. Bei den der Hilfe bedürftigen Personen wird unterschieden zwischen solchen mit hoher und solchen mit geringer Selbstwertschätzung. Es zeigt sich, dass in Situationen mit partiellen Lösungsangeboten Menschen mit hoher Selbstwertschätzung dazu neigen, sich im Sinne der autonomen Hilfesuche zu verhalten; das heißt, sie entscheiden sich für die Inanspruchnahme von angebotenen Teillösungen. Personen mit geringerer Selbstwertschätzung hingegen tun das nicht.

Die ersten Untersuchungsergebnisse dieses Forschungsansatzes sind noch zu ungesichert, um daraus weit reichende Schlussfolgerungen zu ziehen. Sie regen jedoch an, über Hilfeleistung, Hilfegewährung und die Inanspruchnahme von Hilfe im Zusammenhang mit elterlicher Erziehung neu nachzudenken. Sowohl im Hinblick auf die Unterstützung, die Eltern ihren Kindern zukommen lassen, als auch bezüglich der Fähigkeit von Eltern, zur Bewältigung ihrer Erziehungsaufgaben sich selbst helfen zu lassen, stellt sich die Frage, welchem Muster der oben beschriebenen Typologie des Hilfegebrauchs Eltern aktiv und passiv den Vorzug geben; und: welche Folgen das bei ihren Kindern hat – für ihre Hilfebedürftigkeit, für ihre Hilfeaktivierung, für ihren Umgang mit Hilfeangeboten und für ihre Bereitschaft, selbst Hilfen zu geben. Wir vermuten, dass die elterlichen Dispositionen zur Aktivierung des einen oder anderen Hilfegebrauchmusters – über- oder unterregulierte oder autonome Hilfesuche – Vorhersagen ermöglichen auch zur „Compliance" der Eltern in Beratungs- und Therapiesettings: Inwieweit sind sie bereit und in der Lage, Hilfevorschläge zu akzeptieren und zu nutzen? Da das elterliche Hilfesuchverhalten für die Kinder als Modell wirken wird, ist es überdies wahrscheinlich, dass sie sich diesbezüglich den Eltern ähnlich verhalten; oder doch eher, in Abgrenzung von den Eltern, vollkommen anders? – Wenn es solche Zusammenhänge gibt, werden sie vermutlich alters- und entwicklungsabhängig variieren. Das alles ist bisher empirisch nicht überprüft.

3.4.4 Elternpersönlichkeit und Hilfen zur Erziehung – Schlussfolgerungen für unseren Ansatz

Eltern, die sich an Einrichtungen der Kinder- und Jugendhilfe, zum Beispiel an eine Erziehungsberatungsstelle oder an den Sozialpädagogischen Dienst in einem Jugendamt, wenden, tun das in der Regel in der Sorge um das Wohl und die Entwicklung ihres Kindes. Sie erhoffen sich Hilfe und Unterstützung bei der Bewältigung ihrer elterlichen Aufgaben. Was auch immer im Einzelnen sie motiviert haben mag, um Hilfe zu bitten oder diese einzufordern, sie rechnen damit, dass die in der Jugendhilfe tätigen Professionellen sich um die Situation ihres Kindes kümmern. Sie möchten, dass sich diese verbessert. Alle Eltern wissen, dass zu dieser Situation immer auch sie selbst gehören. Dennoch reagieren sie manchmal überrascht, mitunter verärgert, verängstigt und mit Schuldgefühlen, wenn sie merken, dass die Professionellen in ihrem Bemühen, die Situation des Kindes zu verstehen und Veränderungen in ihr anzuregen, sich auch oder vornehmlich mit den elterlichen Funktionen befassen. Sogar wenn Eltern es akzeptieren oder begrüßen, dass ihre erzieherischen Aufgaben und Bemühungen in den Mittelpunkt der Betrachtung rücken, rechnen die meisten nicht damit, dass man sich mit ihrer Persönlichkeit befassen wird. Das ist aber nicht zu vermeiden. Wir müssen davon ausgehen, dass professionelle Helfer sich *immer* ein Bild von der elterlichen Persönlichkeit machen. Dieses Bild wird ihren

Umgang mit den Eltern, folglich auch die Art und Weise ihrer Hilfeleistung maßgeblich beeinflussen. Die Frage ist nur, ob sie die Annahmen, die sie über die Persönlichkeitsstruktur der Eltern bilden, reflektieren; ob sie, anders gesagt, sich diese Annahmen explizit machen oder ob sie in der Interaktion mit den Eltern solche Annahmen nur implizit wirken lassen.

Was für soziale Beziehungen generell gilt (Asendorpf/Banse 2000), trifft auch auf die Helfer-Klient-Beziehung zu: Sobald der Helfer mit dem Klienten zu interagieren beginnt, und sobald daraus mindestens ein stabiles Interaktionsmuster entsteht, generiert der Helfer in Form eines Beziehungsschemas eine (affektiv-)kognitive Repräsentanz dieses Musters. Eine der drei Komponenten, aus denen das Schema seiner Beziehung zum Klienten besteht, ist – neben dem Selbstbild des Helfers und seinem Interaktionsskript – das innere Bild, das er vom Klienten hat. Auch wenn er wollte, die Entstehung dieses Bildes könnte er nicht verhindern. Er kann nur versuchen, professionell damit umzugehen. Das tut er, indem er die Merkmale seines Klientenbildes in Hypothesen transformiert, die überprüfbar, mithin revisionsfähig sind.

Was man sowieso nicht vermeiden kann, sollte u. E. in der Kinder- und Jugendhilfe ausdrücklich und professionell genutzt werden. Für das Verstehen der konkreten Erziehungssituation eines Kindes wie für die Planung und Durchführung einer geeigneten Hilfe zur Erziehung, die den handelnden Personen gerecht und *deshalb* aller Voraussicht nach wirksam sein wird, ist es nämlich notwendig, Eltern als erziehende Personen in ihrer jeweils besonderen Persönlichkeit wahrzunehmen. Es ist nicht zureichend und auch nicht hilfreich, wenn Eltern bloß als Funktionsträger behandelt, sprich: nur unter dem Blickwinkel ihrer Erziehungs*aufgabe* betrachtet werden. Freilich haben wir oben wiederholt betont, wie wichtig es ist, sich stets zu vergegenwärtigen, dass Eltern auch eine Erzieher*rolle haben.* Gleichwohl muss man sich nicht weniger deutlich vor Augen führen, dass Eltern – im Unterschied vielleicht zu professionell Erziehenden (!) – in dieser Rolle unmittelbar *als* die *Persönlichkeit* sind, die sie *sind.*

Dass und wie die Persönlichkeitsmerkmale der Eltern Einfluss nehmen auf ihr Erziehungshandeln und auf die Entwicklung ihrer Kinder, haben wir oben aufgezeigt. Wir halten es deshalb für unerlässlich, bei der Planung einer Hilfe zur Erziehung die Beschreibung und Beurteilung der elterlichen Persönlichkeit in die diagnostische Abklärung einer konkreten Erziehungssituation einzubeziehen, jedoch nur, soweit das für die Zwecke der Hilfeplanung notwendig ist. Die Zweckgebundenheit markiert die Grenze zu einer die Eltern umfassend beurteilenden, persönlichkeitspsychologischen Diagnostik, die über den Rahmen der mit der elterlichen Erziehung verbundenen Themen hinausginge. Zu Letzterer werden die Eltern in der Regel keinen Auftrag und keine Erlaubnis geben. Man wird den Eltern jedoch erklären müssen, dass ihre Bitte um Erziehungshilfe von der Sache her die Bitte enthält, die Bedingungen ihrer Erziehungsleistung zu verstehen, was eben auch die Betrachtung der erziehungsrelevanten Aspekte ihrer Persönlichkeit einschließt.

Sind die Eltern einverstanden, dann sollten in der diagnostischen Arbeit mit ihnen Einschätzungen ihrer Persönlichkeit generiert werden, soweit sie für die Planung und Durchführung der Erziehungshilfe bedeutsam sind. Die diagnostischen Aussagen sollten an der Erziehungsaufgabe der Eltern orientiert sein und diesbezüglich die persönlichkeitsbedingten Ressourcen und Risikofaktoren beschreiben, die vermutlich auf ihr Erziehungsverhalten und auf die Entwicklung ihres Kindes Einfluss nehmen. Erziehungsrelevante *Ressourcen* der elterlichen Persönlichkeitsstruktur sind die in ihr verankerten Dispositionen und Kompetenzen zum Schutz und zur Unterstützung des Wohlergehens und der Entwicklung des Kindes. Erziehungsrelevante, in der elterlichen Persönlichkeitsstruktur verankerte *Risikofaktoren* sind mit dem kindlichen Wohlergehen und mit der kindlichen Entwicklung unverträgliche Unzulänglichkeiten der Unterstützungskompetenzen oder auch Dispositionen der aktiven Einschränkung des Kindeswohls.

Besonders geeignet für die Einschätzung von Ressourcen und Risiken der elterlichen Persönlichkeit sind die hinsichtlich ihrer Relevanz für Erziehungshandeln empirisch überprüften sieben Persönlichkeitsmerkmale „Big Five" + 2: emotionale Stabilität, Extraversion, Offenheit für Erfahrungen, soziale Verträglichkeit, Gewissenhaftigkeit, internale Kontrollüberzeugung und Selbstwertschätzung (vgl. Belsky und Barends 2002). Diese Eigenschaftsliste hat inhaltlich einen deutlichen Bezug zum Merkmalsprofil einer „Fully Functioning Person", die Rogers (1987) als (pro)sozial, konstruktiv, kreativ und selbstaktualisiert, d. h. kongruent und relativ frei von angstvoller Vermeidung, beschrieben hat.

Wenn man diagnostisch die Ausprägungsgrade der sieben für die Erziehung bedeutsamen Eigenschaften einer Elternperson bestimmt, kann man im Prinzip anhand dieser Befunde auch abschätzen, ob sie im Hinblick auf ihr Erziehungsverhalten eher eine „Risikopersönlichkeit" darstellt oder eher dem Bild einer „Fully Functioning Person" entspricht. In diese Einschätzung sollten mit Rücksicht auf entsprechende Forschungsergebnisse (Belsky und Barends 2002) die Merkmale „emotionale Stabilität" und „internale Kontrollüberzeugung" mit starker Gewichtung eingehen. Überschreiten die Ausprägungen der Persönlichkeitsstruktur in Richtung „Risikopersönlichkeit" eine kritische Grenze, so haben wir es sehr wahrscheinlich mit einer Elternperson zu tun, deren psychische Voraussetzungen für eine günstige Beeinflussung der Entwicklung ihres Kindes erheblich beeinträchtigt erscheinen. So kann zum Beispiel das überbehütende Verhalten einer Mutter im Zusammenhang mit einer chronifizierten Angstproblematik stehen. Die psychotherapeutische Hilfe, die dann die Mutter bräuchte, auch um für ihr Kind günstigere Entwicklungsbedingungen zu schaffen, wäre außerhalb der Jugendhilfe, im sozialrechtlichen System der

Krankenbehandlung zu leisten. Die entsprechende Empfehlung und ggf. aktive Vermittlung der Behandlung der psychischen Erkrankung der Mutter wäre in abgewandeltem Sinne eine geeignete und notwendige Form der „Hilfe zur Erziehung". Die Mutter bekäme die Hilfe, die sie am ehesten in die Lage versetzt, ihr Kind nicht ihren Gefühlen, sondern dessen Bedürfnissen angemessen zu erziehen.

Zur Ressourceneinschätzung gehört auch die Beurteilung der vermutlichen Umstellungsfähigkeit der elterlichen Persönlichkeitsstruktur; der Lern- und Entwicklungsfähigkeit der Elternpersonen; der Fähigkeit und Bereitschaft, die in ihrer Persönlichkeit liegenden Ressourcenpotentiale für die Erziehungstätigkeit zu aktivieren; der Fähigkeit, soziale Unterstützung zu mobilisieren, sowie der Fähigkeit und Bereitschaft, gegebenenfalls professionelle Hilfen in Anspruch zu nehmen und sie als Hilfen zur Erziehung zu nutzen, deren hauptsächlicher Zweck es ist, die elterlichen Kompetenzen zu stärken, nicht, sie zu kompensieren.

In der Abwägung der ermittelten Ressourcenpotentiale und Risikofaktoren der elterlichen Persönlichkeiten wird man schließlich zu Aussagen darüber kommen,

- ob zum Abbau von Risikofaktoren oder zur Eindämmung von deren Einflüssen auf die kindliche Entwicklung Hilfen zur Erziehung *notwendig* sind;
- ob aufgrund hinreichend vorhandener Ressourcen der Selbsthilfeaktivierung („autonome Hilfesuche" im Sinne von Sellin 2003, s.o.) die für die Wirksamkeit der Erziehungshilfe erforderliche *Kooperation* der Eltern erwartet werden kann;
- ob von daher und aufgrund von hinreichend vorhandenen Ressourcen der *Selbstentwicklung*, der Veränderungsmotivation und der Veränderungsmöglichkeiten insgesamt eine hinreichend günstige Prognose für den Hilfeerfolg besteht.

Fällt die Erfolgsprognose einer notwendig erscheinenden Erziehungshilfe grundsätzlich günstig aus, bleibt in der Hilfeplanung zu klären, welche Form der Hilfe die wahrscheinlich *geeignete* ist. Die Formulierung „wahrscheinlich geeignet" soll darauf hinweisen, dass man erst *nach* der Hilfeleistung wissen kann, ob sie den Hilfezweck erfüllen konnte. In der Hilfeplanung wird man das nur abschätzen können. Diesbezüglich wird sich die Prognose auf dieselben Parameter (Risiken der Persönlichkeit, Ressourcen der Zusammenarbeit sowie Veränderungspotentiale) beziehen wie schon bei der Beurteilung der grundsätzlichen Erfolgswahrscheinlichkeit. Sie wird jetzt aber das Notwendige und Mögliche der Hilfeleistung exakter und differenzierter mit dem in Einklang bringen, was den Eltern als den Hilfeempfängern möglich und zumutbar ist. Auf diese Weise, also in einer Adaptationsbewegung, wird man zur *Indikation* der geeigneten und notwendigen Hilfeleistung gelangen. – Wir kommen darauf weiter unten zurück.

Fallvignette Familie S. (4)

Zur Person von Mutter und Vater

Die Mutter. In der gesamten Untersuchung und bestärkt durch Beobachtungen Dritter (z.B. von KollegInnen einer bereits zuvor konsultierten Beratungsstelle) verstärkte sich der Eindruck, dass Frau S. Symptome einer Depression aufweist: Einen Mangel an emotionaler Resonanz und Gereiztheit beobachteten wir direkt; häufig auftretende Schlafprobleme und Morgentief, geringe Essfreude und eingeschränkte Libido berichtete sie in der Exploration. Sie wirkte wenig offen, eher pessimistisch, sehr gewissenhaft. Sie schätzte sich selbst wenig wert („Ich mache immer alles falsch"). Schließlich war sie davon überzeugt, dass Experten wirklich am besten wüssten, was ihrem Kind gut täte. Geradezu (demonstrativ) hingebungsvoll tat sie alles, was die Berater von ihr wollten. Widersprüchlich dagegen war ihr Urteil über ihren Mann als Vater, der allerdings kaum etwas richtig oder zuverlässig erledige und der „wie ein Kind kontrolliert" werden müsse. Auch im Einzelgespräch wirkte Frau S. sehr angespannt, leicht gereizt und manchmal an eine übermotivierte Schülerin erinnernd. Frau S. war schnell (vielleicht zu schnell) bereit, sich Hilfe von Beratungseinrichtungen zu holen. Sie hielt die Termine penibel ein und war stets sehr bemüht, noch zusätzliche Möglichkeiten in Anspruch zu nehmen.

Insbesondere ihre von uns beobachtete deutlich eingeschränkte Affektivität und Resonanzfähigkeit ließen uns zu der Einschätzung kommen, dass sie einer umfassenderen psychologischen Diagnostik und ggf. psychotherapeutischer Hilfe bedürfe. Da sie selbst sehr litt, war sie mit einem entsprechenden Vorschlag auch schnell einverstanden.

Der Vater. In Gegenwart seiner Frau wirkte Herr S. sehr zurückhaltend und äußerte sich kaum spontan. Oft vergewisserte er sich, verbunden mit der Bemerkung, er sähe Benjamin sowieso nur sehr selten, bei seiner Frau, ob er „richtig liege". Als wir bei einem Hausbesuch einen gemeinsamen Spaziergang mit ihm und Benjamin unternahmen, zeigte er sich von einer viel offeneren und vitaleren Seite. Er reagierte humorvoll und wurde auch selbst initiativ. Er beschrieb sich als einen auf der Arbeit sehr offenen und auch konfliktfähigen Mann, der seine kleine Arbeitsgruppe in der Bank (er arbeitete als Bankkaufmann) offensiv und kreativ unterstützt. In Bezug auf seine Familie erlebe er sich als sehr zurückhaltend und unsicher; die Kontrolle würde er seiner Frau überlassen.

3.5 Die Person des Kindes

Bedingung und Adressat der elterlichen Erziehungsleistungen ist das Kind. Ihr Zweck ist es, die Bedingungen der Möglichkeit von dessen Entwicklung bereitzustellen und diese Entwicklungsbedingungen möglichst kindgerecht zu gestalten. Hätten die Eltern kein Kind, hätten sie erzieherisch nichts zu tun. In Ermangelung eines Kindes leiden Erwachsene mitunter an pädagogischer Arbeitslosigkeit; sie laufen dann Gefahr, sich gegenseitig erziehen zu wollen. Das kann ihnen nicht gut tun und auch nicht wirklich gelingen; es würde nur ihre Erwachsenenbeziehung und ihr Personsein beschädigen. Einer der Erwachsenen müsste in die Position des Kindes gehen und sein Erwachsensein sein lassen. Selbstverständlich gilt das auch für den Umgang der in der Jugendhilfe beschäftigten Fachleute mit Eltern. Man sollte Eltern nicht erziehen wollen, es sei denn, man will sie schwächen und ihre Erziehungskompetenzen untergraben. „Elternerziehung" macht nur als elterliche Erziehung Sinn. Sie ist immer auf ein Kind bezogen und an dessen Entwicklung interessiert.

Bei den „Hilfen zur Erziehung" ist das nicht anders. Ihr unmittelbares Ziel ist die Unterstützung der elterlichen Erziehung. Vermittelt über die Erziehungsarbeit der Eltern verfolgen sie den Zweck, gemeinsam mit den Eltern die Entwicklungsbedingungen für deren Kind günstig zu gestalten.

Dem Kind eine ihm gemäße Entwicklung zu ermöglichen, heißt, die in seinen Lebensbedingungen liegenden Erfahrungsmöglichkeiten so zu regulieren, wie es seinen jeweils aktuellen Entwicklungsmöglichkeiten und Erfahrungsbedürfnissen entspricht; Orientierungspunkte sind also die kindlichen Möglichkeiten, konkrete Erfahrungen zu verarbeiten, sie zu integrieren, zu differenzieren, daraus zu lernen und ggf. den nächsten Entwicklungsschritt zu machen. Das bedeutet, einerseits die mit überfordernden und bedrohlichen Erfahrungen verbundenen Risiken zu minimieren; andererseits die mit anregenden und interessanten Erfahrungen verbundenen Entwicklungspotentiale zu optimieren.

„Erziehungsschwierigkeiten" sind oftmals darin begründet, dass Erziehende in ihrem Umgang mit dem zu erziehenden Kind dessen aktuellen Entwicklungsstand verkennen. Sie verfehlen folglich die Erfahrungsmöglichkeiten und -bedürfnisse des Kindes. Ihre Erfahrungsangebote sind entweder über- oder unterfordernd, tendenziell dekompensierend oder depotenzierend. Sie werden den individuellen Besonderheiten des Kindes nicht gerecht. Wird das „Verfehlen" chronisch, so entstehen eskalierende Teufelskreise des „Sich-Verpassens". Diese überfordern Eltern und Kind gleichermaßen. Eltern klagen dann treffend, sie würden ihr Kind „nicht mehr erreichen". In diesem Zustand kommen sie zur Beratung; sie haben die Hoffnung aufgegeben, dem Erziehungsstress aus eigener Kraft abhelfen zu können. Von den Fachleuten der Jugendhilfe erwarten sie eine Unterstützung, die aus der Sackgasse herausführt.

Sind Eltern-Kind-Beziehungen gestört, dann ist das „Sich-Verpassen" nach unserer Auffassung immer die Grundstörung. „Bestellt und nicht abgeholt" heißt es im Volksmund. Die misslungene Adaptation der elterlichen Erziehungshandlungen an die Realität der kindlichen Persönlichkeit und deren Entwicklungserfordernissse muss vom Kind unmittelbar als fehlende Anerkennung seiner (psychischen) Existenz erlebt werden. Zwar ist es da, aber es ist nicht so da, wie die Eltern es sich allem Anschein nach vorgestellt haben; also fühlt es sich wie „nicht abgeholt".

Was das für die Planung und Durchführung von Hilfen zur Erziehung heißt, liegt unmittelbar auf der Hand. Eltern, die mit ihrem Kind nach Hilfe suchen, tun das, weil sie nicht (mehr) in der Lage sind, die Störung ihrer Eltern-Kind-Beziehung selbst zu regulieren. Die Fachleute der helfenden Regulationsinstanz Jugendhilfe, an die sich die Eltern dann wenden, werden den Anspruch haben, diese Störung nicht unbedacht fortzusetzen, sie mitzuagieren oder gar zu verstärken. Sie können diesem Anspruch u. E. nur gerecht werden, wenn sie das Zentrum der Beziehungsstörung zwischen Eltern und Kind nicht ignorieren: Die Eltern kennen ihr Kind nicht wirklich; sie wissen nicht, wo es innerpsychisch steht; deshalb können sie es dort auch nicht abholen; und sie können es in seiner Entwicklung nicht ermutigend, nur störend und beeinträchtigend begleiten. Will man Eltern in dieser Hinsicht helfen, die Augen zu öffnen und die Realität ihres Kindes zu sehen, statt ihren eigenen Attribuierungen zu glauben, wird man nicht umhin können, den elterlichen Attribuierungen etwas Korrigierendes entgegenzusetzen. Was anderes könnte das sein als eine fachlich begründete Rekonstruktion der Individualität des Kindes, die einerseits dem Kind gerecht wird, andererseits den Eltern glaubwürdig erscheint? Deshalb unsere Forderung nach einer gründlichen und umfassenden psychodiagnostischen Untersuchung des Kindes. Die personorientierte Erkundung und Beschreibung sollte das Kind in seinem Gewordensein wie in seinen Entwicklungschancen erfassen.

3.5.1 Aspekte der Personbeschreibung – Klärung der Begrifflichkeit

Wir erläutern die im Zusammenhang mit der personorientierten Diagnostik des Kindes von uns verwendete Begrifflichkeit:

Der **Individualität** des Kindes rechnen wir all jene kindlichen Merkmale zu, die es im Vergleich zu anderen Menschen in seiner Besonderheit und Einzigartigkeit ausmachen. Unter der kindlichen **Persönlichkeit** verstehen wir all jene Merkmale, die das Kind in seinem Bezug zur sozialen Umwelt entfaltet. Persönlichkeit ist damit derjenige Teil des Individuums, der seine Soziabilität charakterisiert.

Als Merkmale lassen sich konstitutionelle von erworbenen Eigenschaften sowie Fähigkeiten von Fertigkeiten unterscheiden.

Prototypisch für **konstitutionelle Eigenschaften** sind für die kindliche Entwicklung vor allem Temperamentseigenschaften. Jüngere Befunde aus der Forschung belegen, dass bestimmte Merkmale eines „schwierigen Temperamentes" (im Überblick: Papoušek 1999b, 157f; Pauli-Pott und Bade 2002; Zentner 2000) oftmals Ziel von Korrekturwünschen elterlicher Erziehungsbemühungen sind und diese in besonderer Weise herausfordern.

Eigenschaften im Sinne von **„Temperament"** werden „je nach theoretischem Hintergrund als angeborene Verhaltensstile [...], angeborene Persönlichkeitsmerkmale [...], biologisch begründete individuelle Unterschiede in sensorischer Reaktivität und Erregungsmodulation [...] oder in der emotionalen Erregungssteuerung konzipiert" (Papoušek 1999b, 158). Wie dem auch sei, halten wir die Erfassung wesentlicher Temperamentsmerkmale für sehr wichtig, um die je spezifischen Erziehungsbemühungen der Eltern in ihrer dem Temperament des Kindes zugeordneten Begründung besser nachvollziehen zu können. Diese „angeborenen, konstitutionell verankerten Verhaltensbereitschaften" (Papoušek 1999b, 158) lassen sich z.B. unterscheiden nach dem „schwierigen", dem „leichten" und dem „scheuen" Temperament. Temperamentsmerkmale werden heute nicht mehr als psychopathologische Eigenschaften bewertet, sondern eher als Risiko- oder Schutzfaktoren. Ferner ist zu beachten, dass sich das Temperament erst in seiner Wechselwirkung mit der Umwelt herausbildet und damit auch stark von den elterlichen Erwartungen abhängt.

Fähigkeiten umfassen die auf Leistungserbringung zielenden Persönlichkeitseigenschaften (vgl. Asendorpf 1999). Es sind durch das Leistungsziel bestimmte, komplexe Eigenschaften. **Fertigkeiten** „sind erworbene spezielle Strukturen für die Steuerung bestimmter Handlungen (z.B. Gehen, Werfen), die nach ihrer Aneignung weitgehend automatisch vollzogen werden können und in diesem Sinne einem generalisierten Bewegungsprogramm ähneln"(Klemenz 2003, 202). Fähigkeiten und Fertigkeiten sollten so formuliert werden, dass deren Potential, das Kind im Risikofalle zu schützen, oder aber ggf. deren pathogene Bedeutung deutlich wird.

Vulnerabilität (Verletzbarkeit) wird definiert als „die individuelle Bereitschaft, unter Risikobedingungen einen negativen Entwicklungsverlauf zu nehmen" (Fuhrer 2005, 325). Der Vulnerabilität entgegen wirken die **Schutzfaktoren**; das sind solche individuellen Merkmale, welche die Wahrscheinlichkeit eines negativen Entwicklungsverlaufs unter Risikobedingungen senken.

Eigenschaften des Kindes sollten unter dem Aspekt ihrer Entwicklungsrisiken fördernden (**Risikobedingungen**) oder hemmenden Bedeutung (**Resilienz**) beschrieben werden. Einen Überblick zum Forschungsstand und zu definitorischen Problemen findet man beispielsweise bei Holtmann und Schmidt (2004) oder bei Oerter (1999). Aus systemischer Perspektive wird der Begriff der **Ressource** bei der Beschreibung von Personmerkmalen bevorzugt und einem eher defizitorientierten Verständnis entgegengesetzt.

3.5.2 Individualität des Kindes

Im Rahmen der personorientierten Persönlichkeitsforschung unterscheidet Schmidtchen (1996) „Selbstbereiche" als Komplexe kindlicher Eigenschaften im Wahrnehmungs-, Emotions-, Körper-, Phantasie-, Kognitions-, Sozial-, Bewertungs-, Wirksamkeits- und Abwehrverhaltensbereich. Hieraus entwickelt er ein sehr feines Raster spezifischer Fertigkeiten oder Fähigkeiten des Kindes. Diese sind so formuliert, dass sich daraus eine Statusbeschreibung des aktuellen Entwicklungsstandes des Kindes ableiten sowie eine interventionsorientierte Zielbestimmung vornehmen lässt. Schmidtchen weist darauf hin, dass diese Eigenschaften gut korreliert sind mit den Entwicklungszielen zur Selbstverwirklichung nach Maslow (1981) und dem Konzept der Entwicklungsaufgaben nach Havighurst (1982). Damit wird ein Anschluss der personorientierten Persönlichkeitspsychologie an bedeutsame Theorien der Entwicklungspsychologie hergestellt.

3.5.3 Persönlichkeit des Kindes

Im Zentrum der vom Arbeitskreis OPD-KJ vorgeschlagenen Systematik zur Beschreibung der Persönlichkeit des Kindes stehen Aussagen zu dessen interpersonellen Fähigkeiten (Selbst) sowie zur Symbolisierung und Reflexion dieser Fähigkeiten durch das Kind (Selbstkonzept).

> „Psychische Struktur ist das Ergebnis einer bidirektionalen Wechselwirkung von angeborenen Bereitschaften und interaktionellen Erfahrungen in der Herausbildung von spezifischen Erlebnis- und Handlungsdispositionen des Kindes in der Auseinandersetzung mit seiner Kindheit." (Arbeitskreis OPD-KJ 2003, 123)

In drei Dimensionen beschreibt die OPD-KJ jeweils spezifische Fähigkeiten, die dem Kind ermöglichen, seine Welt, sich selbst und andere Menschen zu erleben und sich entsprechend zu verhalten. Die drei Dimensionen heißen „Steuerung", „Selbst- und Objekterleben" sowie „kommunikative Fertigkeiten".

(1) Unter der Dimension **„Steuerung"** werden erfasst:
- die Fähigkeit, negative Affekte, die bei Versagungen von Forderungen auftreten, zu modulieren,
- die Fähigkeit, sich selbst regulieren zu können (Selbstgefühl),
- die Impulssteuerung,
- die „Steuerungsinstanz", also die Fähigkeit, Normen zu erkennen, zu verinnerlichen und sich entsprechend zu verhalten, sowie

- die Konfliktbewältigung, insbesondere das Niveau der intrapsychischen Abwehr.

(2) Die Dimension des **„Selbst- und Objekterlebens“** beschreibt
- die Fähigkeit, sich selbst zu erleben und
- sich von anderen abzugrenzen (Selbst-Objekterleben),
- die Fähigkeit, dem anderen ein eigenes psychisches Leben zubilligen und dieses sich auch vorstellen zu können,
- die Fähigkeit, dem anderen geltende Affekte auszudrücken und sich in diesen hineinzuversetzen (Empathie).

(3) Die dritte Dimension, die der **„kommunikativen Fähigkeiten“**, steht für
- die Kontaktgestaltung des Kindes,
- die Fähigkeit, fremde Affekte zu entschlüsseln,
- die Fähigkeit, eigene Affekte kommunikativ nutzen zu können,
- die Fähigkeit zur reziproken Kommunikation und
- die Fähigkeit, andere Menschen stabil innerlich abzubilden und so mit diesen auch ohne deren körperliche Anwesenheit zu kommunizieren.

Die dimensionale Beschreibung ist in drei Altersstufen möglich. Die theoretisch begründete Systematik erfasst vornehmlich Eigenschaften, die für die interpersonale Beziehungsgestaltung von Bedeutung sind. Dabei ist sie an entwicklungspsychologisch beschreibbaren Zielen orientiert. Für nachteilig halten wir die Vernachlässigung kognitiver Fähigkeiten sowie von Fähigkeiten zur Symbolisierung. Auch die auf einer anderen Achse diagnostizierte Ressourcenorientierung ist nur aus der interpersonellen Perspektive konzipiert.

Fallvignette Familie S. (5)

Die Person Benjamins

Die Untersuchungen Benjamins, der gepflegt und kindgerecht gekleidet war, ergaben kurz gefasst: Benjamin erscheint als ein Kind mit einem schwierigen Temperament, also mit Schwierigkeiten bei der vegetativen und emotionalen Selbstregulation, das aber körperlich und intellektuell der Altersnorm entspricht. Er verfügt über einen altersangemessenen passiven Wortschatz, neigt in der aktiven Sprache aber ausschließlich zu rein instrumentellen Äußerungen im Befehlston. Er nimmt gern Kontakt zu anderen Kindern auf, zeigt – wie bereits beschrieben – im Kontakt mit der Mutter ein unsicheres, im Kontakt mit dem Vater ein eher sicher gebundenes Verhalten. Er ist neugierig und interessiert an vielem, bevorzugt Bewegungsspiele und freut sich über musikalische Begleitung bei lebendigem Spiel. Seine Bewegungen erscheinen manchmal noch etwas tapsig und wenig harmonisch, er stolpert relativ leicht und ist dann deutlich irritiert. Dennoch wurde auch ärztlicherseits festgestellt, dass leichte Verzögerungen der motorischen Entwicklung in der letzten Zeit – auch dank der Unterstützung einer Sensorischen Integrationstherapie – durch ihn im Wesentlichen ausgeglichen sind. Benjamin wirkt liebenswert, offen, kann sich jedoch bei abrupten Wechseln oft nur schwer beruhigen und bedarf dann der Unterstützung Dritter. In der Kommunikation mit anderen achtet er auf diese erst nach sehr deutlicher Ansprache, reagiert dann jedoch resonant und interessiert. Er greift dann auch mimisch den Affekt des anderen auf und scheint ihn zu „prüfen". Wenn er durch das Werfen von Gegenständen die Aufmerksamkeit seiner Mutter auf sich gezogen hat und diese deutlich begrenzend reagiert, zeigt Benjamin eine erstaunliche „Zufriedenheit" und bewegt sich daraufhin – scheinbar ruhiger geworden – auf andere Objekte explorierend zu.

3.5.4 Bewertung von Personmerkmalen

Die Eigenschaften der Person des Kindes und die Konzepte, anhand derer sie beschrieben werden können, haben wir oben kursorisch aus der Sicht der psychologischen Forschung dargestellt. Diese ist bemüht, die Eigenschaften in eine begrifflich präzisierte, theoretisch und empirisch begründete Ordnung zu bringen, ihren diagnostischen Erkenntniswert und ihre therapeutische Relevanz nachzuweisen, ihre Entwicklungsperspektive aufzuklären und ihre Bedeutung für Erziehungsprozesse aufzuzeigen.

Fähigkeiten und Fertigkeiten des Kindes, sein Temperament und andere Facetten seiner Persönlichkeit ziehen freilich auch die Aufmerksamkeit der Eltern auf sich; sie werden von den Eltern mit alltagspsychologischen Begriffen beschrieben und mittels alltagspsychologischer Theorien erklärt. Wenn Eltern die Art und die Ausprägung der Eigenschaften ihres Kindes erzieherisch zu beeinflussen versuchen, haben sie diese Eigenschaften nicht nur beschrieben, sie haben sie auch bewertet. Welche Maßstäbe ziehen sie dabei heran, und woher beziehen sie diese? Fachleute der Jugendhilfe, die sich angesichts einer gestörten Eltern-Kind-Beziehung veranlasst sehen, in der Beratung mit den Eltern über die Maßstäbe zu sprechen, die sie an ihr Kind anlegen, können in diesem Dialog im Prinzip zwei Strategien verfolgen:

(1) Sie können sich *„sokratisch"* verhalten (vgl. Stavemann 2002). Dann werden sie sich mit eigenen Normkonzepten zurückhalten, sich gleichsam „naiv" stellen und in einer akzeptierenden, um Verständnis bemühten Haltung den Eltern mit geeigneten Fragen ermöglichen, über die eigenen normativen Vorstellungen nachzudenken, die ihnen ihr Kind – wegen der Erziehungsschwierigkeiten – in einem ungünstigen Licht erscheinen lassen. Die Berater werden – in therapeutischer Absicht – mit ihren Fragen bei den

Eltern einen Zustand der inneren Verwirrung anstreben, der diesen die Überprüfung, ggf. die Revision ihrer Maßstäbe nahe legt. Wenn es gut geht, werden die Eltern aus eigener Einsicht ihre Maßstäbe umstellen, mit der Wirkung, dass sie ihre Beziehungsstörung zum Kind, die aus einer Diskrepanz zwischen Normvorstellung und Kindeswohl entstanden war, wieder ausgleichen können.

(2) Die andere Form, mit Eltern über ihr Kind und über die Maßstäbe zu sprechen, nach denen sie es beurteilen, könnte man „*hermeneutisch*“ nennen. In einem solchen Dialog sind die Eltern nicht die Befragten, sondern die Fragenden. Der Berater ist nicht jemand, der nur weiß, dass er nichts weiß. Er akzeptiert vielmehr, dass die Eltern ihn als einen Experten betrachten, der etwas kann, was die Eltern noch nicht oder nicht mehr können: Er kann das Kind in seiner Individualität verstehen und den Sinn seiner Auffälligkeiten entschlüsseln. Indem er den Eltern diesen Sinn übersetzt, fungiert er gleichsam als Dolmetscher des Kindes. Er ist dabei zugleich ein Sachverständiger, der seinen Beschreibungen und Bewertungen gegebenenfalls andere Maßstäbe zugrunde legt als die Eltern. Er urteilt nach Regeln und Normen, die gesellschaftlich vereinbart sind: im Sinne rechtsverbindlicher Normsetzungen (z.B. bei der Einschätzung von Kindeswohlgefährdung oder von Krankheitswertigkeit) und/oder als wissenschaftlich begründete Orientierungsmittel. Auch die Bedeutung dieser Bewertungsmaßstäbe legt der Berater den Eltern aus.

Der hermeneutische Dialog freilich verlangt, anders als der sokratische, dass der professionelle Diagnostiker sich zuvor selber klar gemacht hat, an welcher Norm er sich orientiert, wenn ihm bestimmte Merkmalsausprägungen normal erscheinen, andere hingegen als von der Norm abweichend. Der Begriff „Norm“ bedeutet Regel, Richtschnur, leitender Grundsatz, Vorschrift. Die verschiedenen Bedeutungen, die der Normbegriff in unter-

Statistischer Normbegriff	→	kalkuliertes Risiko in einemToleranzbereich
Technischer Normbegriff	→	vereinheitlichter Maßstab (DIN-Norm)
Psychologischer Normbegriff	→	Bestimmung der Handlungsregulation von Menschen und von sozialen Gruppen, *d. h. es existieren:* – Individualnormen – Gruppennormen – Schichtnormen – Systemnormen – allgemein menschliche Normen

Abbildung I.12: Unterschiedliche Bedeutungen des Normbegriffes

schiedlichen Beurteilungskontexten annimmt, sind in Abb. I.12 zusammengestellt.

Wir schlagen drei Perspektiven vor, unter denen in einem professionellen Kontext die Beurteilung der Eigenschaften eines Kindes erfolgen sollte.

Die Perspektive „Krankheit versus Gesundheit“

Um die Komplexität des mit dem Begriff „psychische Störung“ verbundenen normativen Gehalts zu verdeutlichen, geben wir im Folgenden die Definitionen einer psychischen Störung und des Krankheitswertes einer psychischen Störung wieder, wie sie der Wissenschaftliche Beirat Psychotherapie (2003) verbindlich für den Bereich der Gesetzlichen Krankenversicherung formuliert hat:

> **„Psychische Störung**
> Eine psychische Störung wird als ein klinisch bedeutsames psychisches oder Verhaltenssyndrom bzw. -muster bezeichnet, das bei einem Individuum auftritt. Definitionsgemäß ist es mit aktuellem Leiden (z.B. Schmerz) oder Versehrtheit (z.B. Behinderung in einem oder mehreren wichtigen Funktionsbereichen) verbunden oder es besteht eine Beeinträchtigung in der Fähigkeit, Entwicklungsaufgaben (z.B. Schule) zu bewältigen, oder ein signifikant erhöhtes Risiko für Tod, Schmerz, Siechtum oder ein bedeutsamer Verlust an Freiheit [...].
>
> **Krankheitswertigkeit einer psychischen Störung**
> Im Falle von Krankheitswertigkeit schränkt die psychische Störung deutlich die normale Lebensführung der Person, ihre berufliche (oder schulische) Leistung oder sozialen Aktivitäten und Beziehungen ein oder sie verursacht dem Individuum erhebliches Leiden. Auch die Stärke der Abweichung vom in einem soziokulturellen Raum üblichen Verhalten kann einen Hinweis auf die Krankheitswertigkeit einer Störung darstellen. In diesem Sinne besteht im DSM-IV und in der ICD-10 eine Tendenz, den Begriff der Störung implizit mit dem der Krankheitswertigkeit zu verbinden.“ (Wissenschaftlicher Beirat Psychotherapie 2003, 1)

In die vorstehenden Definitionen haben gesellschaftlich relevante und wissenschaftlich begründete Normvorstellungen Eingang gefunden. Psychopathologische Aussagen beziehen sich darauf. Solche Aussagen zu treffen, ist im Kinder- und Jugendbereich deutlich schwieriger als im Erwachsenenbereich. Die Problematik der psychopathologischen Urteilsbildung im Kindes- und Jugendalter hängt u.a. damit zusammen, dass

- die Entwicklungsperspektive zu einer größeren Variabilität der Merkmale führt;

- die hohe Geschwindigkeit der kindlichen Entwicklung stark das Wechselspiel von pathogenen und protektiven Faktoren beeinflusst;
- die Einsichtsfähigkeit von Kindern bezüglich ihrer Symptomproduktion und der Symptomauswirkungen anders als die von Erwachsenen zu bewerten ist;
- die Systematik psychopathologischer Aussagen in der Regel nicht an persönlichkeits- und entwicklungspsychologischen Theorien orientiert ist, sondern – aus Krankheitslehren nicht-psychologischer Provenienz abgeleitet – die Erwartungen an die Funktionstüchtigkeit von Erwachsenen zum Maßstab nimmt.

Als wesentliches Merkmal einer psychischen Erkrankung des Kindes gilt dessen deutliche Beeinträchtigung, an seinen normalen Lebensvollzügen teilzunehmen und seine altersentsprechenden Entwicklungsaufgaben erfolgreich erfüllen zu können; das ist im allgemeinen mit einem starken Leiden des Kindes verbunden (vgl. auch Remschmidt 2000).

Ob die von einem Kind oder Jugendlichen gezeigten psychischen Auffälligkeiten Krankheitswert haben und entsprechend zu behandeln sind, ist von der Sache her eine Frage, die vornehmlich in die Zuständigkeit des Gesundheitswesens bzw. des Krankheiten behandelnden Versorgungssystems fällt. Sie wird von den dort tätigen kinder- und jugendpsychiatrischen und psychotherapeutischen Fachleuten beantwortet. Von diesen werden auch die im Rahmen der Gesetzlichen Krankenversicherung zu leistenden Behandlungen indiziert und durchgeführt – sofern die entsprechenden Voraussetzungen erfüllt sind. Die entscheidende Voraussetzung ist, dass die fachliche, d.h. ärztliche und/oder psychotherapeutische, Urteilsbildung dem Kind oder Jugendlichen eine psychopathologische Problematik zuerkannt hat.

Allerdings wird die Frage nach dem Krankheitswert der psychischen Befindlichkeit eines Kindes oder Jugendlichen immer wieder auch in der Hilfeplanung der Jugendhilfe gestellt. Sie ist dort von Bedeutung einerseits wegen der Notwendigkeit, sozialrechtlich geregelte Zuständigkeiten der Leistungsträger zu klären (SGB V vs. SGB VIII: Krankenbehandlung oder Jugendhilfe). Andererseits ist die Diagnose einer psychischen Erkrankung auch dann von erheblicher Relevanz, wenn aus anderen Gründen und zu einem anderen Zweck als dem der Krankenbehandlung Hilfe im Rahmen der Jugendhilfe geleistet wird, sei es als Eingliederungshilfe, sei es als Hilfe zur Erziehung. Auch das Kind oder der Jugendliche mit einer psychopathologischen Diagnose ist damit ja nicht aus der Zuständigkeit der Jugendhilfe entlassen. Die Behandlung seiner Erkrankung wird die Jugendhilfe nicht leisten. Doch wird sie das Wohl auch eines erkrankten Kindes oder Jugendlichen unter dem Gesichtspunkt der Kindeswohleinschränkung durchaus im Auge behalten (müssen) und gegebenenfalls die dem entsprechende Hilfe leisten (müssen). Die Behandlung der psychischen Erkrankung eines Kindes oder Jugendlichen im medizinischen System schließt die gleichzeitige Regulation seiner Erziehungs- und/oder sozialen Teilhabebedingungen durch die Jugendhilfe in Form von Erziehungs- und/oder Eingliederungshilfe nicht aus. Sie kann unter Umständen sogar dringend notwendig sein. Notwendig auch deshalb, weil unter der psychischen Erkrankung des Kindes nicht nur das Kind, sondern auch seine Eltern und andere Bezugspersonen leiden werden. Immer ist damit zu rechnen, dass im Mikro- und Mesosystem (sensu Bronfenbrenner 1981) des erkrankten Kindes die Erziehungs- und Teilhabebedingungen Schaden erleiden und beeinträchtigt sind. Nehmen diese Belastungen den Charakter einer Kindeswohlbeeinträchtigung an, so besteht ein hohes Risiko, dass der rechtlich relevante Tatbestand einer Kindeswohlgefährdung eintritt.

Deshalb kann man im Rahmen der Hilfeplanung in der Jugendhilfe gar nicht darauf verzichten, diagnostische Befunde zur Kenntnis zu nehmen bzw. zu generieren, die eine fachlich begründete Antwort auf die Frage gestatten, ob die Auffälligkeiten eines Kindes oder Jugendlichen als psychopathologisch zu werten sind. Liegen entsprechende Diagnosen – im Sinne der Klassifikationssysteme ICD-10 oder DSM-IV – schon vor, so wird man in der Praxis darauf zurückgreifen (können). Es kann aber auch notwendig sein, innerhalb der Jugendhilfe selber eine von den institutionellen Imperativen und Fokussierungen des Medizinsystems unabhängige psychodiagnostische Abklärung vorzunehmen. Die Befunderhebung und -bewertung wäre von entsprechend qualifizierten Psychologen und Psychotherapeuten durchzuführen. Wir empfehlen als Orientierungsrahmen zu diesem Zweck das „Psychopathologische Befund-System für Kinder und Jugendliche“ – CASCAP-D (Döpfner et al. 1999); darauf kommen wir in Teil II zurück.

Die Perspektive „Risiken der kindlichen Entwicklung“

Die eigentliche Behandlung von seelischen Erkrankungen kann nicht die Aufgabe von Hilfen zur Erziehung sein, auch nicht die von Eingliederungshilfen. Gleichwohl sind solche Erkrankungen von erheblicher Bedeutung für die Hilfeplanung. Sie sind es, wie oben gezeigt, unter dem Gesichtspunkt des Risikos, das sie für die kindliche Entwicklung bedeuten. In der Abschätzung solcher und anderer Entwicklungsrisiken, wie auch in ihrem Pendant, der Abschätzung von Entwicklungsressourcen, sehen wir die entscheidende, für die Jugendhilfe thematisch charakteristische diagnostische Aufgabe. Die Erfassung von Risiken und Ressourcen, ihre Bewertung sowie die Abwägung ihres Verhältnisses liefern die Befunde, die bei der Planung von geeigneten und notwendigen Erziehungshilfen den Ausschlag geben. Denn es sind diese Befunde, die Auskunft darüber geben, ob Entwicklungsbeeinträchtigungen vorliegen, ob diese Beeinträchtigungen von den Erziehungspersonen angemessen reguliert werden oder eher verstärkt, und schließlich, ob es sich um Kindeswohleinschränkungen handelt, zu deren Regulation die Jugendhilfe notwendig Hilfe leisten muss (Risiko- oder Defizitperspektive). Die Befunde werden auch Hinweise darauf geben, welche Hilfe geeignet ist, die diagnostizierte Regulationsstörung im Eltern-Kind-System zu beheben, damit sich die elterlichen Erziehungshandlungen wieder entwicklungsfördernd auswirken können und die kindlichen Entwicklungsbeeinträchtigungen sich mildern oder gar auflösen (Ressourcenperspektive).

Zunächst zu den Risiken: Die umfangreiche, für unseren Kulturkreis äußerst wichtige Mannheimer Längsschnittstudie, welche die Entwicklungsverläufe sogenannter Risikokinder erforscht (Laucht 2003), können wir hier nur erwähnen. Aus Platzgründen ist es uns nicht möglich, die vielfältigen und differenzierten Erkenntnisse darzustellen, die in dieser Studie über die Risiken und Ressourcen der kindlichen Entwicklung zutage gefördert werden.

Perrez (2004) hat ein Modell vorgelegt, das – inzwischen auch empirisch belegte – familiäre Risikofaktoren zusammenfasst (vgl. auch Fuhrer 2005, 326f). Folgende Störungen (in) der Familie sind als Risikofaktoren für die Entwicklung von Störungen bei Kindern und Jugendlichen nachgewiesen:

- psychische Störungen bei einzelnen Familienmitgliedern,
- Risikofaktoren von Subsystemen der Familie (Paar und Eltern-Kind-Triade) sowie
- Störungen des Systems Familie als Risikofaktor („disengaged“ Familien, rigide Familien, pathogene Grenzen (zit. nach Fuhrer 2005, 327).

Auch Hoffmann und Egle (zit. nach Dornes 2001, 103) fassen eine Liste empirisch abgesicherter Risikofaktoren für die kindliche Entwicklung zusammen. Stellt man die Risiken, die sich aus der Person des Kindes ergeben, den außerhalb seiner Person liegenden Risikofaktoren gegenüber, so fällt auf, dass lediglich zwei Risikofaktoren dem Kind selbst zugeschrieben werden, nämlich das schon erwähnte „schwierige Temperament“ und schlechte Kontakte zu Gleichaltrigen. Wir sortieren die von Hoffmann und Egle zusammengestellten Risikofaktoren nach einem Vorschlag von Perrez (2004) und kommen so zu der in Abb. I.13 dargestellten Übersicht.

Will man die Entwicklungsmöglichkeiten bzw. deren Beeinträchtigung einschätzen, wird man sich nicht mit der Beschreibung der kindlichen Individualität begnügen können. Es reicht auch nicht, die psychischen Eigenschaften des Kindes ggf. pathologisch zu bewerten. Wir halten es darüber hinaus für notwendig, die Risiken in seiner Biografie und Gegenwart zu kennen und daraus im Hinblick auf die aktuellen Entwicklungsaufgaben und für die anstehenden Entwicklungsschritte eine Risikoerwartung abzuleiten. Für die Zwecke der Hilfeplanung, genauer gesagt: für die Entscheidung, ob Hilfe *notwendig* ist, könnte es hilfreich sein, das Ausmaß des erwarteten Risikos zu quantifizieren und mittels eines Risikoscores ab-

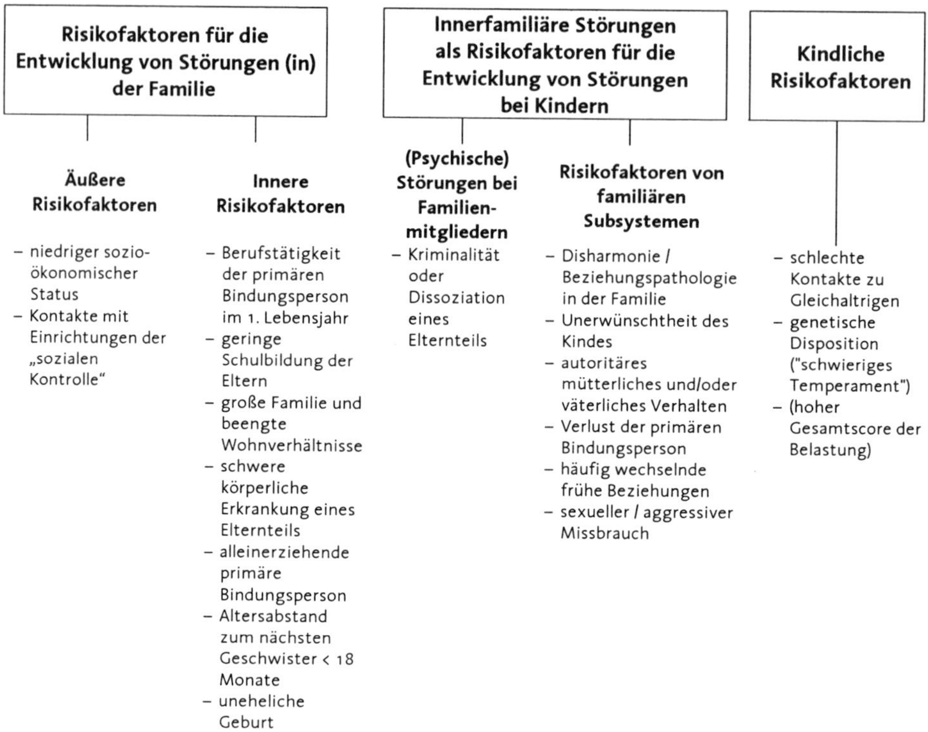

Abbildung I.13: Systematik von Risikofaktoren der kindlichen Entwicklung

zubilden. Wir gehen davon aus, dass Hilfeplaner implizit ohnehin quantifizieren; sonst könnten sie nicht zu der Einschätzung kommen, dass „das Maß voll“ oder eine „kritische Grenze überschritten“ ist und gehandelt werden muss. Ob nun die einzelnen Risikofaktoren miteinander additiv, multiplikativ oder noch anders verknüpft sind (vgl. dazu ausführlich Scheithauer et al. 2000), ist gewiss für die inhaltlich-qualitative Rekonstruktion der individuellen Geschichte des Kindes und seiner Familie z.B. im Rahmen der Anamnese von erheblicher Bedeutung. Für die Bestimmung eines eher allgemeinen Risikomaßes dürfte das jedoch nicht so wichtig sein. Daher empfehlen wir, einen kumulativ gebildeten Risikoscore als Maß der individuellen Belastung und der Risikoerwartung zu verwenden. Wir kommen darauf später zurück.

Die kindbezogene Perspektive der „Ressourcenorientierung“

Einen empirisch und theoretisch gut fundierten Ansatz zur psychodiagnostischen Erfassung des Ressourcenrepertoires von Kindern und Jugendlichen hat Klemenz (2003) entwickelt. Der Autor bleibt bei der Kritik

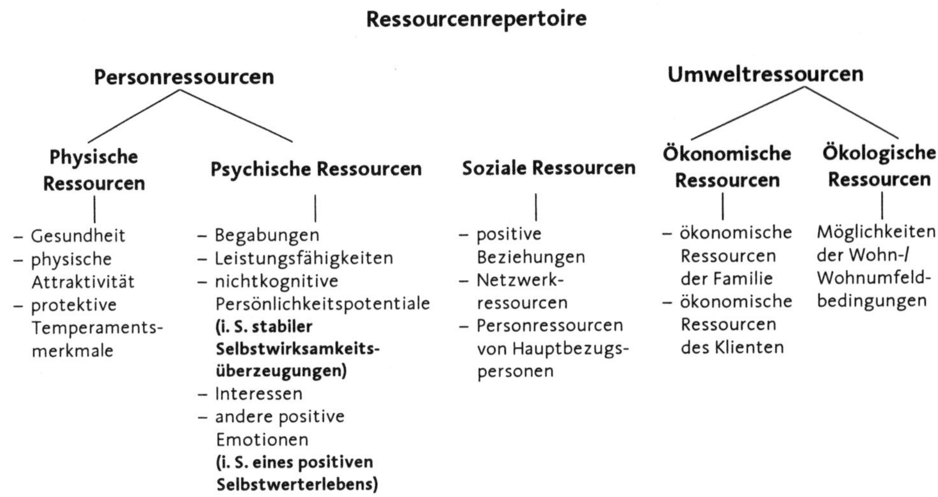

Abbildung I.14: Taxonomie zur Inventarisierung von Kinder- und Jugendlichenressourcen (Klemenz 2003, 133; leicht ergänzt durch die Autoren)

defizitorientierten Diagnostizierens nicht stehen und serviert auch nicht durch bloße Umformulierungen verfremdeten alten Wein in neuen Schläuchen. Aus der Sicht des Kindes entdeckt er vielmehr bisher kaum beachtete Person- und Umweltressourcen und macht sie einer diagnostischen Erfassung zugänglich.

Als theoretische Grundlage seiner Arbeit nutzt Klemenz das „Transaktionspotentialmodell" von Gutscher, der Ressourcen als „Person- und Umwelttransaktionspotentiale" versteht; diese „werden als wohlbefindensfördernde Transaktionspotentiale oder Ressource bestimmt, wenn sie in Transaktionen zur Befriedigung der Grundbedürfnisse [...] oder zur Bewältigung altersspezifischer Entwicklungsaufgaben [...] beitragen" (Klemenz 2003, 123). Ressourcen der Person des Kindes lassen sich von Ressourcen in seiner Umwelt unterscheiden. Erstere gliedern sich in physische und psychische Ressourcen, Letztere in soziale, ökonomische und ökologische Ressourcen. Die Ressourcen-Taxonomie, die sich daraus ergibt, ist in Abb. I.14 dargestellt.

Die detaillierte Analyse der kindlichen Ressourcen und deren Bewertung werden im Rahmen der Hilfeplanung nicht weniger Raum einnehmen dürfen als die Risikoabschätzung. Während der defizitorientierte Teil der Gesamtdiagnose eine Entscheidung über die *Notwendigkeit* von Hilfeleistung ermöglicht (ob sie überhaupt nötig ist), wird der ressourcenorientierte Teil Hinweise liefern, die für eine begründete Beantwortung der Frage nach der *Eignung* konkreter Hilfeformen von Bedeutung sind. Die prognostische Eignungsprüfung in Frage kommender Hilfeleistungen ist nämlich nichts anderes als die Einschätzung der Erfolgsaussichten, die für die Aktivierung/Aktivierbarkeit vorhandener Ressourcenpotentiale bestehen. Die Wirksamkeitsprognose geht freilich ins Leere, wenn sie nicht auf tatsächlich vorhandene „Person- und Umwelttransaktionspotentiale“ Bezug nimmt, sondern auf etwas bloß Gewünschtes. Deshalb muss man *reale* Potentiale ermitteln. Ressourcen sind Möglichkeiten, die nahe liegen und erreichbar sein müssen. Sonst verschwinden sie im Dunst der Irrealität.

Hinweis für den sozialraumorientierten Ressourcencheck: Dem Ertrinkenden (Risiko-Eskalation) hilft nicht der Rettungsring am Ufer (Ressourcen-Blockierung). Retten kann er sich (Risiko-Überwindung), wenn da jemandem ist, der ihm den Ring zuwirft (Ressourcen-Aktivierung). Wirft der nicht den Ring (Ressourcen-Negierung), sondern nur die Botschaft, dass da ein Ring ist (Ressourcen-Virtualisierung), hat er zwar – kognitiv – irgendwie Recht, ist aber – moralisch und rechtlich – entschieden im Unrecht (Ressourcen-Eliminierung).

Wir fassen zusammen: Eine umfängliche diagnostische Auseinandersetzung mit der Person des Kindes sollte in viererlei Hinsicht erfolgen und einmünden in

(1) die Beschreibung der Individualität und Persönlichkeit des Kindes anhand entwicklungsrelevanter Merkmale, Eigenschaften, Fähigkeiten und Fertigkeiten,

(2) die Beschreibung der gestörten psychischen und psychophysischen Funktionsbereiche, sofern solche Störungen vorliegen, sowie der entsprechenden pathogenen Bedingungen,

(3) die Beschreibung der Risikobedingungen sowie die zusammenfassende Quantifizierung ihres Ausmaßes bzw. Schweregrades,

(4) die Beschreibung der Person- und Umweltressourcen des Kindes.

3.6 Risiken und Ressourcen der familialen Lebenslage

Die Erziehungs- und Entwicklungsbedingungen, die wir in diesem Abschnitt diskutieren, lassen sich als Parameter der Lebenslage einer Familie, der darin lebenden Personen verstehen. Bedingungen, welche die familiale Lebenslage von Eltern und Kindern kennzeichnen, sind zum einen „hausgemacht“; sie werden im Mikrosystem der Familie generiert. Zum anderen haben sie ihren Ursprung und ihre Verankerung in gesellschaftlichen Strukturen, die das Meso-, Exo- und Makrosystem (sensu Bronfenbrenner 1981) der Familie kennzeichnen und von dort auf die innerfamiliären Lebensbedingungen Einfluss nehmen.

Lebenslage definiert Weisser (zit. nach Fuhrer 2005, 108) als „den Spielraum, den die äußeren Umstände dem Menschen für die Erfüllung der Grundlagen bieten, die ihn bei der Gestaltung seines Lebens leiten oder bei möglichst freier und tiefer Selbstbesinnung zu konsequentem Verhalten hinreichender Willensstärke leiten würde". Der so verstandene Spielraum von Handlungs- und Entwicklungsmöglichkeiten einer Person ist durch äußere Lebensumstände bestimmt, die nicht der freien Entscheidung der betreffenden Person unterliegen; sie markieren vielmehr die mehr oder weniger weit gesteckten Grenzen verfügbarer Handlungsoptionen. Die Parameter, die diesen äußeren Möglichkeitsraum beschreiben, haben in der Regel einen Belastungs- und einen Ressourcenaspekt: Grenzen können verhindern und frustrieren; indem sie Struktur und Ordnung schaffen, können sie aber auch entlasten und Halt geben. Wie sie wirken, hängt davon ab, wie sie erlebt werden. Und wie sie erlebt werden, lässt sich an ihrer Äußerlichkeit nicht ablesen.

Das gilt auch für die Lebenslage einer Familie. Abgesehen von Extremlagen, die unmittelbar die physische Existenz bedrohen, sind die Umstände, unter denen eine Familie lebt, nicht an und für sich belastend. Die „Psychologie des Familienstresses" (vgl. dazu Perrez 2000) hat das deutlich gemacht. Es sind nicht soziologisch definierte Parameter, wie z.B. ökonomische Armut, die den Stress ausmachen. Stress ist vielmehr das **psychische Belastungserleben**, das durch äußere Lebenslagen oder Ereignisse ausgelöst wird. In einer Synopse einschlägiger Forschungsergebnisse fassen Dettenborn und Walter (2002) die Bedingungen und Wirkungen von Familienstress zusammen:

1. Stress wird als eine Beziehung im Ungleichgewicht definiert. Eine Person, ein Paar oder eine Familie erlebt sich als überlastet, ihre Bewältigungskompetenzen scheinen aus ihrer Sicht nicht auszureichen. Das Erleben ist „ein unangenehmer Spannungszustand in einer als überfordernd und bedrohlich bewerteten Situation, die zu vermeiden oder zu beenden angestrebt wird" (Dettenborn/Walter 2002, 49).
2. Stress ist kein Zustand, sondern ein Prozess, „der durch aktive Auseinandersetzung der Person oder auch einer Dyade […] mit der Umwelt zu verstehen ist" (Dettenborn/Walter 2002, 49).
3. Im Zentrum stehen dabei Bewertungsprozesse seitens der Beteiligten, und zwar unter der Fragestellung, ob die Situation irrelevant, günstig oder „ob stressbezogene Auseinandersetzungen erforderlich sind. Wird Stressbezug gesehen, wird geprüft, ob bereits eine Schädigung eingetreten ist, ob eine Herausforderung vorliegt oder ob eine Bedrohung besteht." (Dettenborn/Walter 2002, 49) Wird die Situation als eine beurteilt, welche die eigenen Kompetenzen überfordert, zugleich aber notwendig zu bewältigen ist, werden Bewältigungsstrategien aktiviert (soziales Coping, vgl. Perrez/Schöbi 2001). Folgen dieses Stresses sind

dann beispielsweise kurzfristige psychophysiologische und psychophysische Stressreaktionen (Blutdruckschwankungen, Reizbarkeit u.a.) oder langfristige Stressreaktionen (z.B. psychosomatische Störungen; Angst).

4. „Ob ein potentiell belastender Umstand tatsächlich Stress erzeugt, hängt ab von einem Komplex von Risiko- und Schutzfaktoren und dem Kräfteverhältnis zwischen ihnen." (Dettenborn/Walter 2002, 49)

Laireiter et al. (2001, 230) unterscheiden sechs Faktoren, die ein Belastungsereignis bestimmen: seine positive oder negative Valenz; der individuelle Adaptationsaufwand; seine Intensität; seine Vorhersagbarkeit vs. Unvorhersagbarkeit; seine Beurteilung als normatives oder nicht-normatives Ereignis sowie seine Abhängigkeit vs. Unabhängigkeit von anderen Ereignissen. So definiert, werden Belastungsereignisse kaum je als Ereignisse einzustufen sein, die allein durch ihr schieres Auftreten belasten. Immer spielt hier die je individuelle Bewertung hinein, die ihrerseits abhängig ist von einem Komplex persönlicher Erfahrungen, Einstellungen, Dispositionen, Erwartungen usw. Wie äußere Umstände und Ereignisse sich auf die Lebensgestaltung einer Person oder Personengruppe, wie sie sich auch auf die Erziehung in der Familie und die Entwicklung der Kinder auswirken, ist daher immer vermittelt durch die „inneren Umstände" der Menschen: Was der eine als Belastung erlebt, ist für den anderen eine Chance und Herausforderung – je nachdem, wie die Kompensations- und Entwicklungsmöglichkeiten gerade beschaffen sind.

Die Parameter der Lebenslage einer Familie bestimmen deren Gestaltungsspielräume. Sie umreißen zugleich die Ausgangsbedingungen für die Erziehungshilfe, die eine Familie „unter Umständen" benötigt: nämlich unter solchen, die ihr Stress machen, die sie als überfordernd und bedrohlich erlebt und mit eigenen Kompetenzen nicht zu bewältigen vermag. Die darauf eingestellte Hilfe wird der Familie ermöglichen, sich „unter anderen Umständen" zu sehen: solchen nämlich, unter denen sie ihre Kompetenzen entwickeln und neue Bewältigungsstrategien hervorbringen kann. Die innerfamiliär als Stress erlebten Ausgangsbedingungen der Lebenslage, die auch die Erziehungsaufgaben der Eltern beeinträchtigen werden, zählen zu den Parametern, an denen die Notwendigkeit einer Erziehungshilfe wie auch deren Erfolgsaussichten abzulesen sind. Sie sollten deshalb bei der Hilfeplanung berücksichtigt werden. Wir haben sie in drei Gruppen zusammengefasst:

(1) Übergangs- und Krisenkonstellationen,
(2) ökonomische und ökologische (materielle, räumliche, zeitliche) Faktoren,
(3) meso-systemische Strukturen der sozialen Einbettung (soziale Netzwerke).

Wir nehmen an, dass die potentiellen Unterstützungswerte sozialer Netzwerke einen wesentlichen Moderator-Effekt hinsichtlich der potentiellen Belastungswerte der beiden ersten Determinantengruppen haben.

3.6.1 Übergänge und Krisen des Einzelnen und in Familien

Seit den 1960er Jahren beschäftigt sich die entwicklungspsychologische Forschung mit der Funktion von „Übergängen" in der individuellen Entwicklung. Bis dahin war man mit der möglichst genauen Beschreibung von Stadien-, Phasen- oder Stufenabfolgen zufrieden und hatte versucht, die beschriebenen Abfolgen zu erklären. Unbefriedigend waren die Beschreibungsprobleme, die regelmäßig an den Rändern der Stadien und zwischen ihnen auftraten. Man dachte, es handele sich um methodische Ungenauigkeiten, die mit immer feineren Beschreibungsinstrumenten zu bewältigen wären. Plötzlich entdeckte man, dass die Unordnung in diesen Abschnitten ein Entwicklungsphänomen war: Es handelte sich um Krisen, ohne die der Übergang in die nächste Entwicklungsphase nicht stattfinden würde. Damit war der Blick geöffnet für die Ereignisse in den Zwischenräumen. Man fing an, die Übergänge zu erforschen. Wie kommt es eigentlich zum Wechsel von Entwicklungsphasen? Und wie gehen Menschen mit solchen Wechseln um?

Transitive Phasen und Prozesse. Dem Familien-Transitions-Ansatz „zufolge stellen Transitionen sowohl auf der individuellen als auch auf der familialen Ebene Veränderungsphasen nach spezifischen Ereignissen, wie die Geburt eines Kindes, Trennung, Scheidung bzw. Wiederheirat, dar, die durch verdichtete und akzelerierte Lernprozesse charakterisiert sind und denen zufolge psychologische Veränderungen auf der interaktionalen Ebene des familialen Systems stattfinden, deren Richtung vorerst offen bleibt" (Fthenakis 2000, 14). Von besonderer Bedeutung sind die nichtnormativen Übergänge, die nicht von bestimmten Regeln geleitet sind, und die deshalb den Beteiligten eine rasche und besonders effektive Kompetenz bei der Orientierung, beim Lernen und bei der Evaluation des Erlernten abverlangen. Transitive Phasen mit offenem Ausgang werden ausgelöst zum Beispiel durch

- die Geburt des ersten Kindes,
- die Geburt des zweiten Kindes – den Beginn der Mehrkindfamilie,
- die Trennung der Familie z.B. durch Scheidung oder Migration von Subsystemen,
- die Migration bzw. Entwurzelung,
- den Tod und Verlust nächster Angehöriger,
- die Geburt eines behinderten Kindes bzw. den Eintritt von Behinderung bei einem bis dato gesunden Kind.

Diese Ereignisse verlangen eine rasche Reorganisation der Familie, lösen einen erheblichen Druck zum Lernen aus und fordern die Beteiligten dadurch heraus, dass die Bewältigung nicht vorhergesagt werden kann. Die Herausforderung besteht also in der Verbindung von größter affektiver Belastung mit der häufig lang anhaltenden hohen Unsicherheit der Beteiligten sowie einem starken Handlungsdruck.

Diese Merkmale einer Transition haben Cowan und Cowan (zit. bei Fthenakis 2000) am Beispiel des Übergangs in die Elternschaft eindrucksvoll aus der Sicht aller Beteiligten rekonstruiert, nicht nur aus der Perspektive z.B. der Mutter wie bei Daniel Stern (1998).

Zwar sind die Umstellungsprozesse jeweils durch äußere Merkmale der Lebenssituation bedingt, ihre Beschreibung ist jedoch nicht auf deren Benennung reduziert; sie bezieht sich vielmehr auf die Verschiebungen in der inneren Struktur der Familie und ihrer Mitglieder. Es sind nämlich „psychologische Veränderungen im Innenleben der einzelnen (Familien-)Mitglieder, in der (Neu-)Organisation ihrer Rollen und deren zentralen Beziehungen, die einen Übergang konstituieren“ (Fthenakis 2000, 16).

Kritische Lebensereignisse. Die Life-Event-Forschung hebt sich – nach Katschnig und Nouzak (1999) – dadurch von klassischen, soziologisch orientierten epidemiologischen Untersuchungen ab, dass „nicht die statische soziale Situation als solche, sondern Veränderungen der sozialen Situation mit pathologischen Phänomenen in Beziehung gesetzt werden“ (Katschnig/Nouzak, 398).

Filipp definiert: Ein Ereignis stellt ein kritisches Lebensereignis dar, wenn es sich um „reale Lebenserfahrungen einer besonderen affektiven Tönung handelt, die sich über die Person als Zäsuren im Geschehensablauf darstellen und die auch retrospektiv – etwa in autobiographischen Berichten – häufig als Einschnitte und Übergänge im Lebensverlauf wahrgenommen werden“ (Filipp 1995, 293). Merkmale, die aus einem Ereignis ein kritisches Ereignis werden lassen, sind

- der Druck, eine Anpassungsleistung erbringen zu müssen,
- die starke affektive Beteiligung des Individuums,
- die geringe Kontrollierbarkeit,
- die Nicht-Vorhersehbarkeit,
- meistens das Fehlen verinnerlichter Normen,
- die Verunsicherung im Selbstwert (bis hin zu dessen Bedrohung),
- der Mangel an Orientierung sowie
- Zielkollisionen.

Diese Merkmale müssen überwiegend, aber nicht immer vollständig gegeben sein. Es existiert eine Reihe von Life-Event-Skalen, die kritische

Lebensereignisse auflisten, deren subjektive Bedeutung dann durch den Probanden einzuschätzen ist (vgl. im Überblick Katschnig/Nouzak 1999 und Filipp 1995).

3.6.2 Ökonomische und ökologische Parameter

Mit ihrem immer noch lesenswerten Buch über „Kindheit und Armut" markiert Hildegard Hetzer (1929) im deutschsprachigen Raum die Anfänge der Erforschung von Einflüssen der materiellen und ökologischen Familiensituation auf die psychische und physische Entwicklung von Kindern. Übersichten über den aktuellen Forschungsstand geben beispielsweise Fuhrer (2005, 107), Klemenz (2003, 255f) und Patry/Perrez (2003).

Die Auswirkungen **ökonomischer Faktoren** in den Familien sind unbestritten (Lauterbach/Lange 2002; Bundesministerium für Gesundheit und soziale Sicherung 2004; Jost 2004; Otto 1997; Bundeskonferenz für Erziehungsberatung 2004). Die berühmt gewordene Lebenslaufstudie von Elder (1974) hat die dramatischen Folgen materieller Armut für die Familie und die einzelnen Familienmitglieder aufgezeigt: So bewirkt finanzielle Knappheit oftmals eine Erhöhung der psychischen Belastungen der Eltern, was wiederum vermehrte eheliche Spannungen nach sich zieht. Die Verschlechterung der Qualität der Elternbeziehung wirkt sich direkt als abnehmende Ansprechbarkeit, Resonanz und Empathie für ihre Kinder aus mit der Folge, dass diese selbst stärker verunsichert werden. In einem solchen Zustand bedürften sie gerade der intensiveren Zuwendung ihrer Eltern, was diese selbst erneut überfordert. So kann sich ein Teufelskreis herausbilden (vgl. auch Jost 2004). Walper et al. (2001) untersuchten, wie sich soziale Beziehungen im Umfeld der von finanzieller Knappheit betroffenen Kinder verändern, und welchen Einfluss sie andererseits z.B. als Pufferfaktor haben. Zwar ließen sich insgesamt selten – in Extremlagen nämlich – lineare und kausale Effekte in Form erhöhter psychischer Morbidität bei den Kindern nachweisen. Nachweisbar aber sind subjektiv erlebte Einschränkungen der Teilhabe: solche der soziokulturellen Teilhabe, der Inanspruchnahme von Förder- und Unterstützungssystemen und der Mitwirkung in Freundeskreisen – verbunden mit verstärktem Belastungserleben sowie mit Traurigkeit. Mittel- bis langfristig werden damit deutliche Benachteiligungen in der Nutzung von Chancen zur eigenen Entwicklung vorhersagbar.

Die sozioökonomischen Parameter ergänzen Patry und Perrez (2003) durch **ökologische** im Sinne der räumlich-materiellen Aspekte der Lebenslage einer Familie. Zu den ökologischen Ressourcen bzw. Risiken gehört u.E. auch die zeitliche Strukturierung der Lebenslage (zur Zeitressource siehe unten). Bei den materiell-ökologischen Ressourcen unterscheiden die Autoren Faktoren, die den „mikroökologischen" Bereich, das unmittelbare Lebensfeld des Kindes, charakterisieren, von „makroökologischen“ Faktoren im weiteren Umfeld des Kindes. Mit Bezug auf Bronfenbrenners Terminologie schlagen wir vor, statt von makro- von mesoökologischen Bedingungen zu sprechen. Im Hinblick auf das Passungsverhältnis zwischen diesen Parametern und den kindlichen Bedürfnissen differenzieren Patry und Perrez (2003) drei Qualitätsmerkmale; sie unterscheiden

- quantitative Defizite (zu wenig) vs. Exzesse (zu viel),
- qualitative Unangemessenheit (z.B. nicht kindgemäße Zimmerausstattung) und
- zeitliche Stabilität vs. Instabilität (i.S. der Diskontinuität eines Angebots oder Verhaltens).

Die so entstehende Taxonomie von ökologischen Bedingungen ist in Tab. I.9 dargestellt.

Die ökologischen Lebenslagefaktoren einer Familie sind nicht nur materiell-räumlich dimensioniert; sie haben auch eine *zeitliche* Struktur. Deren Auswirkungen sind kaum untersucht. Auf die Bedeutung, die sie für die

Tabelle I.9: Taxonomie der materiell-ökologischen Bedingungen (leicht modifiziert nach Patry/Perrez 2003, 79)

mikro-ökologisch	Defizit	■ kleine Wohnung oder Klassenzimmer: Crowding; zu wenig anregendes Material (Spielzeug, Bücher etc.)
	Unangemessenheit	■ Zugang zu gefährlichen Gegenständen (Messer; Medikamente; Drogen) ■ nicht kindgemäße Wohnbedingungen
	Diskontinuität	■ Verlust eines geliebten Spielzeuges, Tieres
	Exzess	■ Reizüberflutung; zu viel Spielzeug, Fernsehen, Computer
meso-ökologisch	Unangemessenheit	■ entlegene Wohnlage
	Diskontinuität	■ Umzug von der Stadt aufs Land oder umgekehrt ■ häufige Umzüge
sozio-ökonomisch	Defizit	■ Armut, finanzielle Belastung durch Kinder
	Diskontinuität	■ Verlust oder deutliche Einbuße der materiellen Ressourcen z.B. durch Arbeitslosigkeit ■ häufiger Wechsel der Einkommenssituation

psychische Entwicklung von Kindern hat, haben öffentlichkeitswirksame Kampagnen („Mehr Zeit für Kinder!") immerhin aufmerksam gemacht. Aus unserer eigenen Beratungserfahrung wissen wir: Die Ressource „Zeit" ist in Familien heiß umkämpft und der Umgang mit ihr weist zwischen den Familien erhebliche Unterschiede auf. Die Unterschiede lassen sich in Analogie zu denen der materiell-ökologischen Ressource wiederum unter drei Aspekten beschreiben: hinsichtlich der

- Quantität: Wird zu viel oder zu wenig Zeit mit dem Kind verbracht?
- Qualität: Wird die gemeinsame Zeit kindgemäß oder einem Kind unangemessen verbracht?
- Kontinuität vs. Diskontinuität: Erfährt das Kind in und zwischen den gemeinsamen Zeiten Verbindlichkeit oder Kontaktverluste?

Diese drei Merkmale der innerfamiliären Zeitgestaltung mit dem Kind haben nach unserer Erfahrung erheblichen Einfluss auf die Entstehung von Erziehungsproblemen. Sie sind deshalb zugleich wichtige Ansatzpunkte für die Erziehungshilfe. Zudem haben sie den Vorteil, im Beratungsgespräch relativ leicht zugänglich und als Ressource für Veränderungsprozesse nutzbar zu sein. Die Ressource „Zeit" ist jedenfalls deutlich leichter zu beeinflussen als die materiellen Faktoren. Interventionen, die an den zeitlichen Ordnungsmustern einer Familie ansetzen, werden wahrscheinlich bald deren Stress erzeugende Potenz zutage fördern. Man kann nämlich davon ausgehen, dass die kognitiv-affektiven Repräsentationen von Zeit, die Dispositionen zur Nutzung von Zeit und zum Umgang mit zeitlichen Rhythmen interindividuell sehr verschieden sind. Auf der Verhaltensebene zeigen sich diese Unterschiede jedoch nur noch in verschleierter oder verzerrter Form. Der Umgang mit Zeit ist durch kulturelle Vorgaben im allgemeinen (vgl. z.B. Levine 1999) und durch familiäre im besonderen so stark normiert und überformt, dass die individuellen Besonderheiten sich vielfach nicht entfalten können. Die sich daraus ergebenden psychischen Spannungen und Belastungen sind den Betroffenen in ihrer Verursachung nicht (mehr) verständlich. Häufig sind selbst- oder fremdschädigende Kausalattributionen die Folge.

3.6.3 Soziale Netzwerke der Familie

Hat man das soziale Netzwerk (Keupp 1999) einer Person oder einer Familie als Muster ihrer sozialen Beziehungen identifiziert, so ist damit noch nichts über das Potential ihrer sozialen Ressourcen gesagt. Soziale Netzwerke können Ressource, sie können aber auch Risiko sein; sie können Unterstützungspotentiale, aber auch Gefährdungsmomente enthalten. Wir befassen uns hier mit ihrer Unterstützungsfunktion. Eine Reihe von

Befunden erhärtet die Hypothese, dass soziale Unterstützung „als Puffer gegen erfahrene Belastungen oder als Schutzschild gegenüber drohenden Krisen und Gefährdungen“ genutzt wird (Keupp 1999, 700). Weiter zitiert Keupp Befunde, die zeigen, dass die Erfahrung sozialer Unterstützung zu „weniger Geburtskomplikationen, längeren und positiver erlebten Phasen des Stillens [...], besserer Bewältigung von erwartbaren Krisen und Übergangssituationen (wie z.B. Einschulung [...]), von Ehescheidung bzw. Partnertrennung“ führen kann (S. 700).

Asendorpf und Banse (2000) machen darauf aufmerksam, dass soziale Netzwerke der Unterstützung nicht gleichzusetzen sind mit einer Beziehungsmatrix. Netzwerke mit Unterstützungsfunktion lassen sich hinsichtlich der Art ihrer Unterstützungsleistung unterscheiden. Walker (zit. nach Keupp 1999, 701) schlägt dafür folgende Typologie vor:

(1) Netzwerke affektiver Unterstützung sind Netzwerke, die meistens von sehr engen Bezugspersonen gebildet werden und eine hohe emotionale Unterstützung bieten.

(2) Netzwerke instrumenteller Unterstützung: Diese leisten die „Bereitstellung von praktischer Hilfe und Dienstleistungen im Alltag oder in Notfallsituationen“ (Walker, zit. nach Keupp 1999, 701).

(3) Netzwerke kognitiver Unterstützung sind weniger eng „gestrickte“ Netzwerke, aus denen vor allem informative Unterstützung erfahren wird.

(4) Netzwerke zur Unterstützung der Aufrechterhaltung von sozialer Identität bestehen entweder aus sehr eng verbundenen Mitgliedern, unter denen hohe Homogenität (z.B. Vereine) besteht; oder sie sind ein eher lockerer, durchlässiger Verbund, der den Mitgliedern ermöglicht, eine eher veränderungsoffene Identität zu bilden (z.B. Volkshochschule, zeitweilige Laufgruppen usw.).

(5) Netzwerke zur Vermittlung sozialer Kontakte: Solche Netzwerke mit eher schwachen Bindungen haben eine Scharnierfunktion zu anderen Netzwerken (z.B. Jugendhilfe).

Psychologisch bedeutsam ist nicht unbedingt das scheinbar objektive Maß erfahrener Unterstützung, sondern – wie Asendorpf und Banse (2000, 228) belegen – die individuelle Erwartung von Unterstützung. Die individuelle Unterstützungserwartung ist nicht generalisiert, sondern sehr spezifisch an bestimmte Bezugspersonen gebunden.

Für die Zwecke der Hilfeplanung wird es wichtig sein, einerseits die unterstützende Qualität der aktuellen sozialen Einbettung einer Familie zu beschreiben (z.B. nach dem Vorschlag von Walker, s.o.) und dies in einer Art Globalaussage zusammenzufassen (eher schlecht vs. eher gut unterstützt). Andererseits wird man Möglichkeiten der potentiellen Unterstützung durch das soziale Netzwerk differenziert und den individuellen Unterstützungserwartungen der Familie und ihrer Mitglieder entsprechend herausarbeiten.

Die umweltbezogene Analyse der real vorhandenen und aktivierbaren sozialen Potenzen korrespondiert mit der personenbezogenen Beschreibung der Fähigkeit, soziale Hilfe für sich zu mobilisieren. Die Möglichkeiten, die Fähigkeiten und Bereitschaften von Personen, Hilfe für sich in Anspruch zu nehmen, haben wir im Hinblick auf unterscheidbare Muster der Hilfesuche bereits weiter oben thematisiert.

Fallvignette Familie S. (6)

Kontexte der Erziehung bei Familie S.

Die zweite Hälfte der Schwangerschaft und die Geburt Benjamins erlebte Frau S. als sehr belastend, da seit der 20. Schwangerschaftswoche eine Frühgeburt drohte. Sie begab sich mehrfach zu kurzen stationären Aufenthalten in die Klinik und gebar dann in der 35. Woche. Die Geburt selbst erfolgte durch Kaiserschnitt. Benjamin musste wegen einiger Unreifezeichen noch drei Wochen in der Klinik bleiben, wurde aber täglich von der Mutter besucht. Sie selbst sei nach der Entbindung „furchtbar erschöpft“ gewesen und hätte keine Unterstützung außer von ihrem Mann erhalten. Benjamin konnte nicht von ihr gestillt werden, da eine Brustentzündung dies verhindert habe. Er hätte ihr „das Leben von Beginn an schwer gemacht“. Der Vater habe auch in dieser Zeit sehr viel arbeiten müssen. Sie habe sich aber sofort an eine Beratungsstelle für Risikokinder gewandt, um von Beginn an „alles richtig“ zu machen. Benjamin habe dann in den ersten Monaten viel geschrieen und auch erst nach fünf Monaten zu einem einigermaßen geregelten Schlafverhalten in der Nacht gefunden. Seine Ernährung sei jedoch relativ problemlos verlaufen.

Wir erkennen in der Beschreibung insbesondere der Mutter einen als sehr belastend erlebten Übergang in die Ein-Kind-Familie und vermuten bei der Mutter eine postpartale – bisher jedoch nicht diagnostizierte – Depression. Als kritisch beschrieb die Mutter, dass während der Schwangerschaft ihre von ihr sehr geliebte Großmutter verstarb und damit sowohl sie selbst als auch ihre eigene Mutter emotional sehr belastet waren; ihr Vater lebte getrennt und sei keine Unterstützung für sie gewesen.

Die Familie bewohnt wegen angespannter finanzieller Verhältnisse – Einkommen und Erziehungsgeld seien knapp bemessen – eine kleine 3-Zimmer-Wohnung in einem sehr lauten, hellhörigen Hochhaus in einer Neubausiedlung. Die Mutter habe dort immer großen Druck verspürt, als Benjamin in der ersten Zeit nächtelang schrie. Bei unserem Hausbesuch überraschte uns die Fülle von Kinderspielzeug in Benjamins Zimmer, das einen deutlichen Gegensatz zur ansonsten sehr spartanisch wirkenden Wohnungseinrichtung bildete; es war für uns schwer vorstellbar, wie sich Benjamin bei dieser Masse an Spielzeug und Nippes auf längeres Spiel konzentrieren könnte. Die Neubausiedlung liegt verkehrstechnisch gesehen ziemlich abgelegen. Die Familie verfügt nicht über ein eigenes Auto. Frau S. nutzt nur ungern die Spielplätze in der Siedlung, „wegen der vielen stromernden Kinder dort“. Sie investiert viel Zeit, die Beratungseinrichtungen und Elternspielgruppen zu besuchen, habe aber wiederum nicht allzu viel Zeit zum gemeinsamen Spiel mit Benjamin. Außerdem „wirft der ja sofort um sich“ und sie müsse sich dann eher „um die Unterbindung des Werfens kümmern“, als dass sie Zeit zum Spielen fände. Der Vater hätte höchstens am Sonntag mal Zeit zum Spiel mit Benjamin. Das Zu-Bett-Bringen bleibe „immer an mir hängen“. Auch die nächtliche Wiedereinschlaf-Situation habe sie allein zu bewältigen.

Nach unserer Einschätzung erhält Familie S. wenig affektive Unterstützung. Unterstützung aus der Familie erhält sie kaum; die Familie des Vaters lebe dreihundert Kilometer entfernt und die Großmutter mütterlicherseits sei wenig bereit zur Hilfe. Auch über einen engeren Freundeskreis verfügt Familie S. nicht. Relativ viel Unterstützung bekommt sie von professionellen und semiprofessionellen Systemen wie Beratungsstellen, Spiel- und Müttergruppe.

4 Kindeswohl(-gefährdung) und Erziehung – die zwei Komponenten der Diagnose in der Jugendhilfe

In den vorausgegangenen Abschnitten haben wir beschrieben, aus welchen Komponenten nach unserem Verständnis der elterliche Erziehungsprozess besteht, wie diese Komponenten zusammenwirken und welche Bedingungen dieses Zusammenspiel moderierend beeinflussen. Die Erziehungsbedingungen lassen sich unterscheiden in solche, die das elterliche Erziehungshandeln in seinem „Wie" beeinflussen, und andere, die sein „Wozu" und „Worumwillen" festlegen. Erstere sind empirischer Natur; sie entfalten ihre Wirkung auf Seiten der Eltern aufgrund von deren Erfahrung und Lernen, vermittelt über die elterlichen Bedürfnisse. Die zweite Art von Bedingungen hingegen hat normativen Charakter. Ihr Geltungsanspruch ist nicht empirisch, sondern durch den Zweck des erzieherischen Handelns begründet. Der Erziehungszweck liegt außerhalb der Eltern, jenseits ihrer Bedürftigkeit und selbstbezogenen Interessen. Der Zweck elterlicher Erziehung liegt nicht in den Eltern, er liegt im Kind selbst: in dessen Bedürfnissen, in dessen Erfahrungen, in dessen Entwicklung. Daher können wir sagen: Der Zweck der Erziehungsleistungen der Eltern erfüllt sich in der gelingenden Entwicklung ihres Kindes. In diesem Sinne sind alle Erziehungshandlungen zweckdienlich, die dem Kind die Bedingungen der Möglichkeit zu einer gelingenden Selbstentwicklung bereitstellen und erhalten. Erziehungshandlungen, die nicht am Selbstzweck des Kindes, sondern an Zwecken außerhalb seiner orientiert sind, instrumentalisieren das Kind; sie sind dysfunktional.

Damit kommen wir auf die Betrachtung des Verhältnisses zwischen elterlicher Erziehung und Jugendhilfe zurück, mit der wir in dieses Buch eingeführt haben. Wir haben die Jugendhilfe als eine Regulationsinstanz bezeichnet, die zwar nicht alle Störungen in privaten Erziehungssystemen (Eltern-Kind-Systemen) ausgleicht, aber doch solche, die das Kindeswohl gefährden oder gefährden könnten. Sie kann ihre ausgleichenden Leistungen im präventiven oder im akut regulativen Modus erbringen, abhängig davon, ob die befürchteten Störungen in der Zukunft liegen oder schon eingetreten sind. Immer jedoch, so hatten wir behauptet, wird sie die Störungen, auf die sie antizipatorisch oder akut regulierend reagiert, mit dem Tatbestand der Kindeswohlgefährdung in Verbindung bringen. Der Begriff der „Kindeswohlgefährdung" bezeichnet den Systemcode, an dem sich alle Operationen des Systems Jugendhilfe ausrichten, und dem gemäß dieses System seine Wahrnehmungen, Beschreibungen und Bewertungen des Zustandes von Eltern-Kind-Systemen ordnet. Das wird nicht allen in der Jugendhilfe Beschäftigten jederzeit bewusst sein, es ist jedoch nach unserer Auffassung der einzige Grund, weswegen die Institution Jugendhilfe existiert. So wie es die Feuerwehr gibt, weil es manchmal brennt, und das Gesundheitswesen, weil Menschen manchmal krank sind, so gibt es die Jugendhilfe, weil Kinder in ihrem Wohl manchmal gefährdet sind.

Stellt sich die Frage, worin eine Kindeswohlgefährdung besteht und was sie kennzeichnet. Unsere Antwort darauf entwickeln wir in vier Schritten. Die Schrittfolge expliziert die Verbindung, die wir zwischen dem sehen, was als das „Kindeswohl" gilt, und dem, was eine „Kindeswohlgefährdung" bedeutet. Im ersten Argumentationsschritt legen wir unser Verständnis von Kindeswohl dar; im vierten erläutern wir die Regulationsimperative, die u. E. mit dem Begriff der Kindeswohlgefährdung gemeint sind. Dazwischen, im zweiten und dritten Schritt, führen wir zwei Begriffe ein, die zwischen der Bedeutung von Kindeswohl und Kindeswohlgefährdung vermitteln. Den einen nennen wir „Entwicklungsbeeinträchtigung" und beziehen ihn auf die Regulationsaufgaben von Eltern; den anderen, den wir „Kindeswohleinschränkung" nennen, beziehen wir auf die Regulationsaufgaben des institutionellen Systems Jugendhilfe. Den Begriff Kindeswohlgefährdung, der u. E. auf die Regulationsaufgaben von Eltern und auf die der Jugendhilfe Bezug nimmt, verbinden wir mit Regulationsaufgaben des Rechtssystems, also der Gerichte.

(1) Kindeswohl. Den definitorisch festgelegten Bedeutungsgehalt dieses Begriffs bewerten Dettenborn und Walter (2002, 59) als „eine Katastrophe". Es handele sich um einen unbestimmten Rechtsbegriff, der sich nicht genau fassen lasse. Dehnbar und offen für eine gewisse Beliebigkeit, sei er zudem missbräuchlich verwendbar. Obwohl er oftmals wie ein Faktum behandelt werde, sei er „kein empirischer Begriff, der beobachtbare Fakten benennt, sondern ein Konstrukt" (Dettenborn/Walter 2002, 60). Das klingt so, als könnten die Autoren mit dem „Kindeswohl" nichts anfangen. Im Kontext des Hilfesystems der Jugendhilfe und des Rechtssystems der Gerichte wird zwar mit dem Kindeswohl argumentiert, aber was dort konkret beschrieben, verhandelt und behandelt wird, sind zumeist Phänomene, die dem Kindeswohl nicht entsprechen. Als Abweichungen vom Kindeswohl kommen sie nicht als beobachtbare Fakten in Frage, die den Begriff Kindeswohl empirisch füllen könnten. Wenn sich das Kindeswohl als „Konstrukt" nicht auf „beobachtbare Fakten" bezieht, worauf bezieht es sich dann? Etwa auf nichts? Dann wären also die Abweichungen vom Kindeswohl, mit denen Gerichte und Jugendämter befasst sind, Abweichungen von nichts? „Kindeswohl" ist in der Tat kein empirischer Begriff im üblichen Sinne, aber dennoch bezieht er sich auf etwas Wirkliches, auf etwas, das wirkt: auf eine Norm. Kindeswohl ist ein normativer Begriff, dessen normativer Gehalt es ermöglicht, Gegebenheiten der konkreten

Situation eines konkreten Kindes danach zu bewerten, ob sie seinem konkreten Wohl entsprechen.

Worin aber besteht dieser normative Gehalt? Gibt es eine Art DIN-Norm, ein Modell des idealen kindlichen Wohlergehens, vielleicht ein ideales Musterexemplar von Kind, dessen Wohl allseitig gesichert und auf Dauer außerhalb aller Gefahrenzonen gestellt wäre? Oder vielleicht auch nur ein Modell des statistischen Durchschnitts empirisch anzutreffenden Wohlergehens? – Wenn es das gäbe, wäre es längst beschrieben. Man könnte seine konkreten Bestimmungsstücke, wenigstens die entscheidenden Merkmale, aufzählen und daran ablesen, ob die konkrete Situation eines Kindes dem „Kindeswohl" entspräche. Man wüsste im allgemeinen und im besonderen, was das „Kindeswohl" ist.

Sollte die Klage über die definitorische Katastrophe des Kindeswohlbegriffs darin begründet sein, dass man ein solches Modell vermisst, so entspräche das u. E. einem Kategorienfehler. Denn das Kindeswohl kann man grundsätzlich nicht in den Begriffen eines Modells finden. Gäbe es ein allgemein verbindliches Modell des Kindeswohls, und würde man die Erziehung eines konkreten Kindes danach ausrichten, widerspräche das geradezu seinem Wohlergehen. Dieser Widerspruch gibt den entscheidenden Hinweis: Die Maßstäbe für das Wohl(ergehen) eines konkreten Kindes können nur in ihm selber liegen. Sie werden sich von Kind zu Kind unterscheiden. Sie sind Ausdruck seiner Individualität. Genau darin sehen wir den normativen Gehalt des Kindeswohlbegriffs: Er weist darauf hin und bestimmt, dass der Zweck der Erziehung eines Kindes nicht außerhalb von ihm liegt, eben auch nicht in einem idealen Kindeswohlmodell. Der Begriff „Kindeswohl" ist die normative *Setzung*, dass das Kind ein Selbstzweck ist; diesen realisiert es auf der Grundlage seiner Bedürfnisse mit seinen Erfahrungen und in seiner Entwicklung. Der Zweck der elterlichen Erziehung erfüllt sich in der individuellen Entwicklung des Kindes. Deshalb verwenden wir den Begriff Kindeswohl synonym mit dem Ausdruck „gelingende kindliche Entwicklung". Da es sich um die Selbstentwicklung des Kindes handelt, ist weit gehend offen und unbestimmt, in welche konkrete Gestalt dieser Entwicklungsprozess letztlich münden wird.

(2) Entwicklungsbeeinträchtigung. Dieser Ausdruck bezieht sich auf den jeweils konkreten Zustand des Entwicklungsprozesses eines Kindes, insofern dieser beeinträchtigt erscheint. Neben dem Zustandsaspekt meint der Ausdruck auch einen Geschehensaspekt: die Beeinflussung des Entwicklungsprozesses durch Bedingungen, die ihn beeinträchtigen. Solche Bedingungen bewirken die Beeinträchtigung des Entwicklungsprozesses, indem sie die Entfaltung der Entwicklungsbestrebungen des Kindes hemmen. Ein Entwicklungsprozess im beeinträchtigten Zustand ist dem Wohlergehen des jeweiligen Kindes abträglich. Bedingungen, die einen Entwicklungsprozess beeinträchtigen, indem sie den Zustand seiner Beeinträchtigung

bewirken und/oder aufrechterhalten, widersprechen dem Kindeswohl; sie sind nicht im wohlverstandenen Interesse des Kindes.

Beeinträchtigende Einflüsse können von Umständen der äußeren Lebenslage herrühren; sie können aus dem Mikro-, dem Meso- und dem Exosystem des Kindes kommen. Sie können aber auch auf die eigene Ausstattung des Kindes zurückgehen, auf seine Konstitution, seine genetische Disposition, seine Anlagen. Schließlich können innere und äußere Faktoren auch zusammenspielen und sich in ihren beeinträchtigenden Wirkungen wechselseitig verstärken. – Andererseits werden die beeinträchtigenden Wirkungen innerer Faktoren, die das Ausmaß der kindlichen Vulnerabilität bestimmen, durch günstige Einflüsse aus der Umwelt des Kindes gemildert oder kompensiert werden können. Und umgekehrt werden günstige konstitutionelle Faktoren, die das Ausmaß der kindlichen Resilienz bedingen, die beeinträchtigende Wirkung äußerer Faktoren moderieren und kompensieren können.

Die Erziehungsaufgabe von Eltern gegenüber ihrem sich entwickelnden Kind besteht nach unserer Auffassung darin, und nur darin, aktuell vorhandene und/oder potentiell entstehende Entwicklungsbeeinträchtigungen des Kindes zu regulieren, d.h. ihnen entgegenzuwirken. Sie erfüllen diese Regulationsfunktion, indem sie die Einflüsse beeinträchtigender innerer und äußerer Faktoren verringern oder verhindern. Angesichts der durch eine eingetretene Entwicklungsbeeinträchtigung zum Ausdruck gebrachten Vulnerabilität ihres Kindes nehmen sie ihre Schutzfunktion wahr. Sie verhalten sich als begünstigender Umweltfaktor im Mikrosystem des Kindes. Sie garantieren dem Kind in der Familie die Sicherheit, sich auch unter im übrigen vielleicht erschwerten Bedingungen gut entwickeln zu können. Man kann sagen: Eltern sind für ihr Kind und seine Entwicklung das mesosystemisch wirksame Immunsystem, das vor chronifizierter Entwicklungsbeeinträchtigung schützt. In dieser Funktion erfüllt sich Elternschaft.

Grundsätzlich können alle Auffälligkeiten, die das Kind zeigt, und die seine Eltern beunruhigen, die elterliche Immunfunktion aktivieren. Die einzige Voraussetzung dafür ist, dass Eltern diese Auffälligkeiten als Anzeichen einer akuten oder bevorstehenden Entwicklungsbeeinträchtigung deuten. Entwicklungsbeeinträchtigungen, als solche wahrgenommen, besitzen für Eltern Aufforderungscharakter; sie fordern zu Erziehungshandlungen heraus; diese haben den Zweck, dem Kind die Bedingungen der Möglichkeit einer günstigen Entwicklung wieder herzustellen. Insofern sind Erziehungshandlungen immer Regulationsleistungen, mit denen Eltern versuchen, für ihr Kind Entwicklungsbeeinträchtigung zu vermeiden oder gegebenenfalls zu beheben.

(3) Kindeswohleinschränkung. Diesen Ausdruck führen wir ein, um einen Unterschied machen zu können, der uns im Zusammenhang mit der Gewährleistung des Kindeswohls wichtig ist. „Kindeswohleinschränkung" ist etwas anderes als „Kindeswohlgefährdung". Wir vermuten, dass das

Fehlen dieser Differenzierung im fachlichen Diskurs und in der Praxis der Jugendhilfe ein Grund ist, warum die Institution Jugendhilfe und die in ihr tätigen professionellen Helfer oftmals in eine verwirrende, entmutigende und/oder ärgerliche Situation geraten, wenn sie im Konfliktfall zwischen Eltern und Gerichten „vermitteln" müssen. Es kommt hier mitunter zu Ambivalenzen und Schwankungen nach beiden Seiten, die chaotisierend wirken bzw. Ausdruck eines Funktions-Chaos sind.

Eltern, die für ihr Kind im Hinblick auf aktuelle und potentielle Entwicklungsbeeinträchtigungen die Funktion eines Immunsystems wahrnehmen, gewährleisten damit das Wohlergehen des Kindes: Sie regulieren den Einfluss aktueller oder potentieller Störfaktoren, die auf den kindlichen Entwicklungsprozess Einfluss nehmen. Gelingt ihnen das in hinreichendem Maße, so sind sie hinreichend gute Eltern und bedürfen nicht der Unterstützung der Regulationsinstanz Jugendhilfe. Gelingt es ihnen nicht, gelingt es ihnen nicht nur vorübergehend nicht, und ist das Kind überdies nicht in der Lage, den Einfluss der Störfaktoren, die seine Entwicklung (potentiell) beeinträchtigen, selbst auszugleichen, dann entspricht das dem Sachverhalt, den wir mit dem Begriff der Kindeswohleinschränkung bezeichnen. Das Kindeswohl gilt als eingeschränkt, wenn die Eltern nicht in der Lage sind, die Vulnerabilität ihres Kindes zu kompensieren, und wenn zudem das Kind nicht in der Lage ist, genügend Resilienz zu mobilisieren, die Auswirkungen beeinträchtigender Entwicklungsbedingungen selbst zu neutralisieren. Unter diesen Voraussetzungen droht die Immunfunktion des Eltern-Kind-Systems zu kollabieren.

Wenn Eltern in ihrer Interaktion mit dem Kind dieses nicht vor Einflüssen, die seine Entwicklung beeinträchtigen, zu schützen vermögen, dann bedeutet das für das Kind erstens, seine Bedürfnisse nicht dauerhaft und/oder nur unzureichend und instabil befriedigen zu können, und zweitens, in der Folge davon, nicht in hinreichendem Maße aktiv und alterstypisch Erfahrungen von Autonomie und Bezogenheit machen zu können, die ihm die Bewältigung der ihm gemäßen Entwicklungsaufgaben gestatten würden. Das verstehen wir unter „Kindeswohleinschränkung".

Das ist jedoch noch nicht die Kindeswohlgefährdung. Aber es ist dann eine Situation da, die der Institution Jugendhilfe das Signal gibt, ihre Regulationsfunktion zu aktivieren. Während die Situation der Entwicklungsbeeinträchtigung des Kindes die Regulationsfunktion der Eltern – und nicht die der Jugendhilfe (!) – in Gang setzt, ist die Jugendhilfe aufgerufen, ihre Regulationsleistungen zu erbringen, wenn die Situation einer Kindeswohleinschränkung eintritt. Also genau dann, wenn die Regulationsleistungen der Eltern nicht mehr funktionieren, und wenn das Kind von sich aus die Auswirkungen der elterlichen Dysfunktion nicht ausgleichen kann. Dabei ist wichtig zu sehen, dass Jugendhilfeleistungen in einer solchen Situation nicht die Aufgaben der (vorübergehend) ausgefallenen elterlichen Regulation übernehmen. Diese Leistungen bestehen in der

Hauptsache nicht darin, dass Instanzen oder Personen der Jugendhilfe nun anstelle der Eltern die Erziehungsaufgabe in die Hand nähmen. Vielmehr beziehen sich die Regulationsleistungen der Jugendhilfe auf die Immunfunktion des Eltern-Kind-Systems, d.h. unmittelbar auf die nicht mehr hinreichend funktionstüchtigen elterlichen Erziehungskompetenzen, und erst mittelbar auf die dadurch erschwerten Entwicklungsaufgaben des Kindes.

Die Regulationsleistung der Jugendhilfe hat durchaus Reparaturfunktion. Nur besteht sie in der Hauptsache nicht in der Reparatur der Entwicklungsbeeinträchtigung des Kindes. Gerichtet ist sie vielmehr auf die Erziehungsfunktion der Eltern. Als Hilfe zur Erziehung soll sie deren Erziehungsleistung unterstützen und ggf. ihre Erziehungsfähigkeit wiederherstellen. Wegen der Regulationsfunktion, die der Jugendhilfe in diesem Sinne zukommt, teilen wir die Auffassung von Kindler u.a. (2004), dass bereits eine drohende „Verfehlung oder Verzögerung des Erziehungszieles nach § 1 Abs. 1 SGB VIII“ ausreicht, Hilfe zur Erziehung seitens der Eltern beanspruchen zu können und seitens der Jugendhilfe gewähren zu müssen.

(4) Kindeswohlgefährdung. Während wir den Begriff der Kindeswohleinschränkung dem Bereich des fachlich begründeten Argumentierens und Handelns der Jugendhilfe zuordnen, gehört der Begriff der Kindeswohlgefährdung zum Operieren des Rechtssystems. Von dort aus beeinflusst er regulierend das regulatorische Handeln der Jugendhilfe und das von Eltern. „Kindeswohlgefährdung“ ist das Pendant zum „Kindeswohl“. In letzter Instanz entfaltet der Begriff des Kindeswohls seine normative Kraft in Form von gerichtlichen Beschlüssen. Diese dienen dazu, das Kindeswohl zu gewährleisten und Kindeswohlgefährdung abzuwenden, wenn die beiden Regulationsinstanzen Familie/Eltern und Jugendhilfe dazu nicht in der Lage sind.

Zur Erläuterung unserer Auffassung von der Bedeutung des Begriffs der Kindeswohlgefährdung beziehen wir uns noch einmal auf Dettenborn und Walter (2002). Die Autoren verstehen unter „Kindeswohlgefährdung“ unmittelbar die Überforderung des Kindes in seinem Bemühen, mit Lebensbedingungen fertig zu werden, die im Hinblick auf seine Bedürfnisbefriedigung unzureichend sind. Dies habe dann negative körperliche und psychische Folgen bzw. erhöhe die Wahrscheinlichkeit solcher Folgen. An den Folgen lasse sich das Eintreten einer Kindeswohlgefährdung ablesen. – Wir meinen, das ist zu kurz geschlossen. Richtig ist: Die Überforderung des Kindes in der Bewältigung unzureichender Lebensbedingungen wird wahrscheinlich Besorgnis erregende körperliche und/oder psychische Folgen nach sich ziehen. Aber das kennzeichnet nach unserem Verständnis noch nicht die Situation der Kindeswohlgefährdung im Sinne des Gesetzes. Die Beunruhigung ist vielmehr zunächst und zumeist die Aufforderung an die Eltern, dafür zu sorgen, dass die überfordernden Lebensbedingungen sich bessern und ihren die Entwicklung des Kindes beeinträchtigenden

Einfluss verlieren. Wenn Eltern das tun, hat die Jugendhilfe und haben auch die Gerichte nichts damit zu tun. Kommen Eltern dieser Regulationspflicht (= Erziehungspflicht) nicht nach, so nimmt zunächst die Jugendhilfe, auf der Grundlage der Feststellung einer Kindeswohleinschränkung, ihre oben erläuterte Regulationsaufgabe wahr. Das Gerichtswesen kommt erst dann ins Spiel, wenn auch die Regulationstätigkeit der Jugendhilfe nicht in der Lage ist, in Kooperation mit den Eltern die Lebens- und Entwicklungsbedingungen des Kindes entscheidend zu bessern und den die Entwicklung beeinträchtigenden Charakter dieser Bedingungen aufzulösen.

Es ist diese Situation, die dem rechtlich relevanten Tatbestand der „Kindeswohlgefährdung“ entspricht. Ob dieser Tatbestand eingetreten ist, entscheiden allerdings nur Gerichte. Mit einer solchen Entscheidung positioniert sich ein Gericht als die letzte Regulationsinstanz in der Reihe der nunmehr drei (Immun-)Systeme, die das Kindeswohl schützen: Eltern/Familie – Jugendhilfe – Gerichtswesen. Alle drei Instanzen haben die Aufgabe, Kindeswohlgefährdung abzuwenden, jede auf ihre Art und jede nach ihren Möglichkeiten. Dabei reagiert die nächstfolgende Instanz jeweils auf die Überforderung der vorangehenden und versucht, diese zu kompensieren. Wenn trotz aller Bemühungen die Kindeswohlgefährdung nicht abzuwenden ist, dann hat das Familiengericht „die zur Abwendung der Gefahr erforderlichen Maßnahmen zu treffen“ (§ 1666 BGB). Bevor es solche, in das Elternrecht eingreifende, Maßnahmen beschließt, wird das Familiengericht daher regelmäßig prüfen, ob zuvor alle Regulationsmöglichkeiten, die den Eltern und der Jugendhilfe zur Verfügung stehen, tatsächlich ausgeschöpft sind. Entscheidend dabei ist, ob die Eltern gewillt und in der Lage sind, ggf. mit der Unterstützung der Jugendhilfe ihrer eigenen erzieherischen Regulationsaufgabe wirksam nachzukommen. Sind sie das nicht, wird das Gericht den Tatbestand einer Kindeswohlgefährdung im Sinne des Gesetzes feststellen müssen.

Was heißt das nun für das Handeln in der Jugendhilfe? Was heißt es für die Erkenntnis- und Hilfeleistungen, die von deren Fachleuten erwartet werden? Was heißt es für die Planung, Durchführung und Bewertung von Hilfen zur Erziehung? – Für die diagnostischen und indikatorischen Aufgaben der Jugendhilfe im Bereich der Hilfen zur Erziehung ziehen wir aus dem Vorstehenden folgende **Schlussfolgerungen**:

1. Sobald im Wahrnehmungsbereich der Jugendhilfe die Vermutung entsteht, dass die Erziehungs- und Entwicklungssituation eines Kindes den Charakter der Kindeswohlgefährdung hat oder entwickeln könnte, ist die Jugendhilfe zum Handeln aufgefordert. Die begründete Möglichkeit, dass Gefahr für das Wohl eines Kindes besteht, ist das Signal, das die Regulationsfunktion der Jugendhilfe auf den Plan ruft. Dabei ist es dem Grunde nach zweitrangig, durch wen oder was das Signal gesetzt wird. Bedingung für das Tätigwerden der Jugendhilfe ist nicht, dass der Tatbestand der

Kindeswohlgefährdung schon festgestellt ist – das hieße ja, dass ein Familiengericht eingegriffen und die Jugendhilfe mit Aufträgen versorgt hätte. Tatsächlich muss das System der Jugendhilfe unter Umständen weit im Vorfeld einer gerichtlich festgestellten Kindeswohlgefährdung tätig geworden sein. Gerichte erwarten das, wenn sie mit der Prüfung einer Gefährdungssituation befasst werden.

2. Mit dem Signal, dass eine gefährdungsträchtige Situation vorliegen könnte, übernimmt die Jugendhilfe zunächst und zuerst einen Prüfauftrag. Zu prüfen ist, ob die Situation einer Kindeswohleinschränkung vorliegt und wie sie gegebenenfalls behoben werden kann. Die Prüfprozedur wird im Einzelnen folgende Fragen beantworten:

Erstens: Ist die elterliche Schutzfunktion gegenüber dem Kind so sehr beeinträchtigt, dass daraus auf Seiten des Kindes eine Entwicklungsbeeinträchtigung entsteht oder voraussichtlich entstehen wird? Wenn das nicht der Fall ist, kann die Institution Jugendhilfe sich wieder zurückziehen. Ist der Sachverhalt Kindeswohleinschränkung hingegen bestätigt oder sehr wahrscheinlich, dann wird das System Jugendhilfe die Prüfprozedur fortsetzen.

Dann *zweitens:* Worin genau besteht die Kindeswohleinschränkung? Das ist in dreierlei Hinsicht zu klären: (a) Was sind die Merkmale der Entwicklungsbeeinträchtigung des Kindes? (b) Welche Faktoren üben einen die Entwicklung des Kindes beeinträchtigenden Einfluss aus? (c) Was hindert die Eltern, erzieherisch den Einfluss dieser Faktoren zu beheben oder zumindest hinreichend zu mildern?

Und schließlich *drittens:* Unter welchen Bedingungen wären die Eltern in der Lage, ihre Regulations-/Erziehungsfunktion dem Kind gegenüber angemessen und wirksam auszuüben? Und wie können sie unterstützt werden, solche Bedingungen (wieder) zu erreichen, die ihre Erziehungstätigkeit und damit den Entwicklungsprozess ihres Kindes positiv beeinflussen würden?

3. Zwar sind die erste und die zweite Frage in ihrer diagnostischen Funktion klar von der dritten Frage unterschieden, deren Funktion die Generierung von Lösungsmöglichkeiten ist (Indikationsfunktion). In der Praxis jedoch werden beide Funktionen in ein und demselben Prüfprozess zusammenfließen. Die Prüfung einer ins Blickfeld der Jugendhilfe gerückten Erziehungs- und Entwicklungssituation verbindet das Sammeln von darauf bezogenen Erkenntnissen mit dem deutenden Verstehen und reflektierenden Mitteilen dieser Erkenntnisse in der Interaktion mit der Familie, v.a. in der Kommunikation mit den Eltern. Das allein schon ist mehr als der bloße Austausch von Informationen. Das mit den Eltern geteilte Entwickeln von Erkenntnissen über die zu regulierenden Störungen führt unter Umständen schon zu einer Stärkung der elterlichen Regulationskompetenzen und dient insofern unmittelbar dem Hilfezweck. Die Erkenntnis- und Kommunikationsleistung des Prüfenden/Diagnostizieren-

den ist nicht die eines externen Beobachters, sondern die eines professionell Teilnehmenden, der seinen Verstehensprozess mit dem der unmittelbar Betroffenen verbindet und damit erste Hilfe leistet. Der Umgang der Familie mit diesem ersten Hilfeangebot wird selbst zum Indikator ihrer aktuellen und potentiellen Entwicklungsmöglichkeiten. Die weitere Hilfeplanung wird diesen wechselseitigen Anpassungsprozess zwischen diagnostischen Erkenntnissen, indikativen Entscheidungen, Hilfedurchführung und -bewertung fortsetzen. Unter günstigen, den Hilfezweck befördernden Umständen wird der gesamte Hilfeprozess zwischen der Jugendhilfe, die Regulationshilfe leistet, und den Eltern, die Regulationshilfe empfangen, als Ko-Konstruktion (Oerter et al. 1999, 69f) gestaltet sein.

4. Das elterliche Recht auf Hilfe zur Erziehung konkretisiert sich (a) in dem Anspruch auf die unter 2. und 3. skizzierte Prüfung ihrer Erziehungssituation durch Fachleute der Jugendhilfe unter der Fragestellung der Kindeswohleinschränkung, und (b) in dem Anspruch auf weiter gehende Interventionen, sofern die Kindeswohleinschränkung diagnostisch bestätigt ist. Die auf die festgestellte Kindeswohleinschränkung bezogene Intervention dient der präventiven Abwendung von Kindeswohlgefährdung.

5. Mit der Übersetzung des Rechtsbegriffs „Kindeswohlgefährdung“ in den fachlich explizierbaren Begriff der „Kindeswohleinschränkung“ gewinnt das Handlungsfeld der Regulationsinstanz Jugendhilfe fachlich begründbare Konturen. Mit diesem Konzept kann die Jugendhilfe auf ihrem Gebiet zwischen den Imperativen des Rechtswesens und den Ansprüchen von Eltern nach fachlich begründbaren Regeln operieren. Dazu zählen Erkenntnismittel und Beurteilungsmaßstäbe, die eine eigene, jugendhilfespezifische Fachlichkeit begründen. Die Phänomene, die unter den empirischen Begriff der Kindeswohleinschränkung fallen, betrachten wir im Wesentlichen unter einer psychologischen Perspektive. Wir stellen entwicklungs- und persönlichkeitspsychologische Kategorien wie Bedürfnis und Erfahrung in den Mittelpunkt; und wir reduzieren die Diagnose nicht auf die Erfassung objektiver Fakten, sondern akzentuieren deren kognitiv-affektive Repräsentation insbesondere als Belastungs- bzw. Überforderungserleben.

Teil II

Klassifikation, Diagnostik, Indikation und Intervention

1 Einleitung

Wir stellen in diesem Teil zunächst die in der Medizin und Jugendhilfe gebräuchlichen Klassifikations- und Diagnosesysteme vor und prüfen sie im Hinblick auf ihre Verwendbarkeit bei der Planung von Hilfen zur Erziehung. Danach befassen wir uns mit der Indikationsproblematik und diskutieren die Frage, wie aus einer Diagnose in der Jugendhilfe differentiell und passgenau die geeignete Hilfe abgeleitet werden könnte.

2 Klassifikationssysteme

Es ist der Arbeitsgruppe um Helmut Remschmidt zu verdanken, dass die professionelle Beschreibung von Problemlagen im Kindes- und Jugendalter mit Hilfe einer mehrachsigen Diagnose inzwischen üblich ist. Damit wird sowohl der Komplexität als auch der Vielzahl von Entstehungs- und Verstärkungsbedingungen psychischer Störungen deutlich besser als zuvor

Tabelle II.1: Modifikation der Achse V nach Klemenz (2003, 140; leicht ergänzt durch die Autoren)

Umweltstressoren	Umweltressourcen
abnorme intrafamliäre Beziehungen	positive intrafamiliäre Beziehungen (sichere Bindung, Wärme, Unterstützung)
psychische Störung, abweichendes Verhalten oder Behinderung in der Familie	personale Ressourcen einzelner Familienmitglieder
inadäquate oder verzerrte intrafamiliäre Kommunikation	klare, widerspruchsfreie Botschaften, Offenheit
abnorme Erziehungsbedingungen ▪ elterliche Überfürsorge ▪ unzureichende elterliche Aufsicht und Steuerung ▪ Erziehung, die eine unzureichende Erfahrung vermittelt ▪ unangemessene Anforderungen und Nötigungen durch die Eltern	Ressourcen fördernde Erziehungsbedingungen ▪ Erziehung zur Selbständigkeit ▪ fordernde Kontrolle/fördernde Anleitung ▪ Erziehung, die vielfältige Erfahrungsmöglichkeiten bietet ▪ entwicklungsangemessene Anforderungen und eine die Grundbedürfnisse befriedigende Erziehung
abnorme unmittelbare Umgebung	ressourcenreiche unmittelbare Umgebung
akute belastende Lebensereignisse	stärkende Lebensereignisse
gesellschaftliche Belastungsfaktoren	positive soziale Integration
chronische zwischenmenschliche Belastung im Zusammenhang mit Arbeit/Schule	positive Erfahrungen in der Schule/am Arbeitsplatz
belastende Lebensereignisse/Situationen infolge von Verhaltensstörungen/Behinderungen des Kindes oder Jugendlichen	keine Entsprechung

Rechnung getragen. Die Mehrachsigkeit – die zunächst durch das DSM eingeführt worden war – erlaubt eine multiperspektivische Annäherung an die jeweilige Problematik. Der mit reduktionistischen Diagnosesystemen verbundene Zuordnungsdruck ist damit überwunden. Zudem ist jetzt der Bezug der jeweiligen Diagnose zur Indikationsstellung gerade bei Störungen in der Kindheit und Jugend fachlich besser zu begründen.

2.1 ICD-basierte Ansätze

Klemenz (2003) ergänzt die ICD-10 um die ressourcenorientierte Perspektive. Sein theoretisch fundierter, diagnostisch und therapeutisch orientierter Ansatz will das ressourcenorientierte mit dem defizitorientierten Diagnostizieren und Behandeln versöhnen. Für das diagnostische Vorgehen schlägt Klemenz die Modifikation des multiaxialen Klassifikationssystems von Remschmidt et al. (2001) durch zwei Erweiterungen vor:

(1) Modifikation der Achse V: Siehe dazu die sich selbst erläuternde Tab. II.1.

(2) Konzipierung einer Achse VII. Eine Reihe von wichtigen Person- und Umweltressourcen ist in die Klassifikation der Achsen I, II, III, IV und VI kaum integrierbar. Die defizitorientierte Polung dieser Achsen lässt sich nicht wie bei Achse V durch einen ressourcenorientierten Gegenpol ergänzen. Klemenz (2003) schlägt daher die Konzipierung einer siebten Achse vor, die ausschließlich der Beschreibung der Person- und Umweltressourcen von Kindern und Jugendlichen dient:

1 Personale Ressourcen

1.1 Physische Ressourcen
Gesundheitsressourcen
protektive Temperamentsressourcen
physische Attraktivität

1.2 Psychische Ressourcen: Begabung
intellektuelle Ressourcen
Kreativität
soziale Kompetenz
praktische Intelligenz
künstlerische Fähigkeiten
Musikalität
Psychomotorik

1.3 Psychische Ressourcen: Leistungsressourcen
(Schul-)Leistungsstärken
Konzentrationsfähigkeit / Belastbarkeit

1.4 Psychische Ressourcen: nicht-kognitive Persönlichkeitspotentiale
Bewältigungsressourcen
motivationale Ressourcen
Arbeits-, Lernverhaltensressourcen
Interessen
positives Selbstkonzept

2 Umweltressourcen

2.1 Soziale Ressourcen: positive intrafamiliäre Beziehungen
Elternbeziehungen
Geschwisterbeziehungen
Großelternbeziehungen
Verwandtschaftsbeziehungen

2.2 Soziale Ressourcen: positive extrafamiliäre Beziehungen
Peerbeziehungen
Freundschaftsbeziehungen
Personressourcen wichtiger Bezugspersonen

2.3 Soziale Ressourcen: ressourcenfördernde Erziehungsbedingungen
Erziehung zur Selbständigkeit
fordernde Kontrolle
fördernde Anleitung
Unterstützungsressourcen des sozialen Netzwerks

2.4 Ökonomische Ressourcen
Familieneinkommen
Taschengeld
selbstverdientes Geld

2.5 Ökologische Ressourcen
positive Wohnbedingungen
positive Möglichkeiten der Privatheitsregulation
positive Wohnumfeldbedingungen

Die Gesamtübersicht über alle sieben Achsen macht eine kompakte Gegenüberstellung von Risiken und Ressourcen möglich. Der große Vorteil dieses Ansatzes ist seine konsequente Überwindung des reinen Defizitdenkens. Jedoch ist darin kein eigenständiger Beitrag zur differenzierten

Erfassung von Erziehung und Erziehungsbedingungen enthalten. Hier lehnt Klemenz sich stark an die klassifikatorischen Ideen von Remschmidt an.

2.2 DSM-IV

Das multiaxiale diagnostische und statistische Manual psychischer Störungen DSM-IV (Saß et al. 1989) ermöglicht die klassifikatorische Zuordnung von Problemlagen auf fünf Achsen. Die Achsen I bis III ermöglichen die Zuordnung von individuellen Störungen.

> „Achse IV dient der Erfassung psychosozialer und umgebungsbedingter Probleme, die Diagnose, Therapie und Prognose einer psychischen Störung (Achse I und II) beeinflussen können. Psychosoziale oder umgebungsbedingte Probleme können ein negatives Lebensereignis sein, umgebungsbedingte Schwierigkeiten oder Mängel, familiäre oder zwischenmenschliche Belastungen, unzulängliche soziale Unterstützung oder persönliche Mängel oder andere Probleme in Bezug auf den Kontext, in dem sich die Schwierigkeiten der Betroffenen entwickelt haben [...]. Neben der Rolle, die psychosoziale Probleme beim Beginn oder bei der Exazerbation [Verschlimmerung, d. A.] einer psychischen Störung spielen, können sie auch als Folge der psychopathologischen Erscheinungen eines Betroffenen auftreten oder Probleme bilden, die beim Gesamtbehandlungsplan zu berücksichtigen sind." (Saß 1998, 21 f)

2.3 Zero To Three

Das amerikanische „National Center for Infants, Toddlers and Families" hat 1999 in deutscher Übersetzung von M. Dunitz-Scheer dieses Klassifikationssystem für Kinder von null bis drei Jahren herausgegeben. Die fünf Achsen dieses Systems sind in Tab. II.2 aufgelistet. Dazu im Folgenden ein paar Erläuterungen.

Zu I. „Die primäre Diagnose sollte die vordringlichsten Merkmale der Störung reflektieren." (Zero To Three 1999, 13) Die beschriebenen Störungen sind zum Teil neue, teilweise dem DSM entlehnte Störungsbilder auf der Syndromebene. Sie sind spezifisch für das Kleinkindalter.

Zu II. Diese Achse revolutioniert die klassische psychiatrische Diagnostik. Anders als im DSM ist sie nicht fakultativ, sondern obligatorisch zu verwenden. Als Hauptachse dient sie der Beschreibung der Qualität der Eltern-Kind-Beziehung unter drei Gesichtspunkten: Beschrieben wird die

Tabelle II.2: Die Achsen des Zero To Three

Achse	Bezeichnung
I	Primäre Diagnosen
II	Klassifikation der Beziehungsstörungen
III	Medizinische Probleme, Entwicklungsstörungen und Krankheiten
IV	Psychosoziale Belastung
V	Funktionell-emotionales Entwicklungsniveau

Verhaltensqualität der Interaktion, der gefühlsmäßige Ausdruck und das Ausmaß der gefühlsmäßigen Verbundenheit. Intensität, Häufigkeit und Dauer der beobachtbaren Phänomene fließen dann in die Einschätzung des Schweregrades einer wahrgenommenen Beziehungsstörung ein.

Zu III. „Die Bezeichnung von Umständen auf Achse III dient dazu, alle organischen und neurologischen körperlichen Symptome, welche in anderen, international anerkannten diagnostischen Klassifikationssystemen benannt werden, festzuhalten." (Zero To Three 1999, 54)

Zu IV. „Diese Achse wurde zur Unterstützung der Einschätzung verschiedener Formen und Schweregrade von psychosozialem Streß entwickelt. Diese beeinflussen eine ganze Reihe von Störungen im Baby- und Kleinkindalter prägend mit [...]. Der Einfluß eines streßbeladenen Ereignisses oder anhaltenden Stresses hängt im wesentlichen von drei Faktoren ab:

- die Schwere des Stressors [...]
- der Entwicklungsstand des Kindes [...]
- die Abkömmlichkeit und Kapazität von Erwachsenen im Umfeld [...]." (Zero To Three 1999, 55f)

Unter Berücksichtigung möglicher Stressquellen wird ein Stressindex bestimmt.

Zu V. Die fünfte Achse „widmet sich der Art und Weise, in der ein Kind seine Erfahrungen internalisiert und organisiert, was durch sein soziales, interaktionelles, situationsangemessenes und intellektuelles ‚Funktionieren' reflektiert wird" (Zero To Three 1999, 59). Diese siebenstufig konstruierte Achse orientiert sich an neuesten entwicklungspsychologischen Befunden und ermöglicht, eine Art Entwicklungsstands-Score zu bestimmen. Dabei kann dann die markierte Entwicklungsstufe in sechs Ausprägungen eingeschätzt werden.

2.4 OPD Kinder und Jugendliche

Die Operationalisierte Psychodynamische Diagnostik im Kindes- und Jugendalter (Arbeitskreis OPD-KJ 2003) ist ein neuer diagnostischer und klassifizierender Zugang, der in den nächsten Jahren breite Resonanz erfahren dürfte. Das System ist tiefenpsychologisch fundiert; es rückt psychodynamische Konflikte und Prozesse in den Mittelpunkt der Betrachtung. Wegen seines heuristisch anregenden und in vielen Aspekten auch für die Jugendhilfe Maßstäbe setzenden Herangehens stellen wir es etwas umfassender vor. Die OPD-KJ

> „strebt eine komplexe Erfassung psychodynamischer Prozesse an und bettet sie in den Entwicklungskontext ein. Der Entwicklungsgedanke ist zentral und betrifft alle Aspekte des Prozesses, von der Art der Befunderhebung über die Auswahl relevanter diagnostischer Kategorien bis hin zum Prozess der diagnostischen Einschätzung auf verschiedenen inhaltlichen Dimensionen sowie der Behandlungsempfehlung. Als Orientierungshilfe werden bestimmte Altersfenster vorgegeben, in denen entwicklungsbezogene Adaptation bzw. Maladaptation sowie strukturelle Ressourcen sichtbar werden. Auf vier psychodynamischen Achsen zu Beziehungsmustern, intrapsychischen Konflikten, der psychischen Struktur und zu den Behandlungsvoraussetzungen von Kindern und Jugendlichen werden psychodynamische Befunde erhoben, die zur Entscheidung für eine Therapieplanung und – nach Ende der Therapie – zur Evaluation des Therapieerfolges herangezogen werden." (Arbeitskreis OPD-KJ 2003, 12)

Ferner werden vier mit dem Alter korrelierte Entwicklungsstufen sensu Piaget (1973) konstruiert, womit die jeweilige alterstypische, vom Entwicklungsstand abhängige Ausprägung der beschriebenen Aspekte darstellbar wird. Die vier Achsen der OPD-KJ sind in Tab. II.3 aufgeführt.

Zu I. Die Beschreibung der Beziehungsqualität erfolgt

- nach *Settings:* maßgebliche Bezugspersonen – Kind, Untersucher – Kind und Beziehungspersonen mit dem Untersucher;
- nach der *Richtung der Kommunikation:* objektbezogen (auf den Interaktionspartner ausgerichtet); subjektbezogen (Reaktion auf die Botschaft des anderen) und selbstbezogen (auf sich selbst gerichtet);
- *inhaltlich* nach zwei Dimensionen: „Affiliation" (liebevolle Freundlichkeit vs. Feindseligkeit), abgebildet auf einer waagerechten Achse, wird unterschieden von der senkrecht dazu angeordneten „Interdependenz" (Unabhängigkeit gewähren vs. Kontrolle ausüben).

Tabelle II.3: Die Achsen der OPD-KJ

Achse	Bezeichnung
I	Beziehung
II	Konflikt
III	Psychische Struktur
IV	Behandlungsvoraussetzungen

Zu II. Auf dieser Achse werden insgesamt sieben mehr oder weniger unbewusste Konfliktarten benannt. Sind diese Konflikte von psychopathologischer Relevanz, so ist charakteristisch für sie, dass sie zeitlich überdauern und „gegensätzliche Erlebnis- und Handlungsperspektiven, deren Integration nicht gelingt“ (Arbeitskreis OPD-KJ 2003, 73), umfassen. Zu jedem dieser Konflikte gibt es in jeder der vier Altersstufen zwei Verarbeitungsmodi: den aktiven und den passiven Modus. Der aktive Modus umfasst v. a. kontraphobische Abwehr und Reaktionsbildung, der passive Modus eher „regressive Abwehrhaltungen“ (Arbeitskreis OPD-KJ 2003, 74). Von diesen überdauernden Konflikten sind Aktualkonflikte zu unterscheiden, „die sich zwischen Eltern und Kindern abspielen und im Jugendalter besonders häufig sind“ (Arbeitskreis OPD-KJ 2003, 74).

Zu III. Die Achse „Struktur“ orientiert sich am „Konzept der psychischen Struktur“ (Rudolf 1993), das unterschiedliche psychoanalytische Ansätze dialektisch miteinander zu integrieren versucht. Ebenfalls altersstufenorientiert werden drei Strukturbereiche (Steuerung, Selbst- und Objekterleben sowie Kommunikative Fertigkeiten) differenziert beschrieben (siehe Tab. II.4).

Tabelle II.4: Aspekte der psychischen Struktur und deren Untersetzungen in der OPD-KJ

Steuerung	Selbst- und Objekterleben	kommunikative Fertigkeiten
negativer Affekt	Selbsterleben	Kontakt
Selbstgefühl	Selbst-Objekt-Differenzierung	Entschlüsselung fremder Affekte
Impulssteuerung	Objekterleben	kommunikative Funktion eigener Affekte
Steuerungsinstanz	Empathie und objektbezogene Affekte	Reziprozität
Konfliktbewältigung		internalisierte Kommunikation

Tabelle II.5: Kategorien und deren Operationalisierung auf der Achse „Behandlungsvoraussetzungen"

Subjektive Dimensionen	**Ressourcen**	**Spezifische Therapie voraussetzungen**
subjektiver Schweregrad der somatischen Beeinträchtigung	Beziehungen zu Gleichaltrigen	Einsicht in bio-psycho-soziale Zusammenhänge
subjektiver Schweregrad der psychischen Beeinträchtigung	außerfamiliale Unterstützung	spezifische Behandlungsmotivation
subjektive Krankheitshypothesen	familiale Ressourcen	Krankheitsgewinn
Leidensdruck	intrapsychische Ressourcen	Therapie- und Arbeitsbündnisfähigkeit
Veränderungsmotivation		

Zu IV. Die Achse „Behandlungsvoraussetzungen" versucht, bei der Ableitung von Erwartungen zur Wirksamkeit von Behandlung möglichst viele Bedingungsfaktoren zu berücksichtigen. So heterogene Konzepte wie „Coping", „Abwehr", „Resilienz- und Schutzfaktoren", auch das „Ressourcen"-Konzept werden dafür in Anspruch genommen. Auf dieser Achse werden drei Cluster unterschieden: subjektive Dimensionen, Ressourcen und spezifische Therapievoraussetzungen, die ihrerseits die in Tab. II.5 bezeichneten Merkmale umfassen. Die Beschreibung erfolgt auch auf der Achse IV altersstufenabhängig.

Die OPD-KJ erhebt nicht den Anspruch, das MAS von Remschmidt, das in der deutschen Kinder- und Jugendlichenpsychiatrie als Standard gilt, zu ersetzen. Es versteht sich vielmehr „als ein Verfahren, das zusätzliche Informationen in den diagnostischen Prozess einbringt". Die OPD-KJ will die Aspekte der Psychopathologie und v.a. der Psychodynamik diagnostisch vertiefen, aber auch die individuellen Besonderheiten des einzelnen Patienten differenzierter erfassen. Der Akzent liegt auf Ergänzung: um das „innere Erleben" des Patienten und um die „Resonanz des Untersuchers auf den Patienten" (Arbeitskreis OPD-KJ 2003, 26).

2.5 Klassifikation und Diagnostik in der Jugendhilfe

Als eine unendliche Geschichte erscheint die Auseinandersetzung um Fragen der Klassifikation und Diagnostik in der sozialen Arbeit im allgemeinen und in der Jugendhilfe im besonderen (vgl. im Überblick Heiner 2004). Der fachliche Anspruch und die praktische Anwendung sozialpädagogischer Diagnostik bedürfen dringend einer kritischen, auch historisch aufgeklärten Reflexion. Festzustellen ist eine erhebliche Diskrepanz zwischen Anspruch und Wirklichkeit, zwischen eher ideologisch geführten Grundsatzdebatten („Schattenboxen" nennen dies Rethfeldt/Stimmer 2004) und einer Praxis, die zum Teil noch weit hinter allen Standards einer soliden psychologischen Diagnostik zurückbleibt.

Wir stellen im Folgenden drei Beispiele von diagnostischen Ansätzen vor, die in der Tradition der „erfassenden Diagnostik" stehen, in die wir auch unser eigenes Vorgehen einordnen. Die erfassende Diagnostik „begnügt sich nicht mit einem zwar lebensnahen, aber notwendigerweise globalen Verständnis der Persönlichkeit und ihrer Handlungen aus dem jeweiligen Kontext heraus, sondern strebt eine möglichst präzise, vergleichende Erfassung ihrer einzelnen Funktionen und Merkmale an" (Jäger/Petermann 1999, 123). Ihr steht die sogen. „verstehende Diagnostik" gegenüber, welche abzielt „auf die Erfassung sehr vielgestaltiger, sich selbst regulierender und erfahrener Systeme, die als solche soweit transparent gemacht werden müssen, daß sie in ihren aktuellen Funktionsweisen und -schwierigkeiten verstehbar und schließlich auch hinsichtlich ihres zukünftigen Verhaltens und Wirkungsgrades einschätzbar werden" (Jäger/Petermann 1999, 122). Der verstehenden Diagnostik entsprechen eher Verfahren, die mit hermeneutischem Vorgehen verbunden sind, wie sie für die Jugendhilfe beispielsweise von Peters (1999) vorgestellt werden.

Beispiel 1: „Sozialpädagogische Diagnose" des Bayerischen Landesjugendamtes (2001)

Die sozialpädagogischen Diagnosetabellen des Bayerischen Landesjugendamtes (2001 und Hillmeier 2004) stellen eine sehr umfangreiche und detaillierte Sammlung von Merkmalen dar, die das Erleben und Handeln des jungen Menschen einerseits und die Erziehungs- und Entwicklungsbedingungen andererseits erfassen sollen. Sie bestehen aus drei Skalen:

I. Erleben und Handeln des jungen Menschen: Risiken (75 Items),
II. Erleben und Handeln des jungen Menschen: Ressourcen (75 Items) und
III. Erziehungs- und Entwicklungsbedingungen (71 Items), als Kurz- oder Langfassung vorliegend.

Auf der Basis der Merkmalsbestimmungen kann man erschließen, welche Bedingungen die Erziehung beeinflussen; nämlich:

- bei den Bezugspersonen des Kindes: Kontinuität, Erziehungskompetenz und Lebenseinstellung,

- die Qualität der Beziehungen als Partnerbeziehung, Eltern-Kind-Beziehung, Geschwisterbeziehung und Beziehungen zu anderen,
- das Familienklima (Respekt, Wertschätzung, Wärme und Geborgenheit, Offenheit, Anregung und Unterstützung) sowie
- erziehungsleitende Vorstellungen (Struktur, Regeln und Grenzen, lebenspraktische Fertigkeiten und Selbständigkeit).

Die einzelnen Merkmale werden als Risikobedingung oder als Ressource bewertet. Die Einschätzung wird dichotom – als „vorhanden/nicht vorhanden" – markiert. Die Merkmale sind relativ extrem formuliert. Die Items tragen der unterschiedlichen qualitativen Bedeutung einzelner Merkmale in unterschiedlichen Altersphasen Rechnung und sind als Checkliste verfasst. Am Ende des diagnostischen Prozesses finden sich zusammengefasste Aussagen über die Lebenslage, den individuellen Entwicklungsstand des Kindes und über Erziehungsbedingungen.

Die Ableitung von Interventionen soll danach vorgenommen werden und zwar nach Einschätzung von Häufung, Schwere und Dauer der „belastenden Merkmale". Die Interventionen selbst werden unterschieden in ambulante, teilstationäre und außerfamiliäre Hilfen.

„Die [...] Tabellen sollen ‚katechismusartig' den Diskurs unter den Fachkräften zwecks Urteilsbildung belegen und konkretisieren helfen [...]. Die Hoffnung ist, dass durch diese Exemplifizierungen die Zuverlässigkeit und Gültigkeit der Urteilsbildung im Diskurs unter Fachkräften und nicht zuletzt auch mit den Leistungsadressaten verbessert werden können." (Hillmeier 2004, 209)

Beispiel 2: „Psychosoziale Diagnostik in der Jugendhilfe" nach Harnach-Beck (1995)

In einem Kapitel „Hilfe zur Erziehung" beschreibt die Autorin – ausgehend von der Definition des Begriffs des Kindeswohls – ihren Ansatz: Sie gliedert den Prozess bis zur Entscheidungsfindung in zwei Phasen: In der ersten soll eine „Arbeitsbeziehung" aufgebaut werden sowie eine Art Vorklärung erfolgen, die sich auf die Herstellung eines Überblicks zur Problemlage, von Eingangserwartungen, von Motivationen und Zuständigkeit bezieht sowie die vorläufige Prognose und die Information zum weiteren Verfahren umfasst.

Die zweite Phase beinhaltet die Klärung der individuellen Situation bis zur Entscheidung über die Hilfe. Das eigentliche diagnostische Vorgehen bezieht sich dann auf

- die Problemanalyse,
- die Bedingungsanalyse,
- die Entwicklungsanalyse,
- die Persönlichkeitsanalyse und
- die fachliche Beurteilung des erzieherischen Bedarfs.

Die Fragenkataloge, die Harnach-Beck (1995) vorlegt, verlangen qualitative Antworten. Es gibt keine Bewertungsvorschriften. Der erzieherische Bedarf wird danach anhand von vier Fragen eingeschätzt:

(1) „Welche Verhaltens- und Erlebnisweisen deuten darauf hin, dass der Erziehungsprozess ungünstig verläuft?
(2) Wie stark sind einzelne oder alle Familienmitglieder dadurch belastet?
(3) Welche Verhaltensweisen deuten darauf hin, dass die Familie nicht aus eigener Kraft in der Lage ist, die ungünstigen Sozialisationsbedingungen zu ändern? Aber auch:
(4) Welche Bewältigungskompetenzen der Familie können für die Intervention genutzt werden?“ (Harnach-Beck 1995, 121)

Die Auswahl der Hilfe soll zielgeleitet erfolgen: „Übergeordnete Zielsetzung der Hilfe zur Erziehung bzw. der anderen entsprechenden Hilfen muss sein, die Klienten zu befähigen, selbständig mit ihren Problemen fertig zu werden […]. Unterhalb dieses Oberziels ‚Unabhängigkeit vom Jugendamt' (bzw. von fremder Hilfe) gibt es eine Reihe von Teilzielen“ (Harnach-Beck 1995, 123), die die Autorin nicht spezifiziert. Anschließend empfiehlt sie die Entscheidung für eine angemessene Hilfe zur Erziehung mit dem Hinweis darauf, dass es oftmals nicht die einzig wahre Hilfe gäbe. Es folgen dann der Katalog der Hilfen zur Erziehung, die auch das SGB VIII benennt, sowie die detaillierte Darstellung eines schriftlichen Hilfeplanes.

Beispiel 3: Das Person-In-Environment-System (PIE)

Adler (2004) kommt nach einer knappen Analyse bisheriger sozialpädagogischer Praxis zu folgendem Schluss:

„In der Praxis wird in der Sozialen Arbeit natürlich Diagnostik betrieben, um Statusbedingungen zu leisten, Hilfen zu planen, Prognosen und Empfehlungen zu entwickeln, Finanzierungen von Hilfen zu begründen und gutachterliche Aussagen zu tätigen […]. Es existieren in der Sozialen Arbeit auch verschiedenste Instrumente zur Erfassung von Informationen, die zum großen Teil arbeitsfeldspezifisch zugeschnitten sind und die trotz teilweise ablehnender Positionen gegenüber einer Diagnostik in der Sozialen Arbeit in der Praxis verwendet werden.

Daher ließe sich die Frage aufwerfen: Wenn Soziale Arbeit in vielen Bereichen und Arbeitsfeldern ‚diagnostiziert' (d.h. Problemlagen analysiert, eingeschätzt und bewertet) und wenn hierbei auch diagnostische Verfahren verwendet werden [...], warum lassen sich die Gemeinsamkeiten nicht in einem grundlegenden und einheitlichen Diagnostiksystem für die Soziale Arbeit zusammenfassen, das für alle Arbeitsgebiete anwendbar ist und die zentralen Probleme der Klienten erheben kann?" (Adler 2004, 166)

Das ursprüngliche Anliegen bei der Konstruktion des PIE durch Karls und Wandrei (1994) war das Bedürfnis, eine „systematische Identifizierung und Codierung von psychosozialen Problemen" (Adler 2004, 167) zu ermöglichen und zugleich den Praktikern eine einheitliche kommunikative Grundlage zu geben. Das System basiert auf dem Modell sozialer Rollen und ist verknüpft mit den psychiatrischen Klassifikationssystemen DSM-IV und ICD-10. Es ist unterteilt in vier Faktoren (vgl. Tab. II.6).

Zu I. „Dieser Faktor unterscheidet Problemfelder bei der Umsetzung sozialer Rollen, also im Austausch von Individuum und Umwelt und in der Auseinandersetzung einer Person mit sozialen und gesellschaftlichen Erwartungen." (Adler 2004, 166) Vier Rollenmuster werden dabei beschrieben: Familienrollen, andere interpersonelle Rollen z.B. als Freund, Nachbar usw., berufliche Rollen sowie Rollen in spezifischen Lebenssituationen, z.B. als Konsument, Klient usw. In einer insbesondere für diesen Faktor gültigen Erweiterung werden Bewertungen des bezeichneten sozialen Rollenkonfliktes ermöglicht, und zwar in Form sogenannter Achsen: Achse 1 markiert den Rollenkonflikt; Achse 2 differenziert diesen z.B. unter dem Aspekt „Macht" oder „Abhängigkeit"; Achse 3 indiziert die Schwere; Achse 4 beschreibt die Dauer und Achse 5 indiziert das Coping.

Tabelle II.6: Faktorenstruktur des PIE

Faktor	Bezeichnung
I	Soziale Rollen
II	Umwelt- und Umgebungsprobleme im Kontext kommunaler Versorgungssysteme
III	Psychische Probleme
IV	Körperliche Erkrankungen

Zu II. Dieser Faktor erfasst sechs Lebensbereiche, und zwar das System der ökonomischen und basalen Bedürfnisse, das Erziehungs- und Bildungssystem, das Justiz- und Rechtssystem, das Gesundheits- und Sozialsystem, das System freiwilliger Zusammenschlüsse und das System der affektiven Unterstützung.

Zu III. Dieser Faktor entspricht den psychisch-psychiatrischen Achsen im DSM-IV oder der ICD-10 (differenziert im MAS).

Zu IV. Hier werden körperliche Erkrankungen signiert, wie sie in der ICD-10 kategorisiert sind.

Das PIE ist ein deskriptives Verfahren, das analog zu den Klassifikationssystemen des DSM-IV oder der ICD-10 vorgibt, möglichst ätiologiefrei zu sein. Erste Erprobungen im deutschsprachigen Raum werden referiert in Heiner (2004).

Zusammenfassend wollen wir festhalten: Die sozialpädagogischen Diagnosetabellen beschreiben Erziehung und Entwicklung relativ umfassend, aber sehr pragmatisch und kaum theoretisch abgesichert, sie lassen jedoch eine spezifische Begründung der notwendigen Hilfen zur Erziehung nicht zu.

Der Ansatz von Harnach-Beck (1995) ermöglicht leider weder eine zielorientierte Beschreibung von Erziehung und Entwicklung noch leistet er eine interventionsorientierte Diagnosestellung.

Die PID zielen auf einen integrativen klassifikatorischen Zugang, der für die gesamte Sozialarbeit Gültigkeit entfalten soll, erfassen u. E. jedoch die psychischen Prozesse und Funktionen lediglich in ihrer defizitären Ausprägung und ermöglichen eine Spezifizierung auf Erziehung und Erziehungsbedingungen nur in einem sehr geringen Umfang, der zudem nur wenig theoretisch fundiert ist. Fruchtbar sind der rollentheoretische Zugang sowie die auch psychopathologische Diagnosen einschließende Mehrachsigkeit.

3 Diagnostische Erfassung von Erziehung und die Erziehung bedingenden Merkmalen

Im folgenden Abschnitt wollen wir überblicksartig Verfahren vorstellen, die zur Diagnostik von elterlicher Erziehung oder von deren Bedingungen im Gebrauch sind.

3.1 Diagnostik von Erziehung

3.1.1 Diagnostik von Erziehungsstilen

Die Diagnostik elterlicher Erziehungsstile unterscheidet zwischen der Erfassung von Erziehungszielen, Erziehungseinstellungen und Erziehungsverhalten. Wir können zwei Gruppen diagnostischer Methoden erkennen: Beobachtungsverfahren und Fragebögen. Ratzke et al. (2003) fassen die gängigsten Fragebogenverfahren zusammen.

3.1.2 ICD-10-basiertes Multiaxiales Klassifikationsschema

Die Beschreibung von Erziehung und Erziehungsbedingungen erfolgt im Multiaxialen Klassifikationsschema auf den Achsen V und VI. Auf der Achse V werden Gruppen von Bedingungen genannt (siehe Abb. II.1).

3.1.3 DSM-IV: PID und GARF

Das DSM-IV schlägt neben anderen zwei Zusatzskalen vor, die interessante Hinweise für die Beschreibung von Erziehung und Erziehungsbedingungen liefern:

Parent Inadequate Discipline (PID)

Aus der Kritik an einer begrifflichen und methodischen Unübersichtlichkeit entwickelte eine Arbeitsgruppe um Chamberlain im Jahr 1994 (in der Übersetzung von Miller 2003) die Zusatzskala zum DSM-IV, die als Kategorien definitorisch eindeutig und methodisch reliabel Diagnosen zu dysfunktionalem elterlichem Erziehungsverhalten liefern soll. Die Übersicht in Abb. II.2 fasst diese Skala zusammen.

Merkmale, die Erziehung erfassen
elterliche Überfürsorge
unzureichende elterliche Aufsicht und Steuerung
Erziehung, die eine unzureichende Erfahrung vermittelt
unangemessene Anforderungen und Nötigungen durch die Eltern

Bedingungen von Erziehung	
Beziehung	abnorme intrafamiliäre Beziehungen
	abnorme unmittelbare Umgebung
Lebenslage, Stress und Belastung	psychische Störung, abweichendes Verhalten oder Behinderung in der Familie
	akute, belastende Lebensereignisse
	gesellschaftliche Belastungsfaktoren
	chronische zwischenmenschliche Belastung im Zusammenhang mit der Schule oder Arbeit
	belastende Lebensereignisse/Situationen infolge von Verhaltensstörungen/Behinderungen des Kindes
Kommunikation	inadäquate oder verzerrte intrafamiliäre Kommunikation

Abbildung II.1: Gruppierung von assoziierten aktuellen abnormen psychosozialen Umständen auf Achse V (DSM-IV)

Skala zur globalen Erfassung des Funktionsniveaus von Beziehungen (GARF)

„Die Skala kann benutzt werden, um eine Gesamtbeurteilung des Funktionsniveaus einer Familie oder anderer laufender Beziehungen auf einem hypothetischen Kontinuum, das von kompetentem, optimalem Funktionieren bis zu zerstörten, dysfunktionalen Beziehungen reicht, einzuschätzen. Sie ist analog zur Achse V […] erstellt […]. Sie erlaubt dem Untersucher, das Ausmaß, in dem eine Familie […] die affektiven oder lebenspraktischen Bedürfnisse seiner Mitglieder erfüllt, in den folgenden Bereichen einzuschätzen:

- *Problemlösen* – Fertigkeiten beim Bewältigen von Zielen, Regeln und alltäglichen Arbeiten; Anpassungsfähigkeit bei Streß; Kommunikationsfertigkeiten; Fähigkeit zur Konfliktlösung.

1. Inkonsistente Disziplinierungen

Es sollten zwei Subtypen von Inkonsistenz unterschieden werden: **intraparentale Inkonsistenz** und **interparentale Inkonsistenz**.

Kriterien für **intraparentale Inkonsistenz** sind:

a) willkürliche Reaktionen auf positives und negatives Verhalten der Kinder (z. B. Bestrafung von angemessenem und Belohnung von unangemessenem Verhalten)
b) geringes oder inkonsistentes Verfolgen von bzw. Bestehen auf Dingen (z.B. darauf bestehen, dass Kinder Bitten oder Anweisungen nachkommen, Verbote beachten)
c) Nachgeben (z. B. Wut und Diskussionen nach einem Nein der Eltern, Eltern geben nach) oder unvorhersehbare Wechsel in Erwartungen und in Konsequenzen für Regelverletzungen (Erwartungen der Eltern, Regeln und Konsequenzen ändern sich)

Interparentale Inkonsistenz, also eine auffällig geringe Übereinstimmung zwischen den Eltern, besteht, wenn Eltern gegensätzlich handeln oder uneinig sind bezüglich:

a) erzieherischer Grundsatzentscheidungen (z. B. allg. Hausregeln, Bettzeiten, Ausgehverbote)
b) Zeitpunkt oder Notwendigkeit eines Eingreifens bei Regelverletzungen oder Problemverhalten
c) Art der Konsequenzen und Vorgehensweise bei Problemverhalten (z. B. Konsequenzen tatsächlich bis zum Ende durchziehen)

2. Reizbare und explosive Disziplinierungen

Die extreme Form dieser Kategorie dysfunktionalen Erziehungsverhaltens ist der körperliche Missbrauch von Kindern. Als spezifische Indikatoren für gereizte und überreagierende Disziplinierungsmaßnahmen können herangezogen werden:

a) häufiger Gebrauch von aversiven verbalen und körperlichen Strategien wie Schreien, Schlagen und Drohen
b) erhöhte Wahrscheinlichkeit, dass das Kind auf die Erziehungsmaßnahme seinerseits mit Gewalt reagiert (z. B. Kind schlägt zurück, aggressive Verteidigung)
c) relativ lange Phasen von Eltern-Kind-Konflikten oder eskalierende Intensität der negativ-bestrafenden Verhaltensweisen
d) häufig abwertende, negative und demütigende Äußerungen der Eltern über das Kind
e) hohe Rate an direkten Befehlen der Eltern

3. Geringe Beaufsichtigung und Beteiligung

Als Kriterien für eine unzureichende Beaufsichtigung (z. B. das Wissen darum, wo sich die Kinder aufhalten, was sie tun und mit wem sie zusammen sind) und eine geringe Beteiligung der Eltern an wichtigen Dingen im Leben der Kinder schlagen Chamberlain et al. (1994) vor:

a) mangelndes Wissen der Eltern um die Aktivitäten der Kinder außerhalb des Hauses und außerhalb ihrer direkten Beaufsichtigung
b) mangelndes Wissen darum, mit wem das Kind zusammentrifft und Zeit verbringt
c) mangelndes Wissen der Eltern um die schulische Anpassung des Kindes und andere schulische Angelegenheiten wie z. B. Hausaufgaben
d) seltene gemeinsame Aktivitäten von Eltern und Kindern
e) bei Wissen der Eltern um dissoziale Freundschaften und Aktivitäten des Kindes: mangelnder Wille oder mangelnde Fähigkeit zur Beaufsichtigung und Überwachung

4. Unflexible, rigide Disziplinierung
Eltern nutzen normalerweise ein breites Spektrum an Strategien zum Umgang mit Problemverhalten, d. h. sie passen ihre Reaktion an die Situation, das Alter des Kindes und an die Art des Fehlverhaltens an. Kriterien für rigides, unflexibles Verhalten von Eltern in Disziplinsituation sind:

a) Zurückgreifen auf eine einzelne oder ein geringes Spektrum an Strategien für alle Arten von kindlichem Fehlverhalten
b) mangelnde Fähigkeit, Kontextfaktoren und mildernde Umstände zu berücksichtigen
c) konsistentes Fehlen von Erklärungen oder Begründungen in Disziplinsituationen
d) Unfähigkeit, das Ausmaß und die Stärke der Konsequenzen an das Ausmaß des Problemverhaltens anzupassen

Abbildung II.2: Die Skala „Parental Inadequate Discipline" nach Miller (2003, 12f)

- *Organisation* – Einhaltung interpersoneller Rollen und Subsystemgrenzen; hierarchisches Funktionieren; Koalitionen und Verteilung von Macht; Kontrolle und Verantwortung.
- *Emotionales Klima* – Tonfall und Spielraum von Gefühlen; Qualität von Fürsorge, Empathie, Engagement und Bindung/Verpflichtung; Teilen von Werten; gegenseitige affektive Verantwortlichkeit, Respekt und Rücksicht; Qualität sexuellen Funktionierens." (Saß 1998, 849)

3.2 Diagnostik der die Erziehung bedingenden Merkmale

Im ersten Teil dieses Buches haben wir eine Anzahl von Bedingungen hervorgehoben, die auf die Gestaltung von Erziehungsprozessen und Erziehungsverhalten Einfluss nehmen. Wir stellen im Folgenden Verfahren vor, mit denen folgende Erziehungsbedingungen diagnostisch erfasst werden können:

- intrafamiliäre Beziehung und Kommunikation,
- Aspekte der Lebenslage,
- Stress, Belastung und Belastungserleben,
- die elterliche Persönlichkeit (als „Erziehende/r“) sowie
- die kindliche Persönlichkeit und ihre Entwicklung.

3.2.1 Intrafamiliäre Beziehungen und Kommunikation

Zero To Three (1999) (ZTT)

Im ZTT wird Erziehung nicht ausdrücklich als ein separat zu diagnostizierender Bereich benannt. Auch werden keine detaillierten Erläuterungen zu einem Modell von Entwicklung und Erziehungsbedingungen dargestellt. Was jedoch eindrucksvoll gelingt, ist die Operationalisierung der Erziehungsbedingung „Eltern-Kind-Beziehung“, die Identifizierung von Stressoren und Belastung nach Analyse von Parametern der Lebenslage sowie die ganzheitliche Betrachtung des kindlichen Entwicklungsstandes.

Münchner Kommunikationsdiagnostik (MKK)

Die Münchner Kommunikationsdiagnostik soll an dieser Stelle als Prototyp neuerer videogestützter interaktionsanalytischer Methoden dargestellt werden, die zunächst für die Erfassung der Eltern-Kind-Interaktionen im Kleinkindalter entwickelt wurden, deren Heuristik u. E. jedoch weit darüber hinausreichen wird. Die MKK orientiert sich am „entwicklungsdynamischen und kommunikationszentrierten Modell“ nach Papoušek (2004, 101). Die operationalisierten diagnostischen Bereiche (nach Papoušek 1999a) sind unterschieden in die Erfassung der Seite des Kindes und der Perspektive der elterlichen Bezugsperson. Abbildung II-10 fasst dies zusammen. – Das Reliabilitätsniveau dieses Verfahrens ist leider, wie bei ähnlichen Verfahren auch, relativ gering; man versucht, das z.B. durch intensive Raterschulungen zu kompensieren.

Tabelle II.7: Beurteilungsbereiche der MKK bei Kind und elterlicher Bezugsperson (nach Papoušek 1999a)

	Kind		**Elterliche Bezugsperson**	
	Blickzuwendung des Kindes	**kindliche Interaktionsbereitschaft**	**Ausprägung des intuitiven elterlichen Repertoires**	**regulatorische Abstimmung des intuitiven elterlichen Verhaltensrepertoires**
Merkmale		▪ allgemeine Zustandscharakteristik ▪ Blickverhalten ▪ Mimik ▪ Vokalisation ▪ allgemeine Motorik ▪ gerichtete Aktivität ▪ Reaktivität	▪ Dialogabstand, Grußreaktion ▪ Imitationsneigung ▪ prototypische Mimik ▪ Ammensprache ▪ interaktive Spielchen ▪ gemeinsame Ausrichtung der Aufmerksamkeit	▪ Inhalt ▪ Zeit ▪ Distanz ▪ Dynamik ▪ Responsivität auf Dialogbeiträge ▪ Responsivität auf Belastungssignale
Ausprägungen / Kategorien	▪ fehlend ▪ gelegentlich ▪ halbzeitig ▪ überwiegend ▪ kontinuierlich	▪ überwiegende Interaktionsbereitschaft ▪ eingeschränkte Interaktionsbereitschaft bei Interesse an der Umgebung ▪ eingeschränkte Interaktionsbereitschaft bei Überwiegen anderer Bedürfnisse ▪ fehlende Interaktionsbereitschaft	▪ inadäquat ▪ fehlend ▪ blockiert ▪ schwach ausgeprägt ▪ deutlich ausgeprägt ▪ lebhaft ausgeprägt	▪ adaptiv ▪ unterreguliert ▪ überreguliert ▪ inadäquat

Familiendiagnostische Verfahren

Es gibt inzwischen eine Vielzahl diagnostischer Zugänge zur Erfassung der famliären Organisation, Struktur und Dynamik (ausführlich bei Cierpka 2003). Wir wollen hier lediglich Fragebogenverfahren vorstellen und verweisen zur Darstellung und Analyse anderer Verfahren z.B. auf Klann et al. (2003) sowie auf Cierpka (2003).

Benninghoven et al. (2003) fassen sehr instruktiv fünf theorieübergreifende Fragebogenverfahren zusammen. Die Auswahl erfolgte nach folgenden vier Kriterien:

Tabelle II.8: Übersicht zu fünf theorieübergreifenden familiendiagnostischen Fragebogenverfahren (orientiert an Benninghoven et al. 2003)

	FKS	**FAD**	**FB**	**FACES III**	**SFI**
Titel	**Family Environment Scale**	**Family Assessment Device**	**Familienbögen**	**Family Adaptability and Cohesion Scales**	**Self-report Family Inventory**
Autor	Moos 1981	Epstein et al. 1978	Cierpka/Frevert 1994	Olson et al. 1985	Beavers/Hampson 1990
deutsche Fassung	ja, Familienklima-Skalen (FKS)	ja, nur zu Forschungszwecken	ja	ja, nur zu Forschungszwecken informell vorhanden	nein
theoretische Basis	Familienklima Sozialpsycholog. Modell	Systemmodell, McMaster-Modell	System- und Prozessmodell	Systemmodell Circumplexmodell	System modell nach Beavers
Untersuchungsebene	Familie als Ganzes	Familie als Ganzes	Familie als Ganzes, Dyaden, Individuen	Familie als Ganzes	Familie als Ganzes
Fokus	real, ideal, Erwartung	das Erfüllen der Familienfunktionen	das Erfüllen der Familien funktionen	Befriedigung, Wünsche	Familienkompetenz und -stil
Dimensionen	**Beziehung:** Kohäsion Offenheit Konfliktneigung **Persönlichkeitsreifung:** Selbständigkeit Leistungsorientierung … **Systemerhaltung:** Organisation Kontrolle	Problemlösung Kommunikation Rollen Emotionalität affektive Beziehungsaufnahme Verhaltenskontrolle	Aufgabenerfüllung Rollenverhalten Kommunikation Emotionalität Affektive Beziehungsaufnahme Kontrolle Werte und Normen	**Kohäsion:** emotionale Bindung Familiengrenzen Zeiteinteilung Freundschaften Entscheidungsfindung Interessen **Adaptabilität:** Kontrolle Familienführung Disziplin Rollenaufteilung Regeln	Gesundheit/Kompetenz Konflikt Kohäsion Führung emotionaler Ausdruck
klinisches Ratinginstrument	nein	ja	nein	ja	ja
klinische Anwendbarkeit	gut	sehr gut	sehr gut	gut	gut

- umfassende theorie- und schulenübergreifende Fundierung,
- Erfassung des Funktionsgrades von Familien in unterschiedlichen Bereichen (z.B. Struktur, Affektivität),
- Untersuchungseinheit soll die Gesamtfamilie sein,
- Statusdiagnostik soll ergänzt werden um Prozessdiagnostik.

Die von Benninghoven u.a. vorgenommene Bewertung dieser fünf Verfahren ist in stark gekürzter Form in Tab. II.8 wiedergegeben.

Diagnostik zur Erfassung der elterlichen Paarbeziehung

In der Diagnostik von Partnerschaft und partnerschaftlicher Kommunikation dominieren Selbstbeurteilungsmethoden als Fragebögen oder als Interviews. Ausgewählte Verfahren mit relativ geringem Anwendungsaufwand sind in Tab. II.9 zusammengestellt. Keines der uns bekannten Verfahren erfasst Partnerschaft auch unter dem Aspekt einer gleichzeitigen Elternschaft.

3.2.2 Lebenslage

Bei der Herausbildung spezifischer elterlicher Verhaltensmuster wird der Einfluss folgender Lebenslageparameter als hoch bedeutsam eingeschätzt. Meistens wird eine indirekte Wirkung vermutet (Perrez 2004; Hillmeier 2004; Adler 2004; Fuhrer/Uslucan 2005):

- materiell-finanzielle Situation (Quantität)
- Stabilität der materiell-finanziellen Lage
- Wohnsituation
- zeitliche Belastung
- Alltagsstruktur
- soziale Einbettung der Familie

Diese sechs Faktoren werden auch in den meisten nach Merkmalen der Lebenslage fragenden Verfahren (anamnestische Fragebögen, Checklisten u.a.) verwendet. Diese sind selten skaliert und fast nie standardisiert (im Überblick: Patry/Perrez 2003; Perrez 2002 und Perrez 2004).

3.2.3 Stress und Belastung

Die Vielzahl existierender Verfahren zur Erfassung des Belastungserlebens weist in methodischer Hinsicht und hinsichtlich der Differenzierung von Belastungsarten und belastenden Phänomenen eine beträchtliche Hetero-

Tabelle II.9: Fragebögen zur Erfassung der Qualität partnerschaftlicher Beziehungen

	FBZ	**PFB**	**GT-Paar**	**FPK**
Bezeichnung	Fragebogen zur Beurteilung einer Zweierbeziehung	Partnerschaftsfragebogen	Paardiagnostik mit dem Gießentest	Fragebogen zur Erfassung partnerschaftlicher Kommunikationsmuster
Autor	Spanier (1976) in: Klann et al. (2003)	Hahlweg (1996) in: Klann et al. (2003)	Brähler/Brähler (1993) in: Klann et al. (2003)	Chistensen (1987) in: Klann et al. (2003)
Quelle	Klann et al. (2003): Diagnostische Verfahren für die Beratung			
Methode	Selbstbeurteilung	Selbstbild Fremdbild	Selbstbeurteilung	Selbstbeurteilung
Dimensionen/ Skalen	▪ dyadische Übereinstimmung ▪ Erfüllung in der Partnerschaft ▪ Ausdruck von Gefühlen ▪ partnerschaftlicher Zusammenhalt	▪ Streitverhalten ▪ Zärtlichkeit ▪ Gemeinsamkeit/Kommunikation	▪ Soziale Resonanz ▪ Dominanz ▪ Kontrolle ▪ Grundstimmung ▪ Durchlässigkeit	▪ gegenseitige konstruktive Kommunikation ▪ Mann – Forderung ▪ Frau – Rückzug ▪ Mann – Rückzug ▪ Frau – Forderung
Erfassung elterlicher Funktionen	nicht explizit	nicht explizit	nicht explizit	nicht explizit
Aufwand	gering 10 Minuten	gering 10 Minuten	mittel 20 – 30 Minuten	gering 10 Minuten
Gütekriterien	ausreichend bis gut	gut	gut	gut
Empfehlung für die Erziehungsdiagnostik	bedingt	bedingt	bedingt	bedingt

genität auf. Einen umfassenden Überblick geben Laireiter et al. 2001. Überwiegend handelt es sich um Selbstbeurteilungsinstrumente. Zur Erfassung kritischer Lebensereignisse und ihrer Belastungswerte liegt eine Reihe von Checklisten vor (vgl. Filipp 1995). In der Forschung über chronische Belastungen ist überwiegend der Life-Events-and-Difficulties-Schedule

(LEDS: Brown/Harris 1978) zum Einsatz gekommen. Die von Laireiter, Perrez und Reicherts entwickelte Tagebuchmethode (Laireiter 1998) halten wir wegen ihrer personbezogenen inhaltlichen Aussagekraft für besonders empfehlenswert. Zwei Verfahren, die das auf Beziehungskonstellationen bezogene Belastungserleben erfassen, seien ebenfalls erwähnt: das „Profil Psychosozialer Belastungen" (PPB) (Mattejat/Remschmidt 2003) sowie der „Parenting Stress Index" (PSI) (Abidin 1995). Eine Liste von Belastungsfaktoren enthält auch die Achse IV des DSM-IV. In dem Diagnosesystem Zero To Three (1999) schließlich ist die Erfassung des globalen Stressniveaus anhand eines Gesamtbelastungsfaktors vorgesehen.

3.2.4 Elterliche Personmerkmale

Folgende Persönlichkeitseigenschaften der Eltern beeinflussen nach vorliegenden Forschungsbefunden deren Erziehungsverhalten (s.o.): emotionale Stabilität, Extraversion, Offenheit für Erfahrung, soziale Verträglichkeit, Gewissenhaftigkeit, Kontrollüberzeugung, Selbstwertschätzung und das Hilfesuchverhalten. Wir sind allerdings der Auffassung, dass eine differenzierte Persönlichkeitsdiagnostik der Eltern im Rahmen der Hilfeplanung innerhalb der Jugendhilfe nicht in Frage kommt. Deshalb stellen wir hier auch keine entsprechenden diagnostischen Verfahren vor. Man wird sich mit einer Augenscheinbeurteilung der Persönlichkeit der Elternpersonen begnügen müssen. Auffälligkeiten in den oben genannten Dimensionen könnten zu einer Globaleinschätzung der Risikobelastung der elterlichen Persönlichkeit aggregiert werden.

3.2.5 Die Person des Kindes und seine Entwicklung

Allgemeine psychologische Einschätzung des Kindes

Es existiert eine Vielzahl von diagnostischen Verfahren, die der individuellen Einschätzung der psychischen Entwicklung von Kindern und Jugendlichen dienen. Die Verfahren erfassen folgende Entwicklungsbereiche (nach Schmidtchen 1999, ergänzt von den Autoren):

1. Wahrnehmung
2. Emotionalität
3. Körper
4. Körpererleben
5. Antrieb, Konzentration, Motorik
6. Phantasie
7. Kognition

8. Sprachentwicklung
9. Spielverhalten
10. Emotionale Befindlichkeit
11. Soziale Angepasstheit
12. (Selbst-)Wirksamkeit und Identität
13. Bewertung und Evaluation
14. Bindungs- und Sozialverhalten
15. Abwehrverhalten
16. Temperament

Die Erfassung psychischer Störungen am Beispiel des CASCAP-D (Döpfner et al. 1999)

Das Befundsystem wurde für klinisch-psychologische und kinderpsychiatrische Zwecke entwickelt. Es erfasst und klassifiziert eine Vielzahl von psychopathologisch bedeutsamen Merkmalen. Es ermöglicht, aus deren Kombination klinische Diagnosen nach ICD-10- oder DSM-IV-Standard abzuleiten, ist aber auch schon auf der Merkmalsebene aussagekräftig. Verzichtet man auf eine Diagnose im Sinne dieser Standards, sollte man dennoch die zur Befunderhebung bereit gestellten diagnostischen Instrumente verwenden.

„Mit der Entwicklung des Befund-Systems wurden mehrere Ziele verfolgt [...]: 1. Erfassung der wichtigsten Merkmale psychischer Störungen im Kindes- und Jugendalter; 2. Einsetzbarkeit in klinischen Routineabläufen; 3. Berücksichtigung der Situationsspezifität psychopathologischer Merkmale.“ (Döpfner et al. 1999, 1) Verglichen mit anderen psychopathologischen Befund- und Diagnosesystemen hat das CASCAP-D den Vorteil relativer Theoriefreiheit und relativer Unabhängigkeit von gängigen Störungsklassifikationen, auf die sich die Befunderhebung dennoch beziehen kann, wenn das erforderlich ist. Wir empfehlen dieses Instrument auch für die diagnostischen Zwecke der Jugendhilfe; es hat sich in der Praxis gut bewährt.

4 Implikationen für eine klassifikatorisch-diagnostische Grundlegung der Hilfen zur Erziehung

Der kursorische Überblick über die im Kinder- und Jugendbereich gebräuchlichen diagnostischen Verfahren und deren Zielsetzung hat deutlich gemacht: (1) Forschung und Praxis der klinischen Entwicklungspsychologie und der Kinderpsychiatrie stellen ein umfangreiches Instrumentarium zur Verfügung, das sich bei entsprechender Akzentuierung auch zur diagnostischen Erfassung von Erziehungsverhältnissen und von Erziehungsbedingungen verwenden lässt. Die meisten dieser Ansätze verfolgen jedoch andere Zwecke; sie betrachten erziehungsrelevante Phänomene nur ergänzend zu psychopathologischen Diagnosen. Es mangelt ihnen daher auch an integrierender theoretischer Kraft, wenn es um die Systematisierung von Befunden geht, die einen Bezug zum elterlichen Erziehungsverhalten haben. (2) Auch die familienpsychologische Forschung betrachtet Erziehung nur als einen unter vielen anderen Aspekten von familiärer Organisation. Erziehungsprozesse stehen nicht im Vordergrund, sondern haben aufgrund von anders akzentuierten Forschungsperspektiven eine eher untergeordnete Bedeutung. Das führt des Öfteren zu einem verkürzten oder einseitigen Umgang mit dem Erziehungsthema. (3) Wir haben nur einen ausdrücklich ressourcenorientierten diagnostischen Ansatz gefunden, der nicht einseitig nur Dysfunktionalität beschreibt, sondern sensibel ist auch für funktionale Seiten und bisher wenig beachtete Ressourcen von Kindern, Jugendlichen und deren Familien. Der Ressourcenaspekt hat aber für die Hilfeplanung eine erhebliche Relevanz: Ressourcen besitzen einen heuristischen Wert bei der Beschreibung von Entwicklungs- und auch von Hilfezielen; denn sie sagen etwas darüber aus, was in Veränderungsprozessen erreichbar und vermutlich erstrebenswert erscheint. Und Ressourcen können Hinweise darauf geben, welche besondere Hilfeleistung passend, geeignet und wahrscheinlich wirksam sein wird. Sie bilden daher die Brücke zwischen den diagnostizierten Defiziten, die eine Hilfeleistung überhaupt erforderlich machen, und der differentiellen Indikation der geeigneten Hilfeart.

Inzwischen kommt die Jugendhilfe im Bereich der Hilfen zur Erziehung allem Anschein nach nicht mehr ohne ein Mindestmaß an eigenständig betriebener Diagnostik aus. Finanzielle Zwänge machen es notwendig, aufwändige und teure Maßnahmen besser zu begründen. Aber auch erste Berichte über fehlgeschlagene Interventionen und die wachsende Unzufriedenheit angesichts schwer nachvollziehbarer und kaum vergleichbarer

Beurteilungsvorgänge bei der Indikationsstellung und bei der Evaluation (vgl. Bundesministerium für Familie, Senioren, Frauen und Jugend 2002) haben dazu geführt, dass in der Jugendhilfe verstärkt darüber nachgedacht wird, wie sich die diagnostischen Prozesse und Methoden in der Jugendhilfe objektivierbarer und verlässlicher gestalten lassen. Das sollte freilich nicht dazu führen, diagnostische Systeme aus anderen sozialrechtlichen Bereichen einfach zu übernehmen und die diesbezüglich bisher vorgebrachten kritischen Einwände nicht mehr gelten zu lassen. Notwendig erscheint uns vielmehr, das vorhandene diagnostische Wissen und Können unter der Fragestellung zu prüfen, ob und wieweit es für die spezifischen Zwecke der Jugendhilfe geeignet und notwendig ist. Das gilt sowohl für die diagnostischen Verfahrensvorschläge, die aus dem Bereich der Jugendhilfe selbst kommen und dort zum Teil auch realisiert werden, wie auch für die diagnostischen Standards in anderen Disziplinen.

Wir vermissen insbesondere eine umfassende kritische Aufarbeitung des in der Psychologie und in der Kinder- und Jugendpsychiatrie vorhandenen diagnostischen Wissens. Das Versäumnis korrespondiert in der Hilfeplanung mit einem gravierenden Mangel an Psycho-Logik (Menne 2004). Die Diagnostik in der Jugendhilfe beschränkt sich überwiegend auf die Erfassung von Lebenslagen und von beobachtbarem Verhalten. Die psychischen Bedingungen der in Erziehungsprozessen aufeinander treffenden und miteinander agierenden Personen bleiben weitgehend unberücksichtigt. Der subjektive Faktor wird zwar häufig als eine Probleme erzeugende Größe unterstellt, wird aber in der Jugendhilfe und von ihr nicht systematisch erfasst. Gern wird ihm die Rolle des Problemgenerators zugewiesen und die Fähigkeit zuerkannt, Hilfen auszulösen. Doch der Erkenntniswert anschließender Problembeschreibungen widerspricht dann allzu oft dem Verursacherprinzip. In der Hilfeplanung und in der Hilfedurchführung bleibt der unterstellte Verursacher erstaunlich wenig erhellt – es sei denn, die Jugendhilfe bedient sich der erhellenden Diagnostik anderer Hilfesysteme außerhalb von ihr; das ist in der Regel die Kinder- und Jugendpsychiatrie. Die Hilfeplanung steht so in der Gefahr, bei der Problemerfassung zu kurz zu greifen. Das kann zu gravierenden Fehlentscheidungen bei der Konstruktion, der Durchführung und Evaluation von Erziehungshilfen führen.

Wir schlagen deshalb vor, die diagnostischen Gepflogenheiten in der Jugendhilfe zu verändern. Ihr spezifischer diagnostischer Gegenstand – das ist die elterliche Erziehung – sollte darin zur Gänze erscheinen dürfen. Die elterliche Erziehungssituation sollte zumindest in ihren wesentlichen Komponenten und Bedingungsgefügen von einer jugendhilfespezifischen Diagnostik erfasst werden. Anders gesagt, wesentliche Faktoren des elterlichen Erziehungsprozesses dürfen nicht als Terra incognita unbeschrieben bleiben. Insbesondere die Psycho-Logik dieses Geschehens muss berücksichtigt werden.

Daraus ergibt sich die Forderung, die elterliche Erziehung und deren diagnostische Untersuchung systemtheoretisch und entwicklungspsychologisch zu konzipieren. In dieser konzeptionellen Integration sehen wir die Grundlage für eine genuin jugendhilfespezifische Diagnostik. Diese wäre geeignet, jene Erkenntnislage zu schaffen, die für eine Hilfeplanung benötigt wird, welche sich aus der Sache der Hilfen zur Erziehung heraus begründet: aus der Regulationsaufgabe nämlich, die Hilfen zur Erziehung im Hinblick auf das Gelingen von elterlicher Erziehung haben, d.h. im Hinblick auf die Regulationsfunktion, die Eltern für ihre Kinder wahrnehmen. Eine in diesem Sinne systematisch an ihrem Gegenstand wie an ihrem Zweck orientierte Diagnostik im Rahmen der Hilfen zur Erziehung wird u.E. folgenden Anforderungen genügen:

- Sie wird transparent und nachvollziehbar sein, indem sie sich als Interaktions- und Kommunikationsprozess organisiert, der Partizipation und die Ko-Konstruktion diagnostischer Erkenntnisse ermöglicht.
- Sie wird der Komplexität ihres Gegenstandes gerecht, indem sie sich interdisziplinär organisiert.
- Sie wird sich nicht mit der Beschreibung von Auffälligkeiten und Symptomen begnügen, von Phänomen, die (normativen) Erwartungen widersprechen.
- Sie wird die Erklärung solcher Phänomene nicht mit den Verursachungszuschreibungen verwechseln, die selbst zum Bereich der Symptome gehören.
- Sie wird die Bedeutung und Erklärung solcher Erscheinungen anhand von Modellen generieren, die Entwicklungsprozesse (Prozesse der Selbstentwicklung) beschreiben, die in regulierende (d.h. Störungen der Selbstentwicklung und Selbstregulation ausgleichende) Erziehungsprozesse eingebettet sind.
- Sie wird untersuchen, ob die beobachtbaren Auffälligkeiten auf Seiten des Kindes oder Jugendlichen Symptome eines gestörten Entwicklungsprozesses sind, den das Erziehungshandeln der Eltern nicht hinreichend vor entwicklungsbeeinträchtigenden Einflüssen schützt.
- Sie wird die Wirkung solcher Einflüsse und das Wirken der elterlichen Regulationsfunktion in Bezug auf diese Einflüsse nicht im Sinne eines linearen Kausalzusammenhangs verstehen, sondern im Sinne der Regulationswirkung von Konditionen, die Bedingungen der Möglichkeit einer gelingenden bzw. beeinträchtigten Selbstentwicklung von Autonomie und Bezogenheit sind.
- Sie wird in ihren Beschreibungen und Erklärungen „vorläufig“ und Hypothesen bildend sein – gleichermaßen im Einklang mit dem Begriff der Bedingung der Möglichkeit und der Erfahrung der Entwicklungsdynamik in Kindheit und Jugend.

- Sie wird nicht nur Defizite beschreiben, sondern auch Ressourcen entdecken.
- Sie wird nicht nur Individuen hinsichtlich ihres Entwicklungsstandes und der Ausprägung ihrer Fähigkeiten und Fertigkeiten beschreiben, sondern auch entwicklungsrelevante Parameter ihrer Lebenslage.
- Sie wird nicht nur die soziale Dimension von Entwicklungsständen und Lebenslagen auf der Ebene des beobachtbaren Verhaltens beschreiben, sondern auch deren jeweilige psychische Repräsentanz auf der Ebene des kognitiv-affektiven Erlebens.
- Sie wird ihre Beobachtungs-, Beschreibungs- und Bewertungsregeln (Operationalisierungen) explizieren.
- Sie wird den Bezug herstellen zu potentiellen Hilfen zur Erziehung: zu der im Einzelfall geeigneten Unterstützung der elterlichen Regulationsleistung im Bezug auf den jeweiligen Zustand des Entwicklungsprozesses des Kindes.
- Sie wird mit Bezug auf den jeweiligen Entwicklungsprozess Richtungsziele beschreiben und mit Bezug auf den durch geeignete Hilfen gestützten Erziehungsprozess die Ableitung von Zustandszielen ermöglichen.
- Sie wird während und nach Interventionen den Grad der Erreichung von Zustandszielen und ggf. die Veränderung von Richtungszielen beschreiben.
- Sie wird das Interaktionsverhältnis zwischen den Professionellen, die diagnostische Hilfe leisten, und den Mitgliedern des Eltern-Kind-Systems, die diese Hilfe empfangen, als Subjekt-Subjekt-Verhältnis gestalten und die diagnostischen Erkenntnisse sowie die daraus ableitbaren Regulationshilfen im Diskurs zwischen beiden Seiten generieren und kommunizieren. Dadurch wird sie als Diagnostik bereits Reflexions- und Regulationshilfe sein.
- Sie wird, je mehr sie den vorstehenden Anforderungen genügt, die Gütekriterien einer zweckmäßigen Diagnostik in der Jugendhilfe erfüllen: Sie wird objektiv sein, insofern ihre Ergebnisse in interpersoneller Übereinstimmung der Untersucher (Helfer und Klienten) erzeugt werden. Sie wird reliabel sein, insofern sie die Problemlage des Eltern-Kind-Systems so genau wie möglich beschreibt und in der Beschreibung Prozeduren der Fehlerkorrektur der Beschreibung enthält. Sie wird valide sein, insofern ihre Ergebnisse die zu erfassende Problemlage inhaltlich zutreffend erfassen (inhaltliche Validität); insofern ihre Ergebnisse der sachlogischen und begrifflichen Konstruktion ihres Gegenstandes (dem in Erziehungsprozesse eingebetteten Entwicklungsprozess) entsprechen (Konstruktvalidität); schließlich insofern ihre Ergebnisse ihrem Zweck entsprechen, die Lösungsmöglichkeiten der beschriebenen Problemlage zu repräsentieren und zulänglich im Sinne der Problemlösung zu sein (kriterienbezogene Validität). Sie wird eine hohe Nützlichkeit haben,

wenn sie im Hinblick auf die Regulationsfunktion der Jugendhilfe durch kein anderes Verfahren ersetzt werden kann. Für die Erfüllung der genuin jugendhilfespezifischen Aufgaben wird sie von eher geringem Nutzen sein, wenn sie sich durch Diagnostiken, die anderen Zwecken dienen, ersetzen lässt.

Den Zwecken der Jugendhilfe wird daher ein Diagnostikum gerecht werden, das folgende, in der Logik der Sache liegenden inhaltlichen, formalen und funktionalen Eigenschaften hat:

Sachlogischer Gehalt

(1) Es ist theoretisch fundiert und stimmt mit den Erkenntnissen aus Forschung und Praxis überein.
(2) Es erfasst Parameter der elterlichen Erziehung und der Erziehungsbedingungen, insbesondere
  - individuelle Parameter des Kindes,
  - Parameter der Elternschaft,
  - Parameter der Erziehungsqualität,
  - Parameter der Lebenslage.
(3) Es erfasst diese Parameter in Bezug auf Defizite und Ressourcen.
(4) Es erfasst diese Parameter sowohl aus der psychologischen (der kognitiven, emotionalen, motivationalen und behavioralen) als auch aus der sozialen Perspektive.

Sachlogische Struktur

(1) Es ist als multiaxiales System aufgebaut, das die Komplexität des zu erkennenden Gegenstandes in einer dem Zweck angepassten Form der Komplexitätsreduktion zu beschreiben gestattet.
(2) Es ist hinsichtlich seiner Beschreibungs- und Bewertungsregeln transparent; die zu erfassenden Parameter sind operationalisiert.
(3) Es ist hinsichtlich der Verknüpfungsregeln zur Ableitung von diagnostischen Einschätzungen aus den erfassten Parametern transparent; die Hypothesenbildung ist theoretisch begründet, nachvollziehbar und schlüssig.
(4) Es ist mit Bezug auf die Gütekriterien Objektivität, Reliabilität, Validität und Nützlichkeit in seiner Qualität überprüfbar.

Sachlogische Funktion

(1) Es erlaubt die Ableitung geeigneter Interventionen und Interventionsziele, die seinem Gegenstand angemessen sind und in dessen Operationsbereichs liegen; geeignet sind Interventionen, die den elterlichen

Erziehungsprozess, der Störungen des kindlichen Entwicklungsprozesses reguliert, in dessen Regulationsfunktion unterstützen und sich strukturell mit ihm verkoppeln.

(2) Es erlaubt die Explikation des konkreten Passungsverhältnisses zwischen den auf den kindlichen Entwicklungsprozess bezogenen Regulationszielen des elterlichen Erziehungsprozesses einerseits und den Regulationszielen der in Erwägung gezogenen Intervention andererseits; die explizierten Interventionsbegründungen sind von daher jugendhilfespezifische Indikationsaussagen.

(3) Es ist in seinen Untersuchungsmethoden praktikabel, in seinen Ergebnissen praxisrelevant und an verhältnismäßiger Wirksamkeit orientiert; es ist weder über- noch unterreguliert. – Man muss mit der Diagnose etwas anfangen können.

5 Indikation

Was eine Diagnose auslöst, wenn man mit ihr etwas anfangen kann, sind zunächst Überlegungen, was angesichts der diagnostizierten Zustände und Verhältnisse zu tun ist – wenn etwas zu tun ist. Die Einschränkung „wenn etwas zu tun ist" meint: Diagnosen fordern nicht per se zu weiterem Handeln auf. Es gibt Diagnosen, die einer in die Aufmerksamkeit der Jugendhilfe geratenen Erziehungssituation ihren anfänglichen Aufforderungscharakter nehmen. Sie begründen, warum es im Sinne der Hilfen zur Erziehung anschließend nichts mehr zu tun gibt. Mag sein, dass in einem solchen Fall etwas anderes sinnvoll und notwendig ist: medizinische, schulische oder die Ausbildung, die Arbeitssituation, das Einkommen, die Freizeit und andere Lebensthemen betreffende Maßnahmen, nur eben keine Erziehungshilfe. Auch um diese Option zu haben, sind diagnostische Untersuchungen in der Jugendhilfe notwendig. Wird sie gewählt, so ist das eine Indikationsentscheidung. Sie besagt im Hinblick auf weitere Hilfe zur Erziehung: Fehlanzeige. Sie besagt jedoch nicht, dass die geleistete diagnostische Arbeit überflüssig war. Sie ist nicht die retrospektive Erkenntnis, dass man auf die Diagnostik hätte verzichten können, hätte man nur gewusst, was dabei herauskommt. Herausgekommen ist nämlich, dass die diagnostische Arbeit hinreichend und geeignet war, dem zuvor der Jugendhilfe angezeigten Regulationsbedarf in einem über- oder unterregulierten Eltern-Kind-System Genüge zu tun. Die notwendige Erziehungshilfe ist in der diagnostischen Arbeit mit diesem System schon geleistet worden, wenn der Regulationsbedarf durch die Erkenntnis- und Reflexionsleistung der erziehenden Instanz, also der Eltern, im diagnostischen Prozess aufgelöst wurde. Die diagnostische Bearbeitung der Erziehungssituation war dann die notwendige Erziehungshilfe. – Von der Sache her handelt es sich um eine Selbsttäuschung der Jugendhilfe, wenn sie annimmt, sie halte sich mit solchen Reflexions- und Regulationshilfen im Vorfeld von Hilfen zur Erziehung auf. Im Gegenteil: Sie befindet sich damit im Zentrum der Erziehungshilfe und nimmt deren eigentliche Funktion wahr.

Es kann jedoch sein, dass der diagnostische Prozess die Eltern noch nicht in die Lage versetzt hat, ihre erzieherische Regulationsaufgabe allein mit eigenen Mitteln zu bewältigen. In einem solchen Fall ist auf der Grundlage der erarbeiteten Diagnose die Frage zu stellen, welche Hilfe zur Erziehung darüber hinaus geeignet sein könnte, die Funktionstüchtigkeit der elterlichen Erziehung zu befördern. Dass sie notwendig ist, kann oder muss man nach dem Vorangegangenen voraussetzen. Die Indikationsentscheidung kann jetzt nicht mehr „Fehlanzeige" heißen; sie wird vielmehr die

Übersetzung der Diagnose in einen weiterführenden, zielorientierten Handlungsplan sein.

„Zielorientierter Handlungsplan" ist freilich ein Pleonasmus, ähnlich wie „kaltes Eis" oder „mit eigenen Händen anfassen"; eine Handlung ohne Ziel ist keine Handlung und ein zielloser Handlungsplan ist kein Plan. Die Frage wird sein müssen, welches Ziel vor dem Hintergrund des diagnostizierten Regulationsbedarfes anzustreben ist, welche „Dinge" in welcher Weise anzupacken und auf das Ziel hin zu bewegen sind. Das sachlogische Oberziel im Zusammenhang mit Hilfen zur Erziehung ist dabei immer schon vorgegeben: Es ist der Zustand eines Eltern-Kind-Systems, das sich selbst – ohne die Regulationshilfe der Regulationsinstanz Jugendhilfe – zu regulieren versteht. Unter dieser Zielvorgabe werden die Fachleute der Jugendhilfe sich also fragen, was sie tun müssen, damit in dem Eltern-Kind-System, mit dem sie gerade zu tun haben, der Zustand der erzieherischen Selbstregulation so schnell wie möglich wieder eintritt und sich verlässlich erhalten kann. Die Indikationsfrage nach der geeigneten Erziehungshilfe lautet, anders formuliert: Wie kann sich die Jugendhilfe in einem Eltern-Kind-System nachhaltig und verantwortlich überflüssig machen?

Verantworten kann sie ihren Rückzug im konkreten Fall freilich erst dann, wenn sie ihrer Regulationspflicht nachgekommen ist, und wenn die Wirkungen ihrer Intervention aller Voraussicht nach Nachhaltigkeit entfalten werden. Wie die Intervention konkret zu gestalten ist, damit dieses Generalziel erreicht wird, hängt nur davon ab, wie die Dinge liegen und wie sie sich bewegen lassen. Die relevanten „Dinge" sind in diesem Zusammenhang die Parameter der elterlichen Erziehung. „Passend" zur gegebenen Sachlage und von daher indiziert ist eine bestimmte Erziehungshilfe, wenn sie die Regulationsfunktion der Jugendhilfe mit der elterlichen Regulationsfunktion strukturell so verkoppelt, dass Letztere der Ersteren nicht mehr bedarf (zum Begriff der strukturellen Kopplung siehe z. B. Maturana/Pörksen 2002, 88 f).

Ein Helfer-Klient-Verhältnis, das als passend gilt, wenn es mit fachlichen Mitteln an seiner Selbstaufhebung arbeitet, liegt nicht unbedingt im Interesse aller Beteiligten. Beide Seiten können sich darauf verständigen, dass sie ihr Verhältnis lieber und länger und in einer anderen Form haben wollen, als es den ihnen zugewiesenen Aufgaben entspricht. Was ist nötig, damit das erforderliche Passungsverhältnis trotzdem möglich wird?

Um die Intervention mit der Diagnose in Einklang zu bringen, um, mit anderen Worten, zu einer korrekten differentiellen Indikation zu kommen, die zielführend ist, wird in der Jugendhilfe das Instrument der Hilfeplanung verwendet:

> „Der Hilfeplan ist das Koordinierungs- und Kontrollinstrument für die Hilfe im Einzelfall sowie die Basis für den Aufbau eines Ziel-Wirkungs-controllings im Bereich der Hilfen zur Erziehung. Der Hilfeplan enthält

Angaben zu den Richtungszielen und den konkreten Handlungszielen, Angaben zu Handlungsschritten, zu Indikatoren für die Zielerreichung und benennt die jeweiligen Verantwortlichen für die einzelnen Schritte. Im Hilfeplan werden Zeitplan, Umfang der Leistung, Kostenplan sowie Vereinbarungen mit dem durchführenden Träger und der Zeitraum für die Hilfeplanüberprüfung verbindlich festgelegt. Die im Rahmen der Kostenübernahme vom Leistungserbringer erwartete Leistung muss eindeutig und unmissverständlich beschrieben sein." (Senatsverwaltung für Bildung, Jugend und Sport Berlin 2005, 2)

In der Berliner Jugendhilfe regelt die Ausführungsvorschrift zur Hilfeplanung gemäß § 36 SGB VIII, der das vorstehende Zitat entnommen ist, das Verfahren, das die Bereitstellung der erforderlichen Hilfe zur Erziehung gewährleistet.

Im Folgenden werden wir drei verschiedene Wege betrachten, die in der Praxis der Jugendhilfe gegangen werden, um zur Bestimmung der notwendigen und geeigneten Erziehungshilfe zu gelangen. Und wir werden fragen, welche Möglichkeiten die Erziehungsberatung hat, Hilfeplanung und -gewährung so zu optimieren, dass den spezifischen Erfordernissen einer konkreten familiären Erziehungssituation und zugleich den Ansprüchen eines „Ziel-Wirkungscontrollings" Genüge getan wird.

5.1 Definition

Aus dem Lateinischen kommend bedeutet Indikation „Hinweis, Anzeige". In der medizinischen Fachsprache hat der Begriff die spezifische Bedeutung von „Heilanzeige". Zur Bestimmung der „Heilanzeige" bei psychischer Erkrankung formuliert Seidenstücker (1999, 479) folgende Indikationsfrage:

„Bei welchem Klienten mit welchen Problemen ist welche Behandlungsmaßnahme bzw. welche Sequenz von Behandlungselementen durch welchen Therapeuten zu welchen Zielsetzungen angemessen und wirksam?"

Die Struktur dieser Leitfrage einer Indikationsentscheidung findet sich, auf den Bereich der Hilfen zur Erziehung angewandt, deckungsgleich in der oben zitierten Definition eines Hilfeplanes wieder. Diese Homologie lässt vermuten, dass auch die Methoden der Indikationsentscheidung in der Jugendhilfe Ähnlichkeiten mit denen in der psychotherapeutischen Versorgung aufweisen. Zur Analyse der Ersteren bedienen wir uns deshalb einer Analyse, die Seidenstücker (1999, 479f) für den Psychotherapiebereich vorgelegt hat. Dort können drei Indikationsmodelle unterschieden werden:

Das *selektive Modell* setzt unterscheidbare Interventionsarten als gegeben voraus. Es ist zwischen mehreren therapeutischen Handlungsmöglichkeiten auszuwählen mit dem Ziel einer optimalen Passung von Klient, Therapeut und Behandlungsmethode. Selektive Indikation findet vor Beginn der Therapie statt. Die hauptsächlichen Nachteile dieser Indikationsmethode sind: Sie unterstellt erstens einen festen und als bekannt vorausgesetzten Katalog von Interventionen ausgewiesener Therapieschulen; und zweitens geht sie davon aus, dass diese therapeutischen Möglichkeiten jederzeit frei verfügbar vorhanden und einsetzbar sind.

Das *inventive Modell* zeichnet sich dadurch aus, dass es von Fall zu Fall und problemspezifisch eine besondere Behandlungsmethode erfindet, die es in dieser Form vorher nicht gab. Das therapeutische Repertoire wird maßgeschneidert und umgebildet mit dem Ziel einer optimalen Passung zwischen Patient, Behandlungsmethode und -aufwand. Problematisch an dieser Indikationsmethode ist, dass sie zumeist die theoretische Fundierung vermissen lässt und allenfalls mit Bezug auf bestimmte Teilaspekte des Therapieprozesses in der Lage ist, die Regeln ihrer Erfindungen und Vorgehensweisen zu explizieren. Oft geraten inventive Verfahren zu eklektizistisch, selten sind sie objektivierbar.

Das *adaptive Modell* geht von der Erfahrung aus, dass zu Beginn geplante Therapiemethoden in der Durchführung nicht starr durchgehalten werden können. Problem-, person- oder prozessorientiert werden Methodenanpassungen erforderlich sein.

> „Solche adaptiven Maßnahmen können u.a. in der Umgestaltung von Therapietechniken, Veränderungen der situativen Bedingungen oder auch in der Auswahl anderer zielführender Therapiemethoden bestehen. Bei der adaptiven Indikation geht es also um die Entscheidungen über Art und Umfang der Modifikation von Faktoren des psychotherapeutischen Prozesses (Therapeut, Klient, Behandlungsmethode). Durch diese Modifikation soll der Therapieverlauf auf bestimmte Zielgrößen hin optimiert werden. Adaptive Maßnahmen basieren auf einer Diagnostik der Veränderung des Klientenverhaltens, die prüft, ob der Klient bestimmte therapieinterne und therapieexterne Ziele erreicht hat." (Seidenstücker 1999, 484)

Die Berliner Ausführungsvorschrift zur Hilfeplanung in der Jugendhilfe liest sich als klares Plädoyer für ein adaptives Vorgehen bei der Indikation von Hilfen zur Erziehung.

5.2 Indikation in der Jugendhilfe

Der Patient der Jugendhilfe ist nicht der „kranke Mensch". Den Status eines Patienten haben in der Jugendhilfe Eltern-Kind-Systeme, die darunter leiden, dass ihre erzieherische Regulation nicht funktioniert. Bleibt man in dieser *façon de parler*, so kann man sagen: Die zu behandelnde „Krankheit" heißt „Kindeswohleinschränkung". Wie wir in Teil I gezeigt haben, ist das die grundlegende Diagnose, die Hilfen zur Erziehung nötig macht. Sie erzwingt solche Hilfen, weil – definitionsgemäß – sonst die Gefahr bestünde, dass der eingriffsrechtlich relevante Tatbestand einer „Kindeswohlgefährdung" eintritt. Wird dieser Tatbestand gerichtlich festgestellt, so kann das in der praktischen Umsetzung von Gerichtsbeschlüssen die Auflösung des betroffenen Eltern-Kind-Systems bedeuten. Immer wenn das geschieht, ist dies nicht nur das Ende eines Eltern-Kind-Systems in der Form des Zusammenlebens, es ist auch eine Niederlage der Jugendhilfe, ähnlich der Niederlage, die das Medizinsystem erleidet, wenn in ihm die Patienten sterben.

Damit dergleichen nicht geschieht, benötigt das Regulationssystem Jugendhilfe erstens differentielle Diagnosen, die Art und Ausmaß gegebener Kindeswohleinschränkungen beschreiben; zweitens differentielle Indikationen, die beschreiben, wie die verschieden konditionierten, unterschiedlich ausgeprägten, mehr oder weniger bedrohlich erscheinenden Fälle von Kindeswohleinschränkung wirksam in Fälle von Kindeswohlgewährleistung und -förderung transformiert werden können. Wie kommt man in der Jugendhilfe von den differentiellen Diagnosen zu den differentiellen Indikationen? Drei verschiedene Wege werden begangen, die denjenigen im Psychotherapiebereich (s. o.) ähneln. Die Wege der selektiven, inventiven und adaptiven Indikation werden wir im Folgenden unter dem Aspekt ihrer Funktionalität betrachten, also unter der Fragestellung, inwiefern sie zu geeigneten Hilfen führen können.

Klatetzki (1994b, 14) definiert das in Organisationen der Sozial- und Jugendhilfe ausgeübte professionelle Handeln als ein „spezielles und auf systematisiertem Wissen beruhendes Handeln", das aus mindestens drei Elementen besteht: (1) dem Einordnen eines Problems (Diagnose), (2) dem schlussfolgernden Nachdenken über das Problem (Inferenzwissen), (3) dem daraus resultierenden Handeln (Behandlung). Charakteristisch für solches Handeln sei dessen Vereinheitlichung: „Der entscheidende Mechanismus, der in Profibürokratien die vielen Einzelhandlungen der Mitarbeiter zu einer organisierten Einheit koordiniert, ist die Standardisierung der Fertigkeiten der Professionellen."

Relativ bald nach dem Inkrafttreten des Kinder- und Jugendhilfegesetzes (SGB VIII) hatte sich in der Praxis der Jugendhilfe eine Form der Standardisierung durchgesetzt, die das Gesetz selbst als Hilfekanon interpretierte und dem für Bürokratien typischen Zug folgte, Hilfen durch sogenannte Leistungsbeschreibungen nicht nur zu systematisieren, sondern bis ins letzte Detail auch zu fixieren. Diesen „Ansatz der Standard-Hilfen" haben v. a. Klatetzki, Rösler und Winter einer grundlegenden Kritik unterzogen und, in der Tradition des „Rauhen Hauses", eine Alternative propagiert, die als „Ansatz der flexiblen Hilfen" (Klatetzki 1994a) die Erstarrung der Hilfeleistungsarten auflösen sollte.

5.2.1 Selektive Indikation: der Weg zu Standard-Hilfen zur Erziehung

> „Im Rahmen der gängigen Repräsentationen [der „Standard-Hilfen", d. A.] wird die Anforderung des § 27 KJHG, notwendige und geeignete Hilfen zu leisten und dies insbes. durch die in den §§ 28–35a KJHG genannten sozialpädagogischen Hilfeformen zu tun, von den Jugendämtern so verstanden, als zählten die §§ 28–35a KJHG eine Reihe von Behandlungsverfahren auf, die auf Problemkonstellationen anzuwenden sind. Unterstellt wird dabei zumeist zudem, dass die Behandlungsformen irgendwie wirksam sind – auch wenn der empirische Nachweis für diese Annahme aussteht …" (Klatetzki 1994b, 16)

Was die (differentielle) Wirksamkeit des über Leistungsbeschreibungen fixierten Hilfekatalogs angeht, so kann man die Behauptung, es würden die empirischen Nachweise dafür fehlen, inzwischen nicht mehr aufrechterhalten. Die Ergebnisse der umfangreichen und prospektiv angelegten Jugendhilfe-Effekte-Studie (Schmidt et al. 2002) lassen an der grundsätzlichen Wirksamkeit von Hilfen zur Erziehung nicht mehr zweifeln. Sie zeigen allerdings auch: Die Standardhilfen des Hilfekatalogs – Hilfen zur Erziehung im Rahmen von Erziehungsberatungsstellen, in Erziehungsbeistandschaften, im Rahmen sozialpädagogischer Familienhilfen, in Tagesgruppen sowie im vollstationären Rahmen – zeigen sehr unterschiedliche Effekte. Das Zustandekommen dieser Unterschiede wirft den Befunden der Studie zufolge die Frage auf: „Wird die Hilfewahl von den entscheidenden Merkmalen gesteuert?" – „Die Hilfewahl bedarf der Verbesserung", lautet die Antwort (Schmidt et al. in Bundesministerium für Familie, Senioren, Frauen und Jugend 2002, 538f).

Die Jugendhilfe-Effekte-Studie bewegt sich im Rahmen des selektiven Indikationsmodells. Sie stellt nicht grundsätzlich in Frage, dass die untersuchten Hilfearten so etwas sind wie voneinander abgrenzbare Behandlungsarten. Allerdings sehen die Autoren „Eignungsüberschneidungen", die ihnen zu denken geben. Die Eignung mehrerer Hilfearten zur Bewältigung ein und derselben Problemlage spricht ihrer Ansicht nach „für eine engere Verzahnung" mehrerer Hilfeformen (S. 539). Dass in 15% der Fälle „eine ungeeignete Hilfeform gewählt" wurde, verstehen sie als Hinweis auch auf die „Grenzen des Aushandlungsprozesses", der in der Hilfeplanung mit den Klienten stattfindet (S. 538). Auf diese Grenzen hat seinerzeit schon Klatetzki (1994) hingewiesen. Dass die Einbeziehung der Betroffenen in die Auswahl der Hilfeform die Defizite des selektiven Hilfeplanmodells ausgleichen könnte, ist Klatetzki zufolge eine trügerische Hoffnung. Denn die Annahme, die Hilfeempfänger würden letztlich selbst dafür sorgen, dass die geeignete Hilfe gewählt wird,

> „impliziert, dass selbstbestimmte Subjekte auf der Grundlage von Einsicht ihre Angelegenheiten zu regeln in der Lage sind. Denn nur, wenn die Beteiligten über diese Kompetenzen verfügen, bilden Verständigungsprozesse eine verlässliche Handlungsbasis. Für die Adressaten der Hilfe zur Erziehung ist nun gerade charakteristisch, dass sie die für das Aushandeln notwendigen Kompetenzen noch nicht – oder nicht mehr – haben. Sie ringen um Selbstbestimmtheit und Einsichtsfähigkeit. Würden sie das nicht tun, wären Hilfen zur Erziehung nicht nötig." (Klatetzki 1994b, 16)

Deshalb können die meisten Hilfeplandiskussionen, die sich im Rahmen des selektiven Indikationsmodells bewegen, keine echten Aushandlungsprozesse sein, die das optimal wirksame Passungsverhältnis zwischen Hilfeform und Hilfebedarf herstellen. Genommen wird, was im Angebot ist. Was die Standardhilfen nicht vorsehen, kann deshalb auch nur einem Bedarf entsprechen, den es nicht gibt (= der nicht wahrgenommen wird). Der Ansatz führt in ein Indikations- und Wirksamkeitsdilemma. Er passt das Problemgemenge einer vorgegebenen Lösungsmenge an und ist überfordert, sobald die Probleme darauf beharren, echte Probleme zu sein, die keine vorgeformten Lösungen haben.

Bemerkenswert vor dem Hintergrund dieser Kritik am selektiven Indikationsmodell ist freilich die relativ hohe Trefferquote, die es den Ergebnissen der Jugendhilfe-Effekte-Studie zufolge trotzdem erreicht. Auch wenn bei der Hälfte der in dieser Studie erfassten Fälle „eine eindeutigere Zuweisung" zu einer Hilfeform „möglich gewesen wäre und für ein knappes Drittel die Alternative zwischen zwei Hilfearten" bestanden hat (Schmidt et al. 2002, 538), so sind – gemessen an der Wirksamkeit der gewählten Hilfeformen – schließlich „nur" 15 % wirklich ungeeignet gewesen; umgekehrt waren 85 % der Hilfen wirksam. Das liegt eindeutig oberhalb einer zufallsgenerierten Passung zwischen Hilfeform und Art des Hilfebedarfs.

Wie kommt es zu dieser Passung? Die Antwort kann u. E. nur sein, dass das Handeln in der „Profibürokratie" der Jugendhilfe tatsächlich professionell in dem von Klatetzki (1994a) definierten Sinne ist (s.o.). Offenbar verstehen es die Fachleute der Jugendhilfe im allgemeinen recht gut, die Probleme, die sie zu bearbeiten haben, diagnostisch richtig einzuordnen und im schlussfolgernden Nachdenken darüber Inferenzwissen anzuwenden, das sie befähigt, sich zu wirksamen Hilfen zu entschließen. Das Inferenzwissen, das sie anwenden, wird erfahrungsbegründet genug sein, um im Großen und Ganzen zu treffenden Indikationen zu kommen. Das Inferenzwissen wird Zuordnungsregeln enthalten, die solche Indikationen ermöglichen. Die Zuordnungsregeln jedoch sind zumeist unexpliziert; sie bleiben implizit und werden eher intuitiv angewandt.

Wir haben versucht, die Zuordnungsregeln zu rekonstruieren, die das professionelle Handeln der Jugendhilfe im selektiven Indikationsmodell wahrscheinlich leiten. Zu diesem Zweck haben wir Fachleute der Jugendhilfe gefragt, welche Überlegungen sie anstellen, wenn sie eine bestimmte Hilfe zur Erziehung einleiten wollen. Die Antworten enthalten drei Gesichtspunkte, an denen sich Indikationsentscheidungen offenbar orientieren: Die Fachleute prüfen erstens, wie stark sie in ihrem Wächteramt beunruhigt sind und ihre Regulationsfunktion aktivieren müssen. Zweitens prüfen sie, ob ihre Regulationsaufgabe eher aufsuchend, in der sogenannten „Geh-Struktur", oder eher in der „Komm-Struktur" bewältigt werden kann. Und drittens prüfen sie, ob die regulationsbedürftige Situation ihren problematischen Kern eher auf der Seite des Kindes oder in der intrafamiliären Kommunikation bzw. Interaktion hat. Die drei Aspekte sind hinsichtlich ihrer Interventionsrelevanz gewichtet, wobei die Beunruhigung im Wächteramt das höchste Gewicht hat (3), die Frage der Nähe-Distanz-Regulation im Verhältnis zu den Klienten ein mittleres (2) und die Frage nach dem Zentrum der Problematik eher weniger akzentuiert erscheint (1). Aus diagnostischer Sicht wären die Akzente allerdings genau andersherum zu setzen, in der folgenden Sequenz nämlich: (a) Was ist der Problemherd? (b) Wie nahe müssen, dürfen bzw. können wir an ihn herangehen? (c) Wie stark sind wir von ihm beunruhigt?

(a) Problemfokus: Kind oder intrafamiliäre Kommunikation?

Was man als den problematischen Kern einer familiären Situation betrachtet, hängt nicht nur von dieser Situation ab, sondern auch – vermutlich sogar in der Hauptsache – von deren kognitiv-affektiver Rekonstruktion. Probleme gibt es ja nicht an und für sich, sondern immer nur als wahrgenommene, so oder so bewertete Lösungsschwierigkeiten. Dementsprechend kann die Fokussierung auf den einen oder anderen Problemkern jeweils nur den Status einer Hypothese haben, deren Realitätsgehalt sich daran zeigt, ob sie zu einer Lösung führt oder nicht. Die personzentrierte Sichtweise steht in der Tradition psychoanalytischer und humanistisch-psychologischer Arbeitsansätze; systemische Zugänge favorisieren die Arbeit mit kontext- und kommunikationsorientierten Konzepten. In der einen Perspektive hat die Betrachtung der individuellen *Psycho-Logik* Vorrang, wobei es darum geht, den inneren Repräsentanzen äußerer und innerer Einflüsse auf die Spur zu kommen und verstehen zu helfen, wie sich diese auf der Erscheinungsebene als gezeigtes Verhalten oder als sprachliche Äußerung darstellen. In der anderen Perspektive steht die *Logik von Kommunikationsprozessen und -mustern* im Vordergrund der Betrachtung, also die Art und Weise, wie sich (personale) Systeme verkoppeln. Beide Zugänge zur Funktionsweise von Eltern-Kind-Systemen sind berechtigt. Denn die Realitätsbereiche, die sie jeweils rekonstruieren, lassen sich in ihrer Existenz nicht bezweifeln; sie lassen sich jedoch unterscheiden, und die Art und Weise, wie sie aufeinander bezogen sind, lässt sich beschreiben. Es kommt darauf an, die Dialektik beider Verstehensweisen auszuhalten und sie nicht in Überlegenheitsansprüche des einen oder anderen Ansatzes aufzulösen.

(b) Regulationsraum: Komm-Struktur oder Geh-Struktur?

In welcher räumlichen Nähe/Distanz zu dem konkreten Ort, an dem erzieherische Regulationsnot(wendigkeit) besteht oder vermutet wird, kann die Regulationsaufgabe der Jugendhilfe am besten bewältigt werden? Das ist im Wesentlichen die Frage, um die in der aktuellen Debatte um die Einführung der „Sozialraumorientierung" in der Jugendhilfe gestritten wird (zur Diskussion der Berliner Jugendhilfe siehe z.B. Senatsverwaltung für Bildung, Jugend und Sport Berlin 2003). In Teilen erinnert sie an frühere Auseinandersetzungen um den Gemeinwesenansatz in der Sozialen Arbeit, um die Sozial- und Gemeindepsychiatrie im Gesundheitswesen.

Diese Frage sollte nicht verwechselt werden mit einer anderen, um die zu streiten es überhaupt keinen Grund gibt: mit der Frage nämlich, von wem und an welchem Ort Lebens- und Handlungsprobleme zu lösen sind. Darauf kann es immer nur eine Antwort geben: Solche Probleme werden gelöst von denen, die sie haben, an dem Ort, wo die Probleme sich zeigen. In der Verwechslung der beiden Fragen neigt die Debatte dazu, sich zu verrennen und mitunter ideologisch zu werden. Selbstverständlich sind die elterlichen Regulationsprobleme in Eltern-Kind-Systemen nicht dieselben Regulationsprobleme, die von der Jugendhilfe im Bezug auf Eltern-Kind-Systeme zu bewältigen sind. Wenn sie ihr Thema nicht verfehlen, beziehen sich Letztere jedoch immer auf Erstere; die Handlungsprobleme der Jugendhilfe sind gewissermaßen Regulationsprobleme zweiter Ordnung in Bezug auf die Regulationsprobleme erster Ordnung, die in Familien auftreten. Die Regulationsprobleme von Eltern-Kind-Systemen erscheinen am Ort ihres Zusammenlebens und ihrer Interaktion mit dem Umfeld, also im sozialen Raum von Mikro- und Mesosystemen (im Sinne von Bronfenbrenner 1981); dort müssen sie gelöst werden von denen, die sie haben – oder sie werden eben nicht gelöst.

An welchem Ort aber erscheinen die Regulationsprobleme der Regulationsinstanz Jugendhilfe? Und an welchem Ort müssen sie gelöst werden? Kurzschlüssig wäre eine Antwort, die implizierte, dass die Regulationsaufgaben der Jugendhilfe dieselben seien wie die Regulationsaufgaben der Eltern, die also die erzieherische Tätigkeit von Eltern verwechselte mit der Tätigkeit der Jugendhilfe. Wann immer die Funktion und der wesentliche Leistungsgehalt von Erziehungshilfen nicht in der „Hilfe zur Erziehung" gesehen, sondern als „*erzieherische* Hilfe" missverstanden wird, liegt u. E. ein Kurzschluss vor, der die Sicherungssysteme der Jugendhilfe zum

Durchknallen oder Durchdrehen bringt. Lähmung und/oder Hyperagieren sind die Burnoutsymptome.

Wo eine Hilfe zur Erziehung ihre Funktion, die Regulationsfunktion eines bestimmten Eltern-Kind-Systems zu unterstützen, am besten erfüllt, ist davon abhängig, an welchem Ort sie die optimalen Bedingungen für die Entfaltung von Wirkung vorfindet oder herstellen kann. Es muss nicht der Ort, an dem die Familie lebt, deren Wohnung oder nahes Umfeld sein, wo die Intervention der Jugendhilfe stattfindet. Die elterliche Regulationsfunktion kann die optimale, im Sinne einer gut dosierten Unterstützung durch die Regulationsleistung der Jugendhilfe auch in einem anderen Setting und an einem anderen Ort als zu Hause erfahren. Erfahrene Praktiker der Jugendhilfe wissen das. Sie machen ihre diesbezüglichen Entscheidungen offenbar von zwei Kriterien abhängig, welche die praktischen Kompetenzen einer Familie in ihrem (1) Binnen- und im (2) Außenverhältnis betreffen. Das erste Kriterium bezieht sich auf die Art und Weise, wie in einer Familie dem Sicherheits- und Entwicklungsbedürfnis des Kindes Rechnung getragen wird; das zweite auf das Ausmaß, in dem die Personen einer Familie, insbesondere die Eltern, sich als Subjekte ihres Handelns verhalten, sowie auf die damit zusammenhängende Art und Weise ihres Umgangs mit Unterstützungsangeboten. – Das alltagspsychologische Wissen, das diesen beiden Kriterien Bedeutsamkeit zumisst, korrespondiert mit Annahmen, die auch in der wissenschaftlichen Psychologie als grundlegend erachtet werden.

Zu (1): Aus entwicklungspsychologischer Sicht gilt die elterliche Fähigkeit der „Sensitivität, Responsivität und Kontingenz" im Umgang mit dem Kind als essentiell wichtig für dessen Entwicklung (vgl. im Überblick: Schmücker/Buchheim 2002; Wolke 1999; Papoušek 2004). Die empirisch belegte bindungstheoretische Annahme meint im Wesentlichen, dass Eltern in ihrem Verhalten gegenüber den Kindern sowohl in der Bedeutungs(re)konstruktion und Symbolisierung als auch zeitlich eine ausreichende Stabilität wahren müssen, damit das Kind sich als von ihnen unterscheidbare Person (Identitätsaspekt) und als sich verändernde Person (dynamischer Aspekt) erfahren kann. Diese beiden Grunderfahrungen geben dem Kind seine existenziell bedeutsame Sicherheit. – Haben sich Praktiker der Jugendhilfe davon überzeugt, dass Eltern ihrem Kind gegenüber in einem hohen Ausmaß die notwendige Sensitivität, Responsivität und Kontingenz vermissen lassen und das Kind in seinen Grundbedürfnissen vernachlässigen oder beschädigen, so wählen sie für die zu leistende Erziehungshilfe eher die aufsuchende Form als die „Komm-Struktur".

Zu (2): Erscheint die „Subjektposition der Beteiligten" (Oerter et al. 1999) dem Helfersystem als eingeschränkt, so wird es die Klienten eher aufsuchen als kommen lassen. Es sind vor allem die Merkmale der Eigenaktivität und Reflexivität, die hier den Ausschlag geben. Dazu gehören motivationale und volitive Aspekte, Erfahrungen mit der eigenen Urheberschaft, Kontrollüberzeugungen, Erfahrungen mit der eigenen Beziehungsgestaltung.

In Tab. II.10 haben wir versucht, die latenten psychologischen Annahmen in eine Ordnung zu bringen, die Fachleute der Jugendhilfe vermutlich veranlassen, im einen Fall die Geh- und im anderen Fall die Komm-Struktur von Hilfen zur Erziehung zu wählen.

(c) Problemgewicht: Beunruhigung im Wächteramt

„Pflege und Erziehung der Kinder sind das natürliche Recht der Eltern und die zuvörderst ihnen obliegende Pflicht. Über ihre Betätigung wacht die staatliche Gemeinschaft." (Art. 6 Abs. 2 GG) Fachkräfte der Jugendhilfe entscheiden sich umso eher für eine Hilfe zur Erziehung, je mehr sie sich in dem ihnen übertragenen Wächteramt von einer wahrgenommenen Situation der Kindeswohleinschränkung in einem Eltern-Kind-System beunruhigt fühlen. Überschreitet ihre Beunruhigung einen kritischen Wert, sehen sie sich veranlasst, im Hinblick auf die „natürliche" Regulationsaufgabe der Eltern geeignete Regulationshilfen zu leisten. Die „gefühlte Beunruhigung" einer Fachkraft angesichts des Zustandes eines Eltern-Kind-Systems ist – wie die gefühlte Beunruhigung von Eltern angesichts des Zustandes ihres Kindes – ein unverzichtbarer, weil durch nichts zu ersetzender Indikator dafür, dass in einem Eltern-Kind-System Klärungs- und

Tabelle II.10: Latente psychologische Annahmen, die den methodologischen Kategorien der Komm- und Geh-Struktur zugrunde liegen

	Elterliches Verhalten in Bezug auf		**Subjekteigenschaften**			
	Sensitivität und Kontingenz		**Eigenaktivität der Individuen**			**Reflexivität**
	Stabilität in der Bedeutungs (re)konstruktion (Konsistenz)	zeitliche Vorhersagbarkeit (Konstanz)	Motivation/ Antrieb	Urheberschaft	Bezogenheit	
Komm-Struktur	eher adaptiv kindangemessen	eher zuverlässig	eher höher	eher internal	eher höher	eher differenziert
Geh-Struktur	eher beeinträchtigt	eher beeinträchtigt	eher gering	eher external	eher gering oder sporadisch	eher wenig differenziert

Interventionsbedarf besteht. Sie ist Ausdruck der fachlichen „Sensitivität, Responsivität und Kontingenz“ der Jugendhilfe, ähnlich der elterlichen im Umgang mit dem Kind. Die Beunruhigung im Wächteramt ist ein subjektives Phänomen. In der Organisation der Jugendhilfe erwirbt sie professionellen Charakter durch ihre Reflexions- und Intervisionspflichtigkeit.

Zusammengenommen bilden die drei in der Praxis der Jugendhilfe offenbar indikationsrelevanten Gesichtspunkte „Problemfokus“, „Regulationsraum“ und „Problemgewicht“ einen dreidimensionalen Raum von Indikationsoptionen. Darin lässt sich erstens der Kanon der Standard-Erziehungshilfen abbilden. Zweitens ist es möglich, in ihm die intuitiv angewandten Zuordnungsregeln zu rekonstruieren, die in der Praxis der Jugendhilfe über die Zuordnung typischer Standard-Hilfen zu typischen Problemlagen entscheiden helfen. Wir haben diesen Entscheidungsraum in Tab. II.11 dargestellt. Die eigentlich dreidimensionale Systematik ist aus darstellungstechnischen Gründen in zwei Dimensionen aufgeklappt.

Wie die Zuordnungssystematik zu lesen ist, sei am **Beispiel** der **Indikation zur Familienhilfe** erläutert. Diese Indikation wird in dem von uns rekonstruierten Entscheidungsraum gewählt, wenn die Problemlage eines Eltern-Kind-Systems folgende Merkmale erkennen lässt:

- Die intrafamiliäre Kommunikation läuft eher auf einen Konsens mit konstruktiven Lösungen hinaus.
- Das elterliche Erziehungsverhalten erscheint wenig konsistent und damit eher nicht voraussagbar oder für das Kind zwar voraussagbar, aber beängstigend, weil dem Kind unangemessen.
- Die Eltern sind häufiger nicht kontingent in ihren Antworten auf die Signale des Kindes.
- Die eigene Motivation zur Veränderung bei den Beteiligten ist eher gering ausgeprägt.
- Die Überzeugung der Eltern, selbst Urheber ihres Handelns zu sein, ist nicht stabil.
- Die Erfahrung, sozial eingebunden und auch verantwortlich zu sein, ist eher brüchig.
- Die Fähigkeit zur Reflexion des eigenen Handelns ist nicht sehr differenziert.

5.2.2 Inventive Indikation: der Weg zur flexiblen Hilfe zur Erziehung

Dem Ansatz der flexiblen Hilfen liegt die Forderung zugrunde, unterstützende Organisationen sollten sich an die Problematiken der Menschen und nicht umgekehrt die Probleme an die Lösungsmöglichkeiten der Organisation anpassen. „Nicht Konzepte von Einrichtungen und die damit verbundenen Standardverfahren sollten daher zum Ausgangspunkt für organisa-

Tabelle II.11: Hilfen zur Erziehung systematisiert

	Beunruhigung	**Gehstruktur** (aufsuchend)	**Kommstruktur**
Schwerpunkt **„Kommunikation in der Familie“**	**gering** (Kommunikation ist auf konsensuale Lösung hin orientiert)	Familienhilfe	Erziehungsberatung mit Fokus auf intrafamiliärer Kommunikation als Familienberatung
	hoch	aufsuchende Familientherapie	Erziehungsberatung mit Fokus auf intrafamiliärer Kommunikation als Familientherapie
	sehr hoch (Kommunikation ist destruktiv)	die familiäre Erziehung ersetzende Interventionen	
Schwerpunkt **„Probleme des Kindes“**	**gering**	aufsuchende Frühförderung aufsuchende Einzelfallhilfe	Erziehungsberatung mit kindertherapeutischem Akzent
	hoch	teilstationäre Angebote z.B. Tagesgruppen	Kindertherapien gemäß KJHG
	sehr hoch	die familiäre Erziehung ersetzende Interventionen	

torische Strukturbildungen gemacht werden, sondern die Problemlagen von Kindern und Jugendlichen.“ (Klatetzki 1994b, 18)

Die gesetzliche Grundlage dieser Forderung und ihrer praktischen Umsetzung bildet die Vorschrift des § 27 Abs. 2 SGB VIII, die verlangt, notwendige und geeignete Hilfe zu leisten. Die in den nachfolgenden Paragraphen genannten Leistungsarten sind folglich als Konstruktionshilfen, nicht aber als fertige und starre Leistungsformen zu verstehen. Will man die in konkreten Hilfefällen tatsächlich geeigneten, passenden und wirksamen Hilfen konstruieren, so werden lernende Organisationen benötigt, in denen sich induktiv-divergentes Denken entfalten kann.

„Die [...] Perspektive der Standardverfahren muss vermieden werden, denn nur die Variation der Problemsetzungen führt vom Speziellen zum Allgemeinen und damit zu neuen Ideen für das Handeln. Praktisch bedeutet ‚Variation der Problemsetzung‘, dass die Lebenssituation eines jungen Menschen von den Professionellen gemeinsam unter dem Blickwinkel unterschiedlicher sozialwissenschaftlicher Theorieansätze betrachtet wird. Aus der nach gemeinsamer Diskussion der Professionellen gewonnenen angemessensten Problemdeutung werden dann Schlussfolgerungen für das Handeln gezogen und umgesetzt." (Klatetzki 1994b, 19)

Die Interventionsrichtung orientiert sich am pädagogischen Ziel der „Personalität und Mündigkeit" (nach Brumlik 1992). Erforderlich für eine solche Arbeitsweise sei

- ein multiprofessionelles Fachteam,
- die Bereitschaft zur Definition und Re-Definition von Problemen,
- der Einsatz von Methoden zur Ausweitung der Fähigkeit zur Perspektivübernahme.

Uneingeschränkt zu begrüßen ist das grundsätzliche Plädoyer dieses Ansatzes für

- ein hypothesenorientiertes und
- zyklisch zu reflektierendes Vorgehen mit
- quasi-experimentellem Charakter,

das der Komplexität und hohen Dynamik von Problemlagen und Entwicklungsprozessen Rechnung trägt. In dieser Haltung kann das Problem eines Eltern-Kind-Systems als ein durchaus sinnvoller und entwicklungsträchtiger Bewältigungsversuch innerhalb des Systems begriffen werden. – Zu kritisieren sind an diesem Ansatz jedoch zwei Punkte:

(a) Wir vermissen einen theoretischen Orientierungsrahmen, der es ermöglichen würde, Problemlagen von Eltern-Kind-Systemen mit Bezug auf die Zwecke der Regulationsinstanz Jugendhilfe zu begreifen und zu bewerten. Das macht im Prinzip die praktisch relevante Problem- bzw. Situationsdefinition in ihrer theoretischen Begründung recht beliebig und lässt nicht die Ableitung kommunizierbarer Indikationsregeln zu. Letztlich kann das in das gleiche Indikationsdilemma führen, wie es dem selektiven Modell eigen ist (s.o.). Richtet sich im selektiven Modell die Indikation nach der bereits vorhandenen fixen Hilfe, so muss beim Ansatz der flexiblen Hilfen die Form der Hilfeleistung stets neu erfunden werden. Der Ansatz läuft so Gefahr, einer Art postmoderner Beliebigkeit Vorschub zu leisten. Das wird spätestens dann deutlich, wenn man versucht, anhand der von den Autoren um Klatetzki (1994) zitierten Fallbeispiele die konkrete Ableitung ihrer spezifischen Interventionen nachzuvollziehen.

(b) Die im Ansatz der flexiblen Hilfen postulierte „Ent-Spezialisierung" ist u. E. ein gedanklicher Kategorienfehler und ein praktischer Irrweg, auf dem die Praxis der Jugendhilfe durch Ent-Professionalisierung beschädigt wird. Nach unserem Verständnis muss es vielmehr darum gehen, Professionalität, Kreativität und Kommunikation in einem Team von – auch spezialisierten

– Fachkräften zu organisieren mit dem Ziel, fallbezogen spezifische Hypothesen über die jeweilige Situations- und Problemdefinition zu generieren und adaptive Wege zu deren Realitätsangemessenheit zu finden (vgl. hierzu auch Hundsalz 2004; Menne 1994).

5.2.3 Adaptive Indikation: der Weg zur prozessorientierten Hilfe zur Erziehung

Indikationsentscheidungen, die bei der Planung und Durchführung von Hilfen zur Erziehung zu treffen sind, können in einem Adaptationsprozess generiert werden, der zwischen Problemlagen in Eltern-Kind-Systemen einerseits und Unterstützungsleistungen zu deren Bewältigung andererseits kontinuierlich vermittelt. Im Folgenden werden wir ein adaptives Indikationsmodell skizzieren, das einen dritten Weg zwischen dem selektiven und dem inventiven Modell einschlägt. Uns ist bewusst, dass der adaptive Ansatz, den wir hier vorschlagen, keineswegs in all seinen Facetten schon ausbuchstabiert ist – weder auf der theoretischen Begründungsebene noch auf der Ebene seiner praktischen Handhabung. Wir können aber zumindest die für diesen Ansatz charakteristischen Konstruktionsprinzipien, die Konstruktionselemente und das Konstruktionsziel der Organisation des Indikationsprozesses beschreiben.

Das adaptive Indikationsmodell verfolgt das *Ziel*, die Organisation des Indikationsprozesses so zu gestalten, dass in der Praxis der Hilfeplanung die dialektische Vermittlung möglich wird zwischen den vorgegebenen Rahmenbedingungen katalogisierter Standard-Erziehungshilfen einerseits und der handlungsleitenden Idee des Flexible-Hilfen-Ansatzes andererseits, die Adaptivität von Erziehungshilfen zu maximieren.

Aus dieser Zielformulierung lassen sich für die Organisation des Indikationsprozesses *Konstruktionsprinzipien* ableiten. Die Optimierung der Entscheidungsprozesse, die zur Indikation konkreter Hilfen zur Erziehung führen, setzt voraus:

- exakte Problemdefinitionen, welche die individuellen und familiären Entstehungsbedingungen der Problemlage eines Eltern-Kind-Systems beschreiben und die Ableitung von Problemlösungen bzw. von Entwicklungszielen ermöglichen;
- exakte Begründungen, weshalb ein bestimmtes Problem zu seiner Lösung eine bestimmte Behandlung und keine andere erfordert und weshalb mit genau dieser Behandlung die aus dem Befund ableitbaren Entwicklungsziele erreicht werden können;
- nachvollziehbare Bezugnahmen vorgeschlagener konkreter Problembehandlungen auf einen vorgegebenen Katalog prototypischer Interventionen;

- zielgenaue Interventionen, die einen Zusammenhang mit angestrebten Entwicklungszielen haben;
- verlässliche Wirksamkeitsnachweise, welche die Erreichbarkeit von Interventionszielen wahrscheinlich und den Prozess der Zielerreichung verständlich machen;
- prozessregulierende Vorkehrungen im Indikationsprozess, die dem hypothesenorientierten quasi-experimentellen Charakter der Hilfen Rechnung tragen.

Demzufolge ist die Struktur des adaptiven Indikationsprozesses aus drei *Konstruktionselementen* zusammengesetzt:

(1) einem auf Entwicklungsziele und Problemlösungen bezogenen Diagnoseinventar;
(2) einem entwicklungszielorientierten Katalog von Interventionen, die sich mit den diagnostischen Urteilen sachlogisch verbinden lassen;
(3) einem organisierenden Rahmen der adaptiven Prozesssteuerung.

Diese Bausteine der Konstruktion eines adaptiven Indikationsprozesses werden im Folgenden beschrieben. Das Konstruktionselement „Diagnose" (1) betrachten wir an dieser Stelle nur kursorisch; es wird im dritten Teil des Buches ausführlich erläutert. Gründlicher diskutieren wir hier den entwicklungszielorientierten Interventionskatalog (2) und anschließend die Frage nach den Möglichkeiten, den Indikationsprozess im Sinne des adaptiven Modells zu steuern (3). Antworten auf die zuletzt genannte Frage werden wir sodann in zwei Formen der Organisation von Hilfeplanprozessen finden.

(1) Entwicklungszielorientierte Diagnosen

Die gegliederte Diagnostik und Klassifikation, die wir vorschlagen und in Teil III darstellen werden, dient dazu, die wesentlichen Parameter der elterlichen Erziehung und der Erziehungsbedingungen zu erfassen, die wir in Teil I dargestellt und begründet haben. Das Gefüge der Faktoren, von denen wir annehmen, dass sie den Prozess der elterlichen Erziehung strukturieren und in seiner Qualität moderieren, ist in Abbildung II.3 noch einmal anschaulich dargestellt.

Die differentialdiagnostische Erfassung von Merkmalen und Bedingungen elterlicher Erziehung mit Hilfe des „Multiaxialen Diagnosesystems – Jugendhilfe" (MAD-J) ermöglicht zusammenfassende Zustandsbeschreibungen (Diagnosen) konkreter Eltern-Kind-Systeme, die zum einen deren Komplexität in einer dem Zweck (der Hilfen zur Erziehung) angemessenen Annäherung Genüge tun, und die zum anderen Aussagen über die jeweils realisierbaren Entwicklungs- und Hilfeziele begründen.

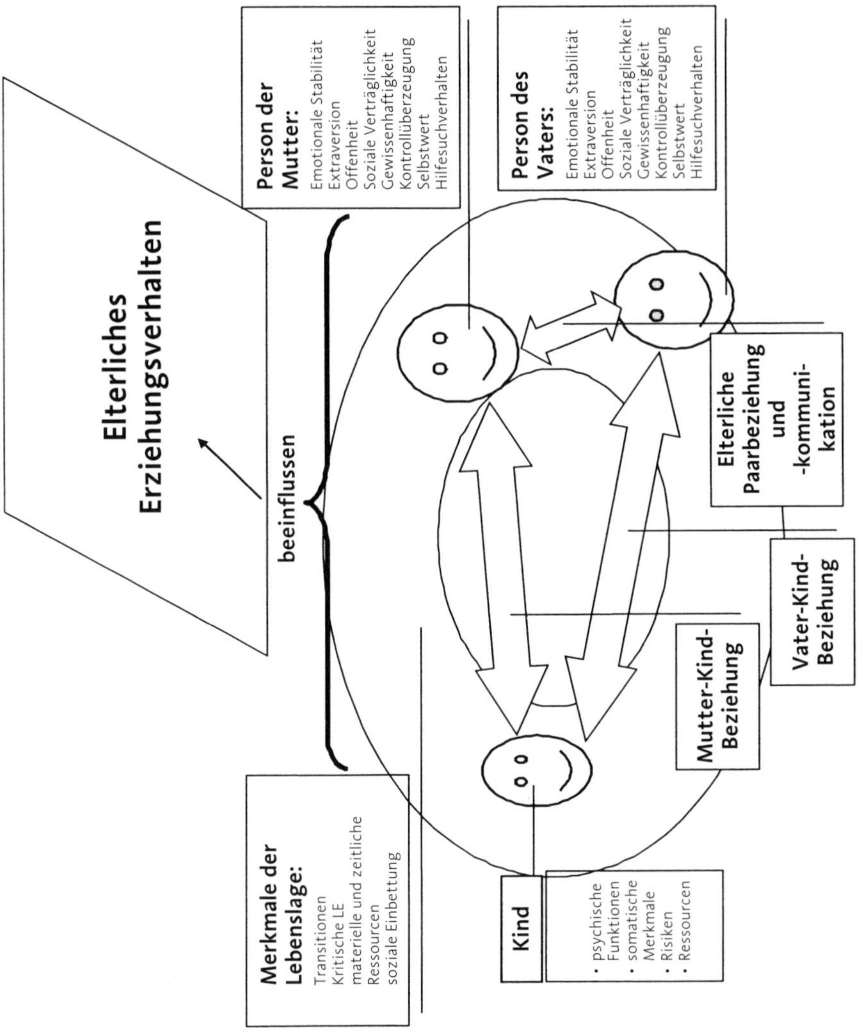

Abbildung II.3: Merkmale und Bedingungen elterlicher Erziehung

(2) Entwicklungszielorientierter Interventionskatalog

Der adaptive Indikationsansatz unterscheidet sich vom inventiven unter anderem dadurch, dass er nicht darauf verzichtet, prototypische Interventionen zu beschreiben und – jeweils verbunden mit einem Zielbezug – zur Auswahl zu stellen. Anders als im selektiven Indikationsmodell sind es jedoch nicht die relativ schwerfälligen „Standardhilfen“ im Sinne der §§ 28–35 SGB VIII, die u. E. optional zur Verfügung stehen müssten, sondern Interventionsmodule im Sinne von fachlich begründeten Methoden und Techniken, die nach möglichst transparenten und objektivierbaren Verknüpfungsregeln kombinierbar sein sollten. Die durch die Verfassung eines bestimmten Eltern-Kind-Systems begründete und dann auch praktisch realisierbare Entscheidung für eine bestimmte adaptive Hilfe setzt zum einen voraus, dass es eine Diagnose gibt, die den Eltern-Kind-Systemzustand hinreichend klar beschreibt, und zum anderen, dass ein Pool von Interventionsmodulen existiert, aus dem sich eine komplexere Hilfe zusammensetzen lässt, die zu dem Systemzustand und seinen Entwicklungsmöglichkeiten passt.

Ein solcher Modulkatalog wird sich selbstverständlich nicht ein für allemal festschreiben lassen. Abhängig von der fachlichen Entwicklung und von den Erfordernissen der Praxis wird er sich erweitern oder reduzieren, und die Methodenmodule werden sich differenzieren und integrieren. Um zu verdeutlichen, an welche Art von Modulen im Sinne von fachlich begründeten Interventionsmethoden und -techniken wir denken, geben wir im Folgenden einige Beispiele, von denen wir meinen, dass sie zur Verfügung stehen sollten. In der Praxis sind diese Module weiter ausdifferenziert, als wir sie hier darstellen. Die Reihenfolge ihrer Nennung entspricht keiner Rangreihe.

Therapeutische Hilfen setzen voraus, dass im Eltern-Kind-System auf der Personen-Ebene und/oder auf der System-Ebene gestörte Funktionen und deutlich chronifizierte Beeinträchtigungen festzustellen sind. Diese Hilfen bedienen sich einer Reihe von Verfahren, die als wissenschaftlich begründet gelten und von hierzu berechtigten Therapeuten ausgeübt werden. Auf der Personen-Ebene richten sich Therapien auf seelische Störungen, das sind Störungen der emotionalen, kognitiven, motivationalen, volitiven und behavioralen Funktionen, Entwicklungsstörungen der sensumotorischen und kommunikativen Funktionen sowie von Teilleistungsfunktionen. Auf der Systemebene richten sich Therapien auf systemische Störungen im funktionalen Gefüge der Eltern-Kind-Beziehungen, das sind Entwicklungsstörungen des Familienlebens insgesamt im Sinne von Verzögerungen und Beschleunigungen der Entwicklung des familiären Zusammenhangs.

Unter „Störungen“ verstehen wir schwere Beeinträchtigungen von Funktionen, die in ungestörter Verfassung die relativ problemlose Teilhabe von Individuen an systemisch relativ problemfreien Austauschprozessen ermöglichen, die ihrerseits von sozialen und gesellschaftlichen Normen bestimmt sind. Unser Verständnis von Störungen orientiert sich an der im englischsprachigen Raum gebräuchlichen Unterscheidung von „pertuberances“, „disturbances“ und „disorders“, die im Schweregrad aufsteigend alle maladaptiv sind. „Störungen“ setzen wir gleich mit den (schweren) „disorders“. Als Hilfen zur Erziehung sind psychologisch-therapeutische und familientherapeutische Interventionen auf solche Störungen gerichtet, die sowohl die erzieherische Funktion der Eltern als auch die Entwicklungsfunktion des Kindes bzw. die Funktionen des Familienlebens insgesamt beeinträchtigen.

Beratungen werden angeboten entweder bei leichteren maladaptiven Funktionsbeeinträchtigungen (also „pertuberances" oder „disturbances") oder sie kommen flankierend bei bereits laufenden therapeutischen Prozessen zum Einsatz. Ihre Legitimation entspringt ebenfalls einer wissenschaftlichen Begründung. Beratung wird von eigens hierfür ausgebildeten BeraterInnen durchgeführt (vgl. dazu ausführlich Straumann 2001, 53f sowie die aktuelle Stellungnahme der Bundeskonferenz für Erziehungsberatung 2005). Schwierig ist die Bezeichnung „Beratung" bei unmittelbar an das Kind adressierten Interventionen. So gibt es begrifflich zwar eine „Spieltherapie", jedoch keine „Spielberatung". Eventuell könnte bei den direkt auf das Kind gerichteten Interventionen der Begriff „prä-therapeutisch" nützlich sein.

Was unterscheidet psychologische Beratung von psychologisch-therapeutischen Interventionen? Beiden gemeinsam ist der Fokus auf das Psychische und/oder das Systemische, also auf emotionale und kognitive Repräsentanzen, auf die entsprechenden inneren Erlebensprozesse, auf deren Verhaltensausdruck und auf das systemische Zusammenspiel von deren Bedeutungen in den Kommunikationen der Beteiligten. Ferner ist beiden gemeinsam, dass sie die psychischen und/oder systemischen Vorgänge zu verstehen suchen, und dass sie den Zugang dazu über die methodische Verwendung der im Beratungs-/Therapie-Setting beobachtbaren bzw. erlebbaren Beziehungen finden, d.h. in der Reflexion und Analyse von Übertragungs- und Gegenübertragungsprozessen in der Berater-/Therapeut-Klienten-Beziehung und/oder in der Reflexion und Analyse der Kommunikationsmuster und ihrer steuernden Faktoren auf Seiten der Klienten. Während nun die Beratung eine sehr begrenzte Fragestellung bearbeitet und ein klar umrissenes Ziel verfolgt und dann auch mit dem Erreichen der Zielstellung beendet wird, geht die psychologisch-systemtherapeutische Intervention zunächst zwar auch von einer bestimmten Zielsetzung aus (die allerdings meistens auf einem höheren Abstraktionsniveau liegt, vgl. Ambühl/Strauß 1999), driftet dann jedoch – mit zunehmender Differenzierung und Spezifizierung – in verschiedene neue Richtungen. Sie dauert damit länger, ist in der Regel intensiver, in ihrem Setting verbindlicher und provoziert ein wesentlich intensiveres psychisches Erleben der Ratsuchenden.

Pädagogische und psycho-edukative Trainings leiten zum Üben von Fertigkeiten an, um diese zu optimieren. Sie befassen sich nicht mit der Analyse komplexer psychischer und/oder systemischer Funktionen und der Korrektur von deren normabweichenden Ausprägungen, sondern beschränken sich in der Regel auf Veränderungen in eher leichter zugänglichen Verhaltens- und Funktionsbereichen.

Tabelle II.12 systematisiert die hauptsächlichen Interventionsmodule in einer dreistufigen Differenzierung. Wir unterscheiden zunächst Interventionsgruppen (diagnostische Klärung, informierende Beratung, Training, psychosoziale Beratung, therapeutische Interventionen). Diesen sind in zwei weiteren Differenzierungsschritten jeweils typische Schwerpunkte und Subschwerpunkte der Interventionsarbeit zugeordnet, die sich wiederum systematisch aus der Analyse der „Bedingungen von Erziehung" ableiten, die wir weiter oben (in Teil I) vorgenommen haben. Die auf diese Weise spezifizierten Interventionsmodule sind dann beispielsweise zu lesen als „Informierende Beratung zur Entwicklung des Kindes" oder als „Beratung zur Erziehung" usw. Diese Interventionsmodule haben eine direkte Passung zu Entwicklungszielen, die sich mit Hilfe des MAD-J aus spezifischen Diagnosen ableiten lassen.

Nun ließe sich einwenden, dass sich dieser Ansatz bis jetzt nicht grundsätzlich unterscheidet vom selektiven Indikationsmodell: Hier wie dort werden mehr oder weniger regelgeleitet Interventionen oder Interventionsgruppen definiert, die dann eine nachvollziehbare und möglichst auch theoretisch begründete Passung zu diagnostischen Bewertungen aufweisen. Das stimmt. Es gibt aber zwei Unterschiede. Erstens dürfte bereits jetzt erkennbar sein, dass die kleinteiliger ausdifferenzierten Interventionsmodule eine größere Variabilität und eine weniger starke Typologisierung von Indikationsentscheidungen erlauben. Dieser größere Gestaltungsspielraum kann zweitens genutzt werden, um die Adaptivität des Indikationsprozesses zu erhöhen.

Die verbesserte Adaptationsmöglichkeit von Indikationsentscheidungen hat allerdings erst dann eine Chance, auch realisiert zu werden, wenn prozesssteuernde Vorkehrungen dafür sorgen, dass das Adaptationspotential tatsächlich genutzt wird.

Bevor wir der Frage nachgehen, welche Möglichkeiten der Prozesssteuerung es bei der Planung von Hilfen zur Erziehung gibt, möchten wir anhand des Fallbeispiels der Familie S. zeigen, wie die Diagnose der Problemlage und die Empfehlung von Hilfen in ein angemessenes Passungsverhältnis zu bringen sind. Wir verwenden an dieser Stelle bereits das im nächsten Teil ausführlich dargestellte Multiaxiale Diagnosesystem für die Jugendhilfe (MAD-J) und geben damit einen kleinen Ausblick auf die Möglichkeiten zur praktischen Umsetzung der bis jetzt erarbeiteten Grundlagen von Diagnostik und Intervention in der Jugendhilfe.

Fallbeispiel Familie S. (7)

Hilfen für Familie S.

Die *Diagnose* des erziehungsrelevanten Problemzustandes in Familie S. lässt sich auf den fünf Achsen des MAD-J wie folgt darstellen:

Achse II: Wir stellen bei der Mutter im Umgang mit Benjamin ein

Tabelle II.12: Interventionsarten im Rahmen der Hilfen zur Erziehung

	Interventionsgruppe	Schwerpunkt	Subfokus	Bemerkungen
Erziehung aktivierende Interventionen: integrative Hilfen zur Erziehung	**Klärung**	Ressourcen und Defizite der Entwicklung des Kindes		[1]Mit „kognitiven Werkzeugen“ sind hier gemeint: psychophysiologische Voraussetzungen zur Erbringung kognitiver Leistungen, wie Wahrnehmung, sensorische Integration, Aufmerksamkeit, Konzentration u.a.
	informierende Beratung	Information	Entwicklung des Kindes	
			Erziehungsverhalten	
			Kommunikation	
			kognitive „Werkzeuge“[1]	
			Kulturtechniken[2]	
			zeitliche und/oder materielle Organisation	[2]„Kulturtechniken“ bezieht sich hier insbes. auf Lesen, Schreiben, Rechnen oder Sprachbeherrschung i.S.v. Performanz bei nicht deutscher Muttersprache.
			soziokulturelle Integration	
	Training	Verhaltenstechniken	Erziehungsverhalten	
			Entwicklungsförderung („Handling“)	
			Kommunikation	[3]„Psychische Funktionen“ sind im Wesentlichen emotionale, kognitive und behaviorale Funktionen, die Abbildungsprozesse von innerem und äußerem Erleben ermöglichen bzw. die diese Abbildungsprozesse selbst zum Inhalt haben.
			Stressmanagement	
		kognitive Teilfunktionen	kognitive „Werkzeuge“	
			Kulturtechniken	
	Beratung	psychische Funktionen[3] (psychologische Beratung)	Erziehung	
			Selbstkonzept und -erleben[4]	
			Beziehung	
			Verhalten	
		System und Kommunikation (systemische Beratung)	Sachliche Lösung (Mediation)	[4]„Selbsterleben“ umfasst hier alle bewussten und unbewussten Inhalte und Prozesse des Selbstkonzeptes sowie dessen Beziehung zum gesamten Organismus. Die Struktur und Organisation des Selbstkonzeptes kann an dieser Stelle nicht weiter expliziert werden, ist jedoch z.B. im Rahmen der Ver-
			Beziehungsklärung	
		Lebenslage (psychosoziale Beratung)	zur materiellen Lebensorganisation	
			zur zeitlichen Lebensorganisation	
			zur soziokulturellen Integration	

Fortsetzung von Tabelle II.12

	Interventionsgruppe	Schwerpunkt	Subfokus	Bemerkungen
Erziehung aktivierende Interventionen: integrative Hilfen zur Erziehung	**therapeutische Interventionen**	psychische Funktionen (psychologisch-therapeutische Interventionen)	Selbstkonzept und -erleben	öffentlichungen zur OPD umfassend nachlesbar.
			Verhalten	
		kognitive Teilfunktionen (pädagogisch therapeutische Interventionen)	Kognitive „Werkzeuge“	
			Kulturtechniken	
		Kommunikation (systemisch-therapeutische Interventionen)	Beziehungsklärung	
	involvierte Beratung und/oder therapeutische Interventionen (aufsuchend)	Lebenslage	elterliche Entlastung	
			zur materiellen und zeitlichen Lebensorganisation	
			zur soziokulturellen Integration	
		Erziehung	elterliche Erziehung	
		Entwicklungsförderung	bei körperlicher, seelischer oder geistiger Behinderung	
		als kurzzeitige Krisenintervention	bei akuter Drohung oder akutem Vorliegen von Gewalt	
Kompensatorische Interventionen: elterliche Erziehung ersetzend	**Hilfen zur Umgangsgewährung und zum Sorgerecht**	elterlicher Umgang	Umgangsbegleitung	
		elterliche Sorge	Eltern-Kind-Unterbringung	
	teilstationäre Angebote	deutliche, anhaltende Kindeswohlgefährdung		
	Fremdunterbringung	höchste Kindeswohl gefährdung	Kindesschutz durch kurzzeitige Entlastung	
			dauerhafter Kindesschutz	

dysfunktionales Affektmuster und eingeschränkte mütterliche Interaktivität fest. Benjamin selbst erlebt dadurch v.a. Einschränkungen in seinen Autonomieerfahrungen. Beides führt zu einer unausgewogenen Mutter-Kind-Beziehung. Die elterliche Paarbeziehung erscheint schlecht balanciert bis beeinträchtigt. Die Mutter erscheint uns psychisch auffällig; es entsteht der Verdacht auf eine im Ursprung postpartale und danach nicht abgeklungene Depression. Der Vater wirkt eher überangepasst und wird in seiner Familie als wenig konturiert erlebt. Das Hilfesuchverhalten entspricht dem der „overutilization".

Achse IV: Die Familie wirkt erheblich gestresst insbesondere durch die chronischen Belastungen während der Schwangerschaft, durch den Tod der Großmutter von Frau S. während ihrer Schwangerschaft, sowie nach der Geburt durch den Mangel an Selbstberuhigungsfähigkeiten bei Benjamin. Hinzu kommen beengte Wohnverhältnisse, finanzieller Druck und vor allem eine erhebliche Isolation der Familie.

Achsen I, III und V: Benjamin selbst weist eine Regulationsproblematik (Achse I als „Maladaptation der Regulation") auf, zeigt leichte Defizite in seiner psychomotorischen Entwicklung (Achse III), und hat zu seiner Mutter ein auffälliges Bindungsverhalten entwickelt. Ansonsten wirkt er gut begabt, spielt freudig, wenn er sich sicher fühlt, und kann sich seit einiger Zeit immer besser auch bei Irritationen selbst beruhigen (Achse V). Auf der Basis dieser Diagnose leiten wir folgende *Interventionsempfehlungen* ab:

1. Gezielte Weiterverweisung der Mutter zur Überprüfung der Indikation für eine Psychotherapie.
2. Übernahme einer psychologischen, videogestützten Mutter-Kind-Therapie in der Erziehungsberatung mit dem Ziel der Förderung des gegenseitigen positiven emotionalen Austausches zwischen der Mutter und Benjamin über das Medium des gemeinsamen Spiels.
3. Regelmäßige Elternberatung zur Stärkung des elterlichen Austauschs über Benjamin, seine Entwicklung und seine Erziehung.

(3) Organisatoren der Prozesssteuerung im Indikationsverfahren

Die Prozesssteuerung stellt Anforderungen an das gesamte System der Hilfeplanung und -gewährung. Mit einem differenzierenden Diagnosesystem und einem hinreichend differenzierten Katalog von Hilfemodulen sind zwei notwendige Voraussetzungen einer adaptiven Hilfeplanung gegeben. Aber diese beiden Bausteine sind noch nicht hinreichend, damit es zu einem adaptiven Indikationsprozess kommt, der tatsächlich zu passenden Hilfen führt. Dazu muss noch eine dritte Bedingung erfüllt sein, die wir in einer Prozesssteuerung sehen, die für die Zwecke der adaptiven

Indikation funktional ist. Vonnöten sind Organisatoren der Prozesssteuerung, die diesem Zweck dienlich sind. Ein Hilfesystem, das in starren Abläufen nach starren Mustern operiert, unterliegt vermutlich anderen Steuerungsimperativen, als die Prozessorganisatoren eines adaptiv operierenden Hilfesystems zur Wirkung bringen werden.

Wovon sprechen wir hier? Wir meinen organisatorische Ermöglichungsbedingungen, die systematisch zur Erhöhung der Wahrscheinlichkeit führen, dass es in jedem Einzelfall von Hilfen zur Erziehung grundsätzlich zu Planungsprozessen kommt, die sich selbst und die zu erbringenden oder erbrachten Hilfeleistungen

- zyklisch, also kontinuierlich wiederkehrend,
- an ihren (Zwischen-)Zielen orientiert
- in ihren (Zwischen-)Ergebnissen bilanzierend bewerten,
- gegebenenfalls neu justieren und/oder,
- ausgerichtet an neu generierten Zieldifferenzierungen,
- mit Hilfe geeigneter, passend kombinierter Hilfemodule wirksam werden lassen.

Will man die Erbringung von Erziehungshilfen in ihrer Planung und Durchführung an einen solchen Prozess der zyklischen Reflexion und Neuorientierung ankoppeln, so bedarf es erstens eines geeigneten Diagnosesystems, wie wir es mit dem MAD-J hier vorlegen, welches die Reflexion zu strukturieren hilft; es bedarf zweitens eines Interventionskataloges, der die Mittel zur Realisierung passender und ggf. neu orientierter Hilfeleistung zur Verfügung stellt; schließlich bedarf es drittens eines organisatorischen Rahmens, der die Möglichkeit zur problem-, person- und phasenabhängigen Reflexion und zur Implementierung der geeigneten Hilfeform nicht nur eröffnet, sondern systematisch fördert. Verbindlich vorgegeben ist ein solcher Rahmen beispielsweise mit der oben zitierten Prozessvorschrift, die für die Jugendhilfe im Land Berlin das Hilfeplanverfahren bei Hilfen zur Erziehung (und Eingliederungshilfen) regelt.

Dass ein professionelles Hilfesystem sich dazu entschließt, den Weg der adaptiven Hilfen zur Erziehung zu gehen, ist u. E. mehr als erfreulich; mit Rücksicht auf den sachlogischen Gehalt solcher Hilfen und im Hinblick auf ihren Regulationszweck (s.o.) ist es im Grunde genommen zwingend. Freilich müssen dann auch die personellen, zeitlichen und materiellen Bedingungen stimmen, unter denen dieser Weg begehbar wird. Im nächsten Abschnitt zeigen wir erstens, dass und wie die institutionelle Erziehungsberatung den Anforderungen des adaptiven Wegs zu den geeigneten Erziehungshilfen Genüge tut. Zweitens stellen wir Überlegungen an, wie die funktionalen Vorteile des in der Erziehungsberatung realisierten Modells der Hilfeplanung in anderen Arbeitsfeldern der Jugendhilfe ebenfalls zur Geltung gebracht werden könnten.

6 Wer diagnostiziert? Wer interveniert? Wer reflektiert?

In diesem Abschnitt werden wir das adaptive Indizieren, wie es in der Institution „Erziehungsberatungsstelle“ stattfindet, als Modellfall beschreiben. Davon ausgehend werden wir die zentralen Konstruktionsprinzipien einer Hilfe leistenden Organisation ableiten, die sich im sondierenden und entscheidenden Ausüben ihrer Indikationsfunktion adaptiv verhält. Im Spiegel dieser Organisationsprinzipien können andere Einrichtungen der Jugendhilfe ihre eigene Organisation und Struktur reflektieren und überlegen, ob sie diesbezüglich Änderungsbedarf haben – falls sie den Anspruch haben, sich als adaptiv indizierende Institution zu verstehen.

6.1 Der Modellfall: adaptive Indikation durch Erziehungsberatung

Die qualitative Besonderheit einer adaptiv indizierenden Institution hat einen zweifachen Kern. Dieser besteht aus der dialektischen Verbindung von Diagnose- und Interventionsprozessen. Der dialektisch operierende Prozesskern generiert aus sich heraus dreierlei Folgen: Diagnosestellungen, Indikationsentscheidungen und Interventionsergebnisse – Letztere in antizipierter und realisierter Form, als angestrebte und erreichte Ziele. Interventionsergebnisse wiederum sind die Gegenstände des neuerlich operierenden Prozesskerns und so weiter. Erst durch diese dialektische Vermittlung von diagnostizierenden Interventionen und intervenierenden Diagnosen wird es möglich, eine problem-, person- oder phasenspezifische Reflexion des Hilfebedarfs, der Hilfe selbst und ihrer Evaluation so variabel und adaptiv zu handhaben, dass sich die prozessimmanente Optimierung tatsächlich auch zu einer optimalen Hilfeleistung für die Hilfesuchenden entfaltet. Im Bereich der Jugendhilfe ist diese Möglichkeit zur Verschränkung von Diagnose, Intervention und Ziel-Wirkungscontrolling u. E. fachlich nirgendwo so weit ausgebaut wie im System der Erziehungsberatungsstellen.

Mehrere „Reflexionsknoten“, Bilanzierungs- und Neuorientierungsstellen, *Prozesskerne* also in dem oben erläuterten Sinne, sind in den Beratungsprozess der Erziehungsberatungsstellen integriert. Es gibt dort:

- Das *Neuaufnahmeteam*, in dem alle Anmeldungen ausführlich so weit besprochen werden, dass im Ergebnis eine vermutlich zur Familie und

Fragestellung passende Intervention durch eine möglichst optimal dazu passende professionelle Beraterperson zu einem für die Familie akzeptierten Zeitpunkt mit einem für die Familie erreichbaren Weg organisiert ist.

- Die *erste Bilanzierung* nach circa drei bis fünf Kontakten, in der die diagnostischen Ergebnisse und die über diese begründeten Interventionen beraten werden und – falls erforderlich – zu einer vertiefenden Zielstellung führen, die gemeinsam mit der Familie erarbeitet wird. Zugleich haben die Betroffenen und die Beraterperson bereits erste Erfahrungen mit dem Vorgehen und den konkreten Möglichkeiten spezifischer Interventionen sammeln können. Dazu gehört auch die Erfahrung, dass die in der Beratung praktizierte prozessbegleitende Diagnostik nicht nur Sichten und Sammeln bedeutet, sondern auch Verstehen durch Verändern und Verändern durch Verstehen. Die beobachteten, durch erste beraterische Interventionen angeregten Veränderungen – die im Sinne angestrebter Ziele Fortschritt, Rückschritt oder verfestigte Stagnation bedeuten können – sind selbst Bestandteil des diagnostischen Prozesses. Die Erfahrungen mit der Ansprechbarkeit der Familie auf bestimmte Interventionen sind charakteristische Daten prozessbegleitenden Diagnostizierens. Nach den ersten Beratungserfahrungen werden von der Familie und der Beraterperson gemeinsam diese Erfahrungen reflektiert und zu einem weiteren Verfahrensvorschlag gebündelt. Daneben kommuniziert die Beraterperson diesen mit der Familie erarbeiteten Vorschlag auch in ihrem Team und prüft ihn damit an der ggf. bestätigend oder kompensatorisch wirkenden Fachlichkeit ihrer Kolleg(inn)en.
- Die mit der Familie vereinbarte und vom Team der Einrichtung reflektierte *Intervention* wird sodann, orientiert an den ebenfalls vereinbarten Zielen, durchgeführt – bis zur nächsten verabredeten Relexionsschleife, in der sich das eben dargestellte Verfahren wiederholt. Der Prozess dieser Form von adaptiver Hilfeleistung dauert so lange, bis von den Beteiligten die Zielerreichung festgestellt ist oder eine Zielveränderung vereinbart wird.
- Auch der *Abschluss* der Beratung wird nach dem dargestellten Muster festgestellt und reflektiert. Ergänzend gehört zum Programm der Hilfeleistung bereits in vielen Erziehungsberatungsstellen auch eine katamnestische Erfassung des Erfolgs und der Zufriedenheit mit der Beratung, die wiederum durch die Teamreflexion (allerdings in der Regel anonymisiert) zu einer weiteren Optimierung des gesamten Beratungsgeschehens genutzt wird (vgl. z.B. Vossler 2004).

Das in Abb. II.4 dargestellte Diagramm veranschaulicht den beschriebenen Ablauf des Beratungsprozesses mit seinen dialektischen Prozesskernen, bestehend aus Intervention/Diagnostik/Indikation, an mehreren Stellen.

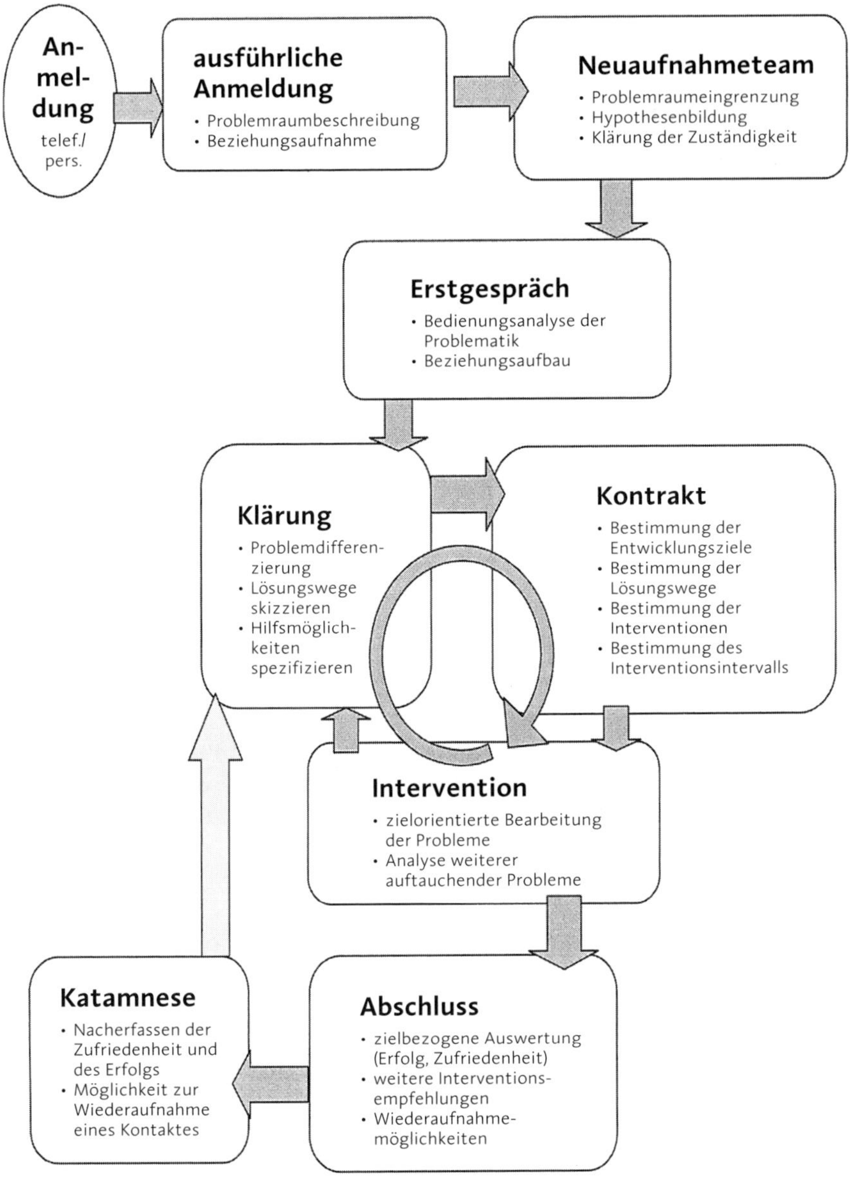

Abbildung II.4: Der Klärungs- und Beratungsprozess in einer Erziehungsberatungsstelle

Für die qualitative Verbesserung dieses Hilfe leistenden Prozessgeschehens sind in den letzten Jahren zahlreiche Methoden entwickelt und publiziert worden. Qualitätsstandards veröffentlichte die Bundeskonferenz für Erziehungsberatung als QS 22 (Bundesministerium für Familie, Senioren, Frauen und Jugend 1999); eine Materialsammlung dazu hat kürzlich das Kooperationsgremium „Zukunft der Erziehungsberatung in Berlin" (2005) zusammengestellt.

Es ist ersichtlich, dass institutionell gerahmte adaptive Erziehungshilfen nur realisiert werden können, wenn der institutionelle Organisator einer adaptiven Prozesssteuerung im Indikationsverfahren stabil und verlässlich bereitgestellt ist. Der Prozessorganisator ist immer ein multiprofessionelles Fachteam, das in der Lage ist, interdisziplinär Beratung und Diagnostik sowie deren Kommunikation zu realisieren. Der wiederholte Einsatz eines solchen Fachteams verhindert, dass Hilfeplanung bloß als eine Etappe erscheint, die von der vermeintlich erst danach erfolgenden, eigentlichen Hilfedurchführung abgelöst wird und dann ein für allemal hinter uns liegt. Das Fachteam, wenn es wie oben beschrieben funktioniert, ist der Garant, dass die zyklische Verbindung von Diagnose, Intervention und Reflexion sich nicht auflöst.

Allerdings muss man sehen, dass der Prozess der Hilfeplanung, wenn die dialektischen Kerne in ihm sich entfalten, eine sehr komplexe Gestalt annehmen wird. Darum wird er manchmal schwer durchschaubar sein, und mitunter wird das Geschehen sogar willkürlich geraten, wie das mit der Dialektik nun mal so ist. Deshalb ist es uns wichtig, zur Gewährleistung von wirksamen Hilfen zur Erziehung (a) ein diagnostisches System mit einem klaren theoretisch fundierten Bezug zum Grundanliegen „Hilfe zur Optimierung der elterlichen Erziehung" zu haben, und außerdem (b) einen Methodenkatalog, der hinreichend klar umrissene und diesem Grundanliegen förderliche Interventionen und Interventionsmodule beschreibt. Der objektivierbare und relativ leicht kommunizierbare Charakter dieser beiden Instrumente trägt in das Hilfegeschehen ein Gegengewicht zu dessen im Übrigen hoher Komplexität und Dynamik hinein. Diese Instrumente sind ein Beitrag zur angemessenen Komplexitätsreduktion und helfen, den Hilfeprozess im Gleichgewicht zu halten. Mit ihnen wird er sich, seinem Gegenstand angemessen, regulieren lassen. – Die Anwendung dieser Instrumente ist freilich nicht jedermanns Sache. Es braucht dazu fundierte Kenntnisse und Erfahrung in psychologischer und sozialer Diagnostik sowie in der psychologischen und systemischen Beratung und Therapie.

6.2 Adaptive Indikation in anderen Arbeitsfeldern der Jugendhilfe

Der Prozess einer gelingenden adaptiven Indikation setzt Bedingungen der Hilfeplanung voraus, wie wir sie in der Organisation einer Erziehungsberatungsstelle vorfinden. Will man adaptive Indikation außerhalb der institutionellen Erziehungsberatung realisieren, stellt sich die Frage, ob und wie sich diese Prozessbedingungen auch ohne besondere institutionelle Rahmung herstellen und aufrechterhalten lassen. In der Beschreibung der wesentlichen Kennzeichen der Institution „Erziehungsberatung" lassen sich personelle von strukturell-organisatorischen Bedingungen unterscheiden. *Bedingungen seitens des Personals* sind fachliche und persönliche Kompetenzen, die auf einem professionellen Niveau gewährleisten, dass folgende Funktionen erfüllt werden:

- Erstellen von psychosozialen Diagnosen, Verstehen von Eltern-Kind-Systemzuständen und von deren Bedeutung für die Entwicklung des Kindes, Einschätzen von Situationen der Kindeswohleinschränkung, Einschätzen des jugendhilfespezifischen Regulationsbedarfs, Einschätzen des Veränderungspotentials in Eltern-Kind-Systemen, Ableiten von Veränderungszielen und Initiieren von entsprechenden Veränderungsprozessen in der Interaktion mit Eltern-Kind-Systemen und mit den beteiligten Personen, Abschätzen der Wirkungen und Nebenwirkungen von Interventionen, Abschätzen der Wahrscheinlichkeit der Zielerreichung, Beenden der Erziehungshilfe nach Erreichen des Hilfeziels und der Auflösung des Regulationsbedarfs;
- Reflektieren des eigenen Tuns und Erlebens während der Interaktion mit dem Eltern-Kind-System und mit den beteiligten Personen, Verbalisieren der Reflexion und der daraus generierten Beschreibungen und Bewertungen in einem Arbeitsteam des Hilfesystems;
- Reflektieren der Aktivitäten des Hilfesystems (des Teams) und der aufeinander Bezug nehmenden Kompetenzen im Team;
- Verbalisieren der daraus generierten Beschreibungen und Bewertungen im Team;
- Dialogisieren der kommunizierten Beschreibungen und Bewertungen im Team;
- Präzisieren, Differenzieren und Integrieren der Beschreibungen/Bewertungen im Dialog mit dem Team, Übersetzen der Beschreibungen/Bewertungen in Handlungen und Wirkungen.

Bedingungen seitens der Organisationsstruktur sind:

- die Multidisziplinarität des Teams zur Gewährleistung des multiperspektivischen Verstehens von Problemlagen und zur Aktivierung geeigneter Interventionen aus der Methodenvielfalt unterschiedlicher Disziplinen;
- die Gewährleistung stabiler Reflexionsräume und -zeiten für den einzelnen Mitarbeiter wie für das Fachteam;
- die Gewährleistung von in Zyklen wiederkehrenden Reflexionsphasen zur dialektischen Vermittlung von auf den jeweiligen Einzelfall bezogenen Diagnose-, Interventions- und Evaluationsprozessen.

Lassen sich diese Bedingungen in der Praxis der Hilfeplanung außerhalb von Erziehungsberatungsstellen wiederfinden? Die gesetzlichen Grundlagen zur Realisierung der Bedingungen liegen u. E. in den entsprechenden Vorschriften des SGB VIII vor. Wer sich in der Praxis der Hilfeplanung am Geist dieser Vorschriften orientiert, wird von der hier vertretenen Auffassung von adaptiven Indikationsprozessen kaum überrascht sein. Denn Hilfeplanungsprozesse haben ihren Brennpunkt in der „Hilfekonferenz“. Die Hilfekonferenz ist zentrales Instrument und zugleich organisierende Kraft zur Erzeugung adaptiv-indikativer Aussagen. Diese These wird u. E. durch die Gesetzessystematik gestützt, wie sie in § 36 des SGB VIII zum Ausdruck kommt. Die Hilfekonferenz ist notwendiger Bestandteil einer jeden Hilfeplanung im Sinne des Gesetzes. Sie ist aber nicht hinreichend. Damit es tatsächlich zu adaptiven Indikationsprozessen kommt, muss das, was in der Hilfekonferenz zusammengetragen wird, zuvor fachlich fundiert erschlossen sein und danach professionell in der Aufmerksamkeit der Beteiligten gehalten werden. Die fundierte *Vorbereitung* besteht in der Hauptsache (a) aus einer fachlich begründeten multiperspektivischen Diagnose, (b) aus Hypothesen darüber, welche Interventionen dazu passen werden, und (c) aus Hypothesen darüber, wie Diagnose und Interventionsvorschlag der betroffenen Familie und den beteiligten Personen so mitzuteilen sind, dass diese etwas damit anfangen und es zur Initiierung lösungsorientierter Veränderungen nutzen können.

Die professionelle *Nachbereitung* umfasst (a) die kommunizierte Reflexion der Dynamik und der Ergebnisse der Hilfekonferenz, (b) eine klare Vereinbarung, wie im Fachteam die Aufgaben und Verantwortlichkeiten der weiteren Prozessgestaltung verteilt sind, und (c) eine exakte Übereinkunft, wann, wie und von wem die Ergebnisse und Wirkungen der Aufgabenerledigung erneut reflektiert und kommuniziert werden. Das alles zusammen gewährleistet das Erreichen des nächsten Hilfeplanungszyklus.

So gesehen hat die Jugendhilfe im Prinzip auch außerhalb von Erziehungsberatungsstellen gute Voraussetzungen, Erziehungshilfen adaptiv zu gestalten. Anhand der hier dargelegten Kriterien einer adaptiv verfahrenden Hilfeplanung können die konkreten örtlichen Bedingungen, unter denen Fachleute der Jugendhilfe im Bereich der Hilfen zur Erziehung arbeiten, daraufhin überprüft werden, ob und inwieweit sie die adaptive Planung und Durchführung von Erziehungshilfen tatsächlich gestatten; ggf. können die Bedingungen den Kriterien entsprechend optimiert werden.

Wir fassen zusammen: Die Planung und Durchführung von Hilfen zur Erziehung im Sinne des Modells der adaptiven Indikation zu organisieren, das bedeutet, in einem interdisziplinär arbeitenden Team von professionell erfahrenen psychosozialen Helferinnen und Helfern system-, person-, problem- und prozessabhängig objektivierbare diagnostische Beschreibungen mit passgenauen und wirksamen Interventionsmethoden zu verknüpfen. Die Verknüpfung von Diagnosen und Interventionen generiert in der Kooperation mit den Hilfesuchenden Veränderungen, deren Zielorientierung und -realisierung durch zyklisch wiederkehrende Reflexionsprozesse im Fachteam und in der Kommunikation mit den Hilfesuchenden überprüft werden. Aufgrund dieser Reflexionszyklen verhalten sich die Diagnose-Interventions-Verknüpfungen und verhält sich der Hilfe(planungs)prozess insgesamt adaptiv. Er passt sich kontinuierlich dem gegebenen und sich verändernden erzieherischen Regulationsbedarf in einem Eltern-Kind-System an, das durch die Hilfesuchenden repräsentiert ist. Dadurch auch passt er sich dem Entwicklungsprozess des konkreten Kindes an, um das es bei allem Diagnostizieren, Indizieren und Intervenieren letztlich geht. Dem Kind ginge es besser, müsste der ganze Aufwand nicht betrieben werden. Geht es ihm jedoch schlecht, wird man auf die professionelle Anstrengung nicht verzichten können.

Im System der Jugendhilfe leisten Erziehungsberatungsstellen die adaptive Indikation und Hilfe bereits auf hohem fachlichem Niveau. Nimmt man die mit dem adaptiven Hilfeansatz verbundenen Ansprüche ernst, bleiben allerdings mindestens zwei Desiderate: Erstens muss man paradoxerweise feststellen, dass die elterliche Erziehung im Zusammenhang mit Erziehungshilfen theoretisch und diagnostisch bisher wenig Aufmerksamkeit erfährt. Man wird also die verfügbaren diagnostischen Verfahren dahingehend ausarbeiten müssen, dass die Beschreibung und Bewertung der elterlichen Erziehung, ihrer Bedingungen und ihrer Optimierung besser als bisher möglich wird. Wir versuchen, mit diesem Buch einen Beitrag dazu zu leisten. Zweitens hielten wir die Formulierung verbindlicher Standards der Hilfeplanung, die sich an den oben dargelegten Kriterien der adaptiven Indikation orientieren, für hilfreich, für notwendig und für geeignet, der seit Jahren in der Jugendhilfe kursierenden Preisfrage beizukommen: Was eigentlich meint das SGB VIII, wenn es für Eltern und Kinder in bestimmten Situationen notwendige und geeignete Hilfen zur Erziehung erwartet?

Die Formulierung solcher Standards wäre auch für Hilfeplanungsprozesse außerhalb von Erziehungsberatungsstellen nützlich. Grundsätzlich existieren die dafür notwendigen Bedingungen bereits – als gesetzliche Grundlagen (§ 36 SGB VIII) und in einigen Instrumenten der Hilfeplanung, vor allem in Form von Hilfekonferenzen.

Teil III

Das Multiaxiale Diagnosesystem – Jugendhilfe (MAD-J)

1 Einleitung

Das Multiaxiale Diagnosesystem für die Jugendhilfe (MAD-J) ist konzipiert als diagnostisches Instrument, das die Planung von Erziehungshilfen im Einzelfall unterstützen soll. Im folgenden Teil wird seine praktische Anwendung erklärt. Das System ist konstruiert auf der Grundlage der in Teil I und II formulierten Prinzipien und Postulate. Deren Ansprüchen hoffen wir, mit dem MAD-J wenigstens annäherungsweise gerecht zu werden. In Entwicklung befindet sich ein computergestütztes Diagnoseprogramm, das die Anwendung des MAD-J in der Praxis erleichtern wird.

Wir erläutern zunächst die Achsenstruktur des MAD-J, die auf den Achsen erfassten Merkmale und die Verrechnung der Merkmalsausprägungen zu einem Gesamturteil. Auf diverse diagnostische Verfahren, mit denen die Merkmale erfasst werden können, wird jeweils hingewiesen.

Sodann beschreiben wir zwei Wege, auf denen man von einer Diagnose zu einer Interventionsempfehlung gelangen kann. Der erste Weg führt zu den sogenannten „Standard-Hilfen", die sich in der Praxis der Jugendhilfe weitgehend durchgesetzt haben. Der zweite Weg macht Gebrauch von Interventionsmodulen, aus denen sich adaptive Hilfen zusammensetzen; deren Passungsverhältnis zum jeweiligen Hilfebedarf ist durch Optimierungszuwachs gekennzeichnet.

Schließlich skizzieren wir die Ableitung von Entwicklungs- und Hilfezielen aus der diagnostischen Urteilsbildung. Der zusammengefasste Befund im Hilfeplan ist dann die Kombination aus einer objektivierten Diagnose, operationalisierten Hilfezielen und einer dementsprechenden Hilfeform oder -art.

Das MAD-J ersetzt nicht die professionelle Beschäftigung mit den individuellen Besonderheiten der Personen und der Systemeigenschaften im jeweils konkreten Fall eines Eltern-Kind-Systems, das der Jugendhilfe Regulationsbedarf anzeigt. Es ist vielmehr als Expertensystem gedacht, das die strukturierte Auseinandersetzung mit dem in konkreten Eltern-Kind-Systemen vermuteten Hilfebedarf unterstützen soll, ohne deren individuelle Ausprägungen verschwinden zu lassen. Als Instrument ausgewogener Komplexitätsreduktion kann es für den Dialog unter den Professionellen eine Art gemeinsamer Plattform bilden. Einerseits erleichtert es die im fachlichen Diskurs erwarteten Klassifikationsleistungen, andererseits und zugleich schafft es Raum für die Individualisierungsleistungen, die in der dialogischen Begegnung mit den Repräsentanten des jeweiligen Eltern-Kind-Systems notwendig sind.

Das MAD-J erfasst Bedingungen, die elterliche Erziehungsprozesse und die Entwicklung von Kindern beeinflussen. Wir haben versucht, bei der

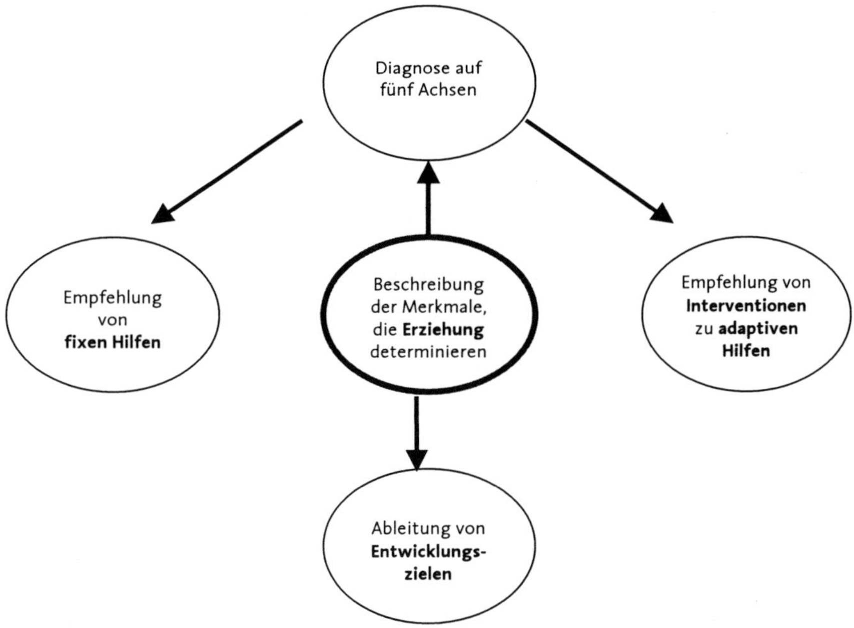

Abbildung III.1: Das Zusammenspiel von Diagnose, Indikation und Entwicklungszielen

Auswahl dieser Einflussgrößen schulenübergreifend den Stand der wissenschaftlichen Theoriebildung, der empirischen Forschung und der professionellen Praxis zu berücksichtigen. Die Auswahl ist eingebettet in den aktuellen historischen und fachlichen Kontext; sie erhebt keinen Anspruch auf universelle oder zeitlose Gültigkeit. Das gilt auch für die Art und Weise, wie diese Faktoren diagnostisch erfasst werden; ebenso für die Ableitung von Indikationen bzw. Interventionsempfehlungen.

Das MAD-J erfüllt seine Funktion, wenn es in der Hilfeplanung das Zusammenspiel (siehe Abb. III.1) zwischen diagnostischen Beschreibungen, Zielformulierungen und Indikationsentscheidungen durchschaubarer, kontrollierbarer und zweckmäßiger macht. Damit könnte es dem Zweck der Hilfen zur Erziehung dienlich sein.

2 Die entwicklungszielorientierte Klassifikation

2.1 Der Aufbau des MAD-J

2.1.1 Der inhaltliche Aufbau: fünf Achsen

Das Klassifikations- und Diagnosesystem soll auf fünf Achsen Bewertungen ermöglichen. Diese fünf Achsen und ihre Subachsen sind im Schema der Abb. III.2 dargestellt.

2.1.2 Kurzcharakteristik der fünf Achsen

Achse I: Klinisch-psychologische Individualdiagnose des Kindes

Auf dieser Achse werden psychopathologisch bedeutsame Merkmale des vorgestellten Kindes beschrieben. Erfasst werden hier maladaptive Erlebens- und Verhaltensweisen des Kindes, die in ihrer mehr oder weniger starken Ausprägung üblicherweise den Eltern Sorge bereiten und auch der Jugendhilfe Anlass geben können, ihre Regulationsfunktion auszuüben. Insgesamt sind die auf Achse I abgebildeten maladaptiven Merkmale des Kindes relevant für dessen Entwicklung und Entwicklungsziele; sie werden deshalb auch altersspezifisch betrachtet. Zu ihrer diagnostischen Erfassung werden hier die beiden Befundsysteme *Zero To Three* und CASCAP-D verwendet, die uns für die beschriebenen Zwecke am besten geeignet erscheinen (s.u.).

Achse II: Erziehung und deren Bedingungen

Die auf Achse II erfassten Merkmale der elterlichen Erziehung und ihrer Bedingungen sind für deren Gestaltung von größter Bedeutung; sie sind zugleich entscheidend für die Regulationsfunktion der Jugendhilfe. Qualität und quantitative Ausprägungen dieser Merkmale begründen ggf. die Notwendigkeit von Hilfen zur Erziehung und auch deren Geeignetheit. Von daher ist der hier erfasste Realitätsbereich der zentrale Gegenstand der jugendhilfespezifischen Diagnostik. Der hier beschriebene Realitätsbereich ist in fünf Merkmalsgruppen geordnet, die als Subachsen verstanden werden:

a) Elterliche Erziehungshandlungen: Erfasst werden hier erstens die drei Faktoren, die auf Seiten der Eltern unmittelbar deren Erziehungshandeln beeinflussen – das sind gemäß der in Teil I explizierten Struktur elterlicher

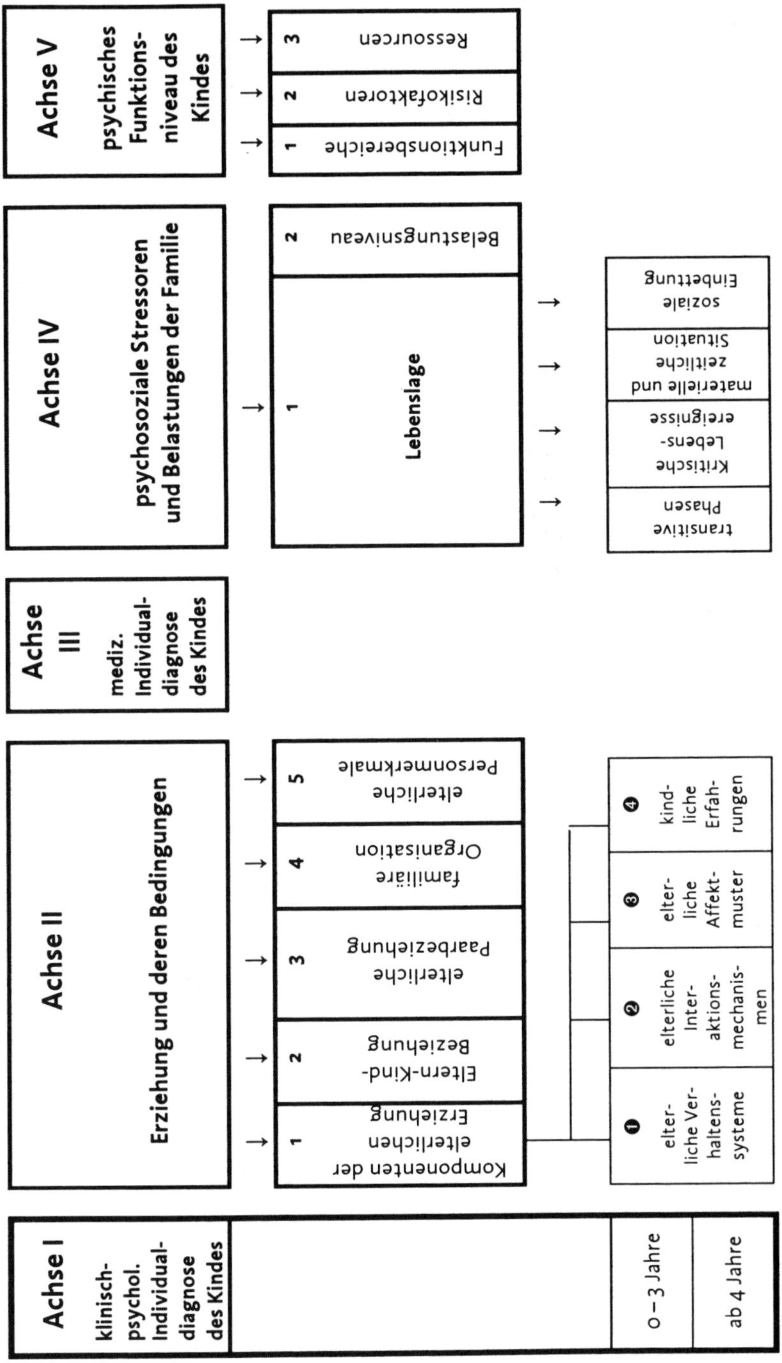

Abbildung III.2: Aufbau des Multiaxialen Diagnosesystems MAD-J

Erziehung: elterliche Verhaltenssysteme, elterliche Interaktionsmechanismen und elterliche Affektmuster; und zweitens die Erfahrungen, die das Kind mit dem Erziehungshandeln der Eltern in seiner Entwicklung von Autonomie und Bezogenheit macht.

b) Eltern-Kind-Beziehung: Die Qualität dieser Erziehungsbedingung wird anhand folgender Merkmale beschrieben: Akzeptanz, Echtheit, Verständnis, Zuverlässigkeit positiver Kommunikation, Regulationsniveau, elterliche Vorstellungen vom Kind, Affektmuster, Rollenverständnis der Eltern als Erziehende und elterliche Zukunftsvorstellungen.

c) Elterliche Paarbeziehung: Die Qualität dieser Erziehungsbedingung wird anhand folgender Merkmale beschrieben: Akzeptanz, Echtheit, Verständnis, Stabilität positiver Kommunikationsmuster, Präsenz, Reflexivität, Selbstkontrolle, Rollendiskrimination, Fähigkeit zur Konsensbildung in der Elternrolle, Affektmuster und partnerschaftliche Zufriedenheit.

d) Familiäre Organisation: Die Qualität dieser Erziehungsbedingung wird anhand folgender Eigenschaften beurteilt: Aufgabenerfüllung, Rollenverhalten, Kommunikation, Emotionalität, affektive Beziehungsaufnahme, Kontrolle, Werte und Normen.

Bei der Beschreibung der familiären Organisation beziehen wir uns auf das „Familienmodell" nach Steinhauer und Cierpka (Cierpka/Frevert 1994), das die Möglichkeit bietet, die familiäre Organisation und die darin vorkommenden Zweierbeziehungen in verschiedenen Lebenszyklen einzuschätzen. Das kann in Form von Selbstbeurteilungen geschehen oder aufgrund von Beobachtungsdaten.

e) Elterliche Personmerkmale: Hier werden Merkmale der elterlichen Persönlichkeit erfasst, insofern sie deren Erziehungsverhalten beeinflussen. Diese bereichsspezifische Eigenschaftsdiagnostik bezieht sich auf persönlichkeitsbedingte Abwehr- und Bewältigungsmuster der Eltern, die Einfluss nehmen können auf ihren erzieherischen Umgang mit dem Kind. Die Qualität dieser Erziehungsbedingung, die in einem Risikoscore abgebildet wird, sollte anhand folgender Merkmale erfasst werden: emotionale Stabilität, Extraversion, soziale Verträglichkeit, Offenheit für Erfahrungen, Gewissenhaftigkeit, Kontrollüberzeugung und Selbstwertschätzung. Eingeschätzt wird außerdem die Qualität des Hilfesuchverhaltens der Eltern.

Achse III: Medizinische Individualdiagnose des Kindes

Achse III erfasst medizinische Diagnosen, die außerhalb der Jugendhilfe von Ärzten und anderen Angehörigen des Gesundheitswesens erstellt worden sind. Vorausgesetzt ist, dass diese Diagnosen in einem deutlichen

Zusammenhang stehen mit der von der Jugendhilfe abzuklärenden Problemlage. Kinder- und Jugendpsychiatrische Krankheitsbilder im Sinne der ICD-10, des DSM-IV und des Multiaxialen Klassifikationsschemas (MAS) nach Remschmidt et al. (2001) werden hier – und nicht auf Achse I – erfasst.

Achse IV: Psychosoziale Stressoren und Belastungen der Familie

Auf dieser Achse wird die erlebte Belastung durch die besondere Lebenslage einer Familie erfasst. Die im Stresserleben zum Ausdruck kommende Belastung dient als Indikator für die Überforderung und/oder Unterstützung, die mit der Situation und Lebenswelt eines Eltern-Kind-Systems im Erleben von dessen Mitgliedern verbunden sind. Psychosoziale Stressoren, die sich direkt auf das Kind beziehen, werden als Risiko- und Ressourcenkonstellation jedoch nicht auf Achse IV, sondern auf Achse V markiert. Achse IV hat vier Subachsen:

(1) Stressoren aus biografischen Übergängen,
(2) Stressoren der materiellen und zeitlichen Situation,
(3) Stressoren aus dem Bereich der sozialen Unterstützung und
(4) Einschätzung des globalen Belastungsniveaus.

Achse V: Psychisches Funktionsniveau des Kindes

Diese Achse ist in drei Subachsen gegliedert:

(a) Die *Individualität* eines Kindes wird mit Bezug auf 13 Bereiche der kognitiven, psychophysischen, emotionalen und behavioralen Entwicklung beschrieben. Seine *Persönlichkeit* wird, wie in der OPD, auf drei Dimensionen beschrieben.
(b) Auf der zweiten Subachse werden *Risikofaktoren* vermerkt, denen das Kind in seiner Entwicklung ausgesetzt war.
(c) Die dritte Subachse erfasst die *Ressourcen* des Kindes, die in seiner Person und/oder in seiner Umwelt liegen.

2.1.3 Zur Beurteilung von „Merkmalsausprägungen“

Die im MAD-J erfassten Merkmale werden hinsichtlich ihrer „Ausprägung“ eingeschätzt. Es lassen sich drei Bedeutungen von „Ausprägung“ unterscheiden; entsprechend gibt es drei Arten von Ausprägungsbeurteilungen und -bewertungen (vgl. Patry/Perrez 2003):

- Die *quantitative* Ausprägung eines Merkmals wird mit einem quantitativen Normmaß verglichen und danach bewertet. Beurteilt wird, ob von einem Merkmal zu viel (Exzess), genügend oder zuwenig (Defizit) vorhanden ist.

- Die *qualitative* Ausprägung eines Merkmals wird mit einer Funktionsnorm verglichen und danach bewertet. Beurteilt wird, ob das Merkmal inhaltlich seiner Funktion entspricht oder funktionell ungenügend ist.
- Die *performative* Ausprägung eines Merkmals wird mit einer Präsenzerwartung oder -norm verglichen und danach bewertet. Beurteilt wird, ob das Merkmal zeitlich stabil oder instabil, kontinuierlich oder diskontinuierlich in Erscheinung tritt.

Auffälligkeiten in den erfassten Merkmalen sind Normabweichungen in quantitativer, qualitativer und / oder performativer Hinsicht. Sie werden ihrerseits im Hinblick auf ihre Signifikanz und Relevanz beurteilt, und zwar auf der Grundlage entweder der Häufigkeit oder der Intensität ihres Auftretens. Je häufiger und / oder je intensiver eine quantitative, qualitative oder performative Normabweichung auftritt, desto bedeutsamer wird diese Auffälligkeit sein; sie bekommt dadurch ein größeres Gewicht.

Der Schweregrad von Auffälligkeiten und Normabweichungen kann auf einer Ordinalskala abgebildet werden, die Ausprägungen von Funktionalität / Dysfunktionalität oder Adaptivität / Maladaptivität in eine Rangreihe bringt. Es liegt eine dreistufige Skala mit der aus dem englischsprachigen Raum kommenden Unterscheidung von „pertuberance“, „disturbance“ und „disorder“ vor. „Disorder“ ist die Normabweichung mit dem höchsten Schweregrad; im klinischen Sprachgebrauch wird meistens von „Störung“ gesprochen, wenn „disorder“ gemeint ist. In der ICD-10 heißt es dazu:

> „Störung ist kein exakter Begriff. Seine Verwendung in dieser Klassifikation soll einen klinisch erkennbaren Komplex von Symptomen oder Verhaltensauffälligkeiten anzeigen, die immer auf der individuellen und oft auch auf der Gruppen- oder sozialen Ebene mit Belastung und mit Beeinträchtigung von Funktionen verbunden sind. Soziale Abweichungen oder soziale Konflikte allein, ohne persönliche Beeinträchtigungen, sollten nicht als psychische Störung im hier definierten Sinne angesehen werden.“ (Dilling et al. 1994, 23)

Der Begriff der psychischen Störung ist auch im MAD-J pathologischen Erscheinungen vorbehalten. Für Auffälligkeiten und Normabweichungen unterhalb dieses Niveaus müssen andere Bezeichnungen gefunden werden. Das National Center for Infants, Toddlers and Families (2000) hat dazu in der „Parental Infant Relation Global Assessment Scale“ (PIR-GAS) einen Vorschlag gemacht. Daraus haben wir für die Zwecke

Tabelle III.1: Ordinalskala zur Beurteilung der Merkmalsausprägungen im Klassifikationssystem „MAD-J" auf Basis der Parental-Infant-Relation Global Assessment Scale (PIR-GAS)

MAD-J			**Parental-Infant-Relation Global Assessment Scale (PIR-GAS)**			
4-Stufigkeit	**2-Stufigkeit**	**Punktwert**	**Codierung**	**amerikanische Bezeichnung der PIR-GAS-Stufen**	**deutsche Übersetzung nach Wilken (2000)**	**Beschreibung**
adaptiv reguliert funktional	**adaptiv**	**1,5**	90	well adapted	gut adaptiert	besonders gutes, wachstumsförderndes Klima
			80	adapted	ausgeglichen	keine Beeinträchtigungen
unbalanciert	**maladaptiv**	**4**	70	perturbed	etwas unausgewogen	Funktionsniveau ist nicht optimal, nur ein Teilbereich ist maladaptiv
			60	significantly perturbed	stark aus dem Gleichgewicht	belastete Beziehung, aber noch funktional; Probleme sind auf ein oder zwei Teilbereiche beschränkt; Maladaption dauert nicht länger als 2 Monate
beeinträchtigt		**6**	50	distressed	deutlich gestresst	mehr als nur vorübergehende Beeinträchtigung; dennoch gewisse Flexibilität und Adaptivität vorhanden; entwicklungsgemäße Fortschritte in der Dyade können blockiert sein; Eltern entwickeln gewisses Unbehagen
			40	disturbed	dysfunktional	beträchtliches Risiko; alle adaptiven Qualitäten scheinen von gestressten Merkmalen überlagert; maladaptives Muster ist nicht vorübergehend, aber auch nicht tief verwurzelt
gestört		**8,5**	30	disordered	gestört	relativ stabile, maladaptive Interaktion; Kummer mindestens eines Partners; Interaktion ist konfliktreich; Interaktion ist meistens nicht entwicklungsgerecht
			20	severely disordered	schwer gestört	mindestens ein Partner ist durch die negative Beziehung ernstlich beunruhigt; der größte Teil der Interaktion ist stets konfliktbeladen

Fortsetzung von Tabelle III.1

MAD-J			Parental-Infant-Relation Global Assessment Scale (PIR-GAS)			
4-Stufigkeit	2-Stufigkeit	Punktwert	Codierung	amerikanische Bezeichnung der PIR-GAS-Stufen	deutsche Übersetzung nach Wilken (2000)	Beschreibung
gestört	**mal-adaptiv**	**8,5**	10	grossly impaired	massiv und extrem beeinträchtigt	Beziehung ist gefährlich und desorganisiert; körperliche Gesundheit des Kindes ist in ständiger Gefahr; jegliche positive Entwicklung ist massiv beeinträchtigt

des MAD-J eine vierstufige Ordinalskala mit den entsprechenden Bewertungstermini konstruiert: adaptiv reguliert/funktional, unbalanciert, beeinträchtigt, gestört. In Tabelle III.1 ist das Bewertungsschema mit seinen zusätzlichen Differenzierungs- und Quantifizierungsmöglichkeiten dargestellt.

2.2 Auf dem Weg zur multiaxialen Diagnose

Die beiliegende CD-ROM enthält eine ausführliche Darstellung der fünf Achsen des MAD-J. Beschrieben sind dort die Inhalte der Diagnose-Achsen, ihre Operationalisierungen und das dazugehörige Arbeitsmaterial in Form von Checklisten. Dazu gibt es ein Manual, das die praktische Anwendung des Systems bei der diagnostischen Erfassung der fünf unterschiedenen Merkmalsbereiche im Einzelnen beschreibt. Das MAD-J auf einer CD-ROM zu speichern, hat für den Leser den Vorteil, bei Bedarf Kopien der benötigten Checklisten und Tabellen mit den dazu gehörigen Bewertungsregeln und Empfehlungen anfertigen zu können.

Die **Darstellung der fünf Achsen** und ihrer Anwendung folgt immer dem gleichen Muster:

(1) Merkmale und ihre Operationalisierung

Unter dieser Überschrift wird in der Regel die für die jeweilige Achse charakteristische Checkliste mit dem in Abb. III.3 wiedergegebenen Grundaufbau vorgestellt.

(2) Bewertung der Merkmalsausprägungen

Es werden jeweils drei Bewertungsschritte unterschieden und beschrieben:

Ausprägung								Ziel:
A	B	C	D	A	B	C	D	**Affektmuster der Wärme**
Mutter				Vater				
								positiver affektiver Austausch
								Zugänglichkeit
								warmherzige Annahme im Krankheitsfall
								...

Abbildung III.3: Muster einer Checkliste

Schritt 1 fasst für jedes indizierte Merkmal und für jeden Merkmalsträger (zum Beispiel Mutter und Vater) die operationalisierten Einzelurteile (Rohwerte) zusammen (siehe Abb. III.4).

	Mutter			Vater		
	Anzahl der Nennungen n_x	Multiplikator M	Wertpunkte $W = n \times M$	Anzahl der Nennungen n_x	Multiplikator M	Wertpunkte $W = n \times M$
davon A-Urteile	n_a=	M_a=1,5	W_a=	n_a=	M_a=1,5	W_a=
davon B-Urteile	n_b=	M_b=4,0	W_b=	n_b=	M_b=4,0	W_b=
davon C-Urteile	n_c=	M_c=6,0	W_c=	n_c=	M_c=6,0	W_c=
davon D-Urteile	n_d=	M_d=8,5	W_d=	n_d=	M_d=8,5	W_d=
Gesamt	**Σn→**		**ΣW→**	**Σn→**		**ΣW→**

Abbildung III.4: Muster der Zusammenfassung von Einzelurteilen

Schritt 2 übersetzt die für ein Merkmal ermittelte Rohwertsumme in einen Code, der die Funktionalität der jeweiligen Merkmalsausprägung bewertet (siehe Abb. III.5).

Störungsscore „SC"	$SC_{Mu} = \frac{\Sigma W \times 100}{\Sigma n \times 8,5}$		$SC_{Va} = \frac{\Sigma W \times 100}{\Sigma n \times 8,5}$	

Störungsscore-Bezeichnung	**1–29 adaptiv**	**30–49 unbalanciert**	**50–69 beeinträchtigt**	**70–100 gestört**
Mutter	II.1.3.M.A	II.1.3.M.B	II.1.3.M.C	II.1.3.M.D
Vater	II.1.3.V.A	II.1.3.V.B	II.1.3.V.C	II.1.3.V.D

Abbildung III.5: Muster für die Urteilsbildung auf der Teilachse „elterliche Affektmuster"

Schritt 3 schließlich codiert, falls das sinnvoll ist, das Ausmaß der Übereinstimmung der Ausprägung eines Merkmals bei verschiedenen Merkmalsträgern, zum Beispiel die Übereinstimmung zwischen mütterlichen und väterlichen Merkmalsausprägungen (siehe Abb. III.6).

(3) Diagnostische Instrumente zur Erfassung der Merkmale

In diesem Abschnitt empfehlen wir, wenn möglich, geeignete diagnostische Instrumente zur Erfassung der jeweiligen Merkmale und ihrer Ausprägungen.

(4) Ableitung von Entwicklungszielen

In diesem Abschnitt geben wir Hinweise auf Entwicklungsziele, die beim Vorliegen defizitärer Merkmalsausprägungen jeweils nahe liegen, und deren Erreichen die betreffenden Merkmale in Ressourcen transformieren wird.

	Die Übereinstimmung der elterlichen Merkmalsausprägungen ist insgesamt …			
Codierung	hoch	leicht abweichend	unausgewogen	gering
Urteilsbildung je Item:	↑	↑	↑	↑
keine Unterschiede bei Einzelbewertung	mehr als 50%			
Unterschiede von 1 Stufe	weniger als 50%			
Unterschiede von 2 Stufen	keine	weniger als 50%		
Unterschiede von 3 Stufen	keine	keine	vorhanden, aber weniger als 50%	mehr als 50%

Abbildung III.6: Muster zur Feststellung der Übereinstimmung von elterlichen Merkmalsausprägungen

Nicht in allen Merkmalsbereichen lässt sich diese Struktur durchhalten. Auf Abweichungen von ihr wird gegebenenfalls ausdrücklich hingewiesen.

Das Diagnoseblatt (Abbildung III.7) fasst die diagnostischen Einschätzungen in allen fünf Merkmalsbereichen zusammen. Es bietet einen Gesamtüberblick über die Ergebnisse der mit Hilfe des MAD-J strukturierten diagnostischen Untersuchung.

NAME: **VORNAME:** **GEBURTSDATUM:**

Achse I: Klinisch-psychologische/psychiatrische Individualdiagnose

		Diagnose	Bezeichnung	Bemerkungen
ltersgruppe:	Störungen nach ZTT (1999) oder maladaptive Ausprägungen in Merkmalsbereichen des CASCAP-D (1999)			
lassifiakation:				

Achse II: Erziehung und deren Bedingungen

			elterliche Affektmuster		elterliche Verhaltenssysteme		elterliche Interaktionsmechanismen		kindliche Erziehungserfahrungen	
			Code	Schwerpunkt der Störung	Code	Schwerpunkt der Störung	Code	Schwerpunkt der Störung	Code	Schwerpunkt der Störung
II.1	Erziehung	Mutter								
		Vater								
		Übereinstimmung								

			Diagnose		Bezeichnung	Bemerkungen
II.2	Eltern-Kind-Beziehung	Mutter				
		Vater				
		Übereinstimmung				
II.3	Elterliche Paarbeziehung					

		gesamt	Aufgabenerfüllung	Rollenverhalten	Kommunikation	Emotionalität	affektive Beziehungsaufnahme	Kontrolle	Werte und Normen
II.4	Familiendimensionen								

			Risikoscore	N	E	SV	O	G	KÜZ	SW	HiSu
II.5	Elterliche Personmerkmale	Mutter									
		Vater									

Achse III: Medizinische und neuropsychiatrische Individualdiagnose des Kindes

		Diagnose	Bezeichnung	Bemerkungen
Klassifikation	Insbesondere ICD-10 und/oder Remschmidt (2001): Multiaxiale Klassifikation; Achsen 1 bis 4 oder andere			

Achse IV: Psychosoziale Stressoren und Belastung der Familie

			Diagnose	Bezeichnung	Bemerkungen
IV.1 Lebenslage	IV.1.1	Transitionen			
	IV.1.2	Kritische Lebensereignisse			
	IV.1.3	Materielle + zeitliche Situation			
	IV.1.4	Soziale Einbettung			
IV.2 Belastungsniveau	IV.2.1	Belastung			
	IV.2.2	Dauer			

Achse V: Psychisches Funktionsniveau des Kindes

		Diagnose	Bezeichnung	Zusatzcode / Bemerkungen	Bezeichnung
V.1	Funktionsbereiche (maladaptiv)				
V.2	Risikofaktoren				
V.3	Ressourcen: Mangel an . . .				

Abbildung III.7: Diagnoseblatt

3 Von der Diagnose zur Intervention: die Indikation

3.1 Von der Anmeldung zur Diagnose

Nicht in jedem Einzelfall wird es sinnvoll sein, das mit dem MAD-J entworfene, mehrgliedrige diagnostische Verfahren in vollem Umfang durchzuführen. Bei der Planung und Durchführung von Hilfen zur Erziehung wird man nicht immer alle fünf für elterliche Erziehungsprozesse relevanten Merkmalsbereiche in der hier konzipierten Tiefe diagnostisch erfassen können und wollen. Das gilt auch für die Diagnostik in der Erziehungsberatung. Diese ist ja eine Beratungsleistung, die diagnostisches Verstehen und beraterisch-therapeutisches Intervenieren stets von neuem miteinander in Beziehung setzt. Das Verhältnis von Diagnostik und Beratung wird in jedem Abschnitt des Hilfeprozesses vom Anliegen, von den Personen, vom jeweiligen Systemzustand und vom Prozessverlauf selbst bestimmt sein. Auch außerhalb der institutionellen Erziehungsberatung wird das so sein, wenn dort in der Hilfeplanung Struktur- und Prozessstandards realisiert werden, die adaptive Hilfen wahrscheinlich machen (s.o.).

In einer ersten Phase des Beratungsprozesses wird durch die Anmeldung zur Beratung und im Erstgespräch geklärt, wer aus der Familie mit welchem Anliegen kommt. Im Ergebnis ist am Ende dieser Phase mindestens ein Arbeitsauftrag formuliert. Der Auftrag kann darin bestehen, die in der ersten Beratungsphase begonnene Situationsklärung zu vertiefen und zu differenzieren mit Hilfe diagnostischer Verfahren und mit dem Ziel einer durch die Befunde begründeten Indikation. Dementsprechend wird die zweite Phase mit einer Diagnose abgeschlossen, die z.B. der Ordnung des MAD-J folgt. In einer dritten Phase schließlich werden aus der differenzierten und hinreichend umfassenden Diagnose prognostische Einschätzungen der Veränderungsmöglichkeiten und indikative Aussagen abgeleitet, die den weiteren Hilfeprozess leiten. Die Indikationsprozedur wird im nächsten Abschnitt erläutert.

Innerhalb eines spiralförmig verlaufenden, adaptiven Hilfeplanprozesses, dessen Struktur in Teil II diskutiert wurde, haben die diagnostische Untersuchung und ihr Ergebnis, die Diagnose, ihren Platz im Prozessabschnitt der „Problemklärung". Darin geht es um die Bearbeitung des ursprünglichen Anliegens der Hilfesuchenden im Sinne einer vertiefenden Problembeschreibung. Abbildung III.8 veranschaulicht den Weg, der während der Problemklärung zur Diagnosestellung führt, und die Entscheidungen, die auf diesem Weg zu treffen sind.

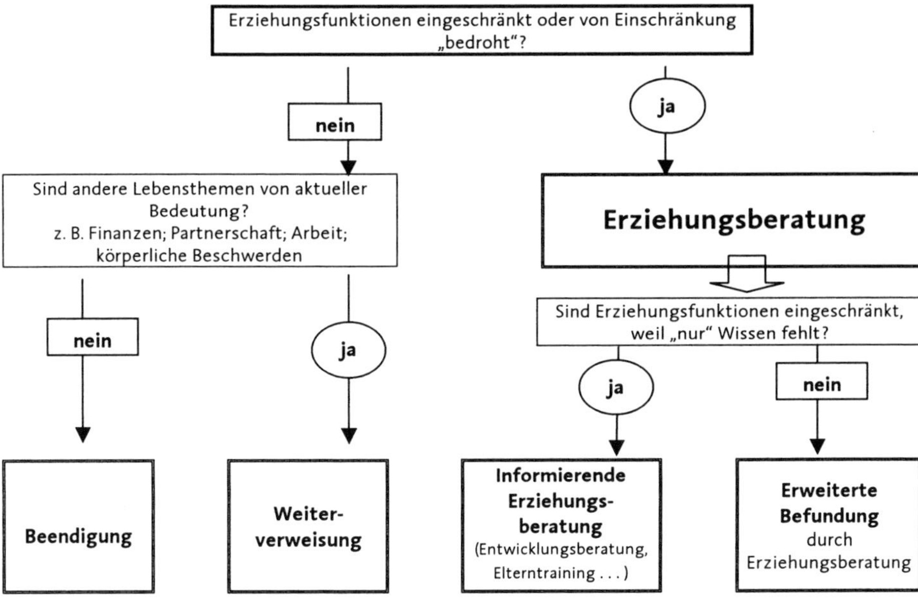

Abbildung III.8: Die erste diagnostische Klärung durch Erziehungsberatung

In den ersten Kontakten mit den Ratsuchenden müssen Antworten auf folgende zwei Fragen gegeben werden:

- Geht es um Erziehungsthemen?
- Sind diese Erziehungsfragen zu beantworten, indem ein bestimmtes Wissen vermittelt wird?

Wenn klar geworden ist, dass das Hauptanliegen der Hilfesuchenden Erziehungsfragen sind, die nicht durch Wissen vermittelnde Beratung beantwortet werden können, ist u. E. eine erweiterte Befunderhebung und die darauf fußende Diagnoseerstellung sinnvoll.

Die Aussagekraft und Verlässlichkeit einer Diagnose ist selbstverständlich abhängig von den verwendeten diagnostischen Instrumenten und von deren diagnostischer Güte im Sinne der Validität, Reliabilität und Objektivität. Es macht für die Güte der Diagnose einen Unterschied, ob man beispielsweise zur Einschätzung der familiären Funktionen ein Eindrucksurteil abgibt, oder ob die recht aufwändigen, jedoch gut standardisierten und validen Familienbögen (Cierpka/Frevert 1994) zum Einsatz gelangen. Deshalb sollte eine Diagnose stets mit einer Aussage darüber verbunden sein, welche Beobachtungen und andere Daten ihr zugrunde liegen. Das MAD-J soll die diagnostische Datenerhebung systematisieren und leiten; es kann und soll die diagnostische Aufmerksamkeit auf jene Merkmale und Merkmalsbereiche richten, die bedeutsam sind für Fragen der elterlichen Erziehung und für deren Unterstützung. Das MAD-J kann dazu beitragen, dass die diagnostische Arbeit beim Thema der Hilfen zur Erziehung bleibt und sich nicht durch andere Themen und Interessen ablenken lässt. Es kann jedoch nicht dafür sorgen, dass die Qualität der Datenerhebung und der erhobenen Daten den Standards diagnostischen Arbeitens entspricht. Diese Qualitätssicherung muss auf andere Weise und mit anderen Mitteln geschehen.

3.2 Von der Diagnose zur Intervention

3.2.1 Die selektive Indikation: Auswahl von Standard-Hilfen

Indikationsentscheidungen, die in der Auswahl einer Standard-Hilfe zur Erziehung (i. S. der §§ 27 ff SGB VIII) bestehen, kommen, wie wir in Teil II gezeigt haben, bei erfahrenen Praktikern der Jugendhilfe in der Abwägung insbesondere von drei Gesichtspunkten zustande: (a) Wo liegt der Problemfokus, beim Kind oder in der intrafamiliären Kommunikation? (b) Welche räumliche Nähe/Distanz zwischen Hilfesystem und Hilfesuchenden ist für die Problemlösung methodisch erforderlich; Komm- oder Gehstruktur? (c) Wie stark ist das Hilfesystem in seiner Wächterfunktion beunruhigt? Wie groß erscheint das Ausmaß einer „Kindeswohleinschränkung" in dem von uns in Teil I erläuterten Sinne?

Diese für die Indikationsstellung entscheidungsrelevanten Aspekte einer Hilfesituation lassen sich über die Achsen und Subachsen des MAD-J weiter ausdifferenzieren. Auf diese Weise lässt sich (a) der Problemfokus genauer spezifizieren und enger umgrenzen, (b) die Problemaspekte, die das eine oder andere methodische Herangehen an das Problem (Komm- vs. Gehstruktur) verlangen, treten deutlicher hervor, und (c) die das Wächteramt beunruhigenden Momente der Problemlage lassen sich spezifizieren. Die Ausdifferenzierung der Indikationshinsichten nach der MAD-J-Systematik ist in Tab. III.2 dargestellt.

Aus der Kombination der ausdifferenzierten Indikationsaspekte (a), (b) und (c) können in einem weiteren Schritt Diagnosecluster generiert werden, die in einem dritten Schritt den klassischen Standard-Hilfen zugeordnet werden. Jede dieser Hilfeformen hat in dieser Konstruktion ein charakteristisches Diagnoseprofil: die Erziehungsberatung im engeren Sinne (siehe Abb. III.9), die Erziehungsbeistandschaft als Einzelfallhilfe oder als Familienhilfe (siehe Abb. III.10), die therapeutischen Hilfen (siehe Abb. III.11), die teilstationären Hilfen (siehe Abb. III.12) sowie die stationären Hilfen (siehe Abb. III.13).

Tabelle III.2: Zuordnung von Merkmalsausprägungen zu den Dimensionen der Hilfen zur Erziehung nach MAD-J

		Diagnose auf Achse		Subachse	Bemerkungen	Ausprägung	
						Stufe	**Bezeichnung**
Fokus	**Probleme des Kindes**	I	klinisch-psychologische Individualdiagnose			B–D	maladaptiv
		III	medizinische Individualdiagnose				vorhanden
		V	Funktionsniveau des Kindes	Funktionsbereiche		B–D	mindestens ein Mal maladaptiv
				Risikokonstellation		C; D	Gefährdet; stark gefährdet
				Ressourcen		C; D	eingeschränkt; deutlich eingeschränkt
							Fokus: personale Ressourcen
	Probleme der intrafamiliären Kommunikation	II	erziehungsrelevante Merkmale	Erziehungsbedingungen		C; D	maladaptiv
				Eltern-Kind-Beziehung		C; D	maladaptiv
				elterliche Paarbeziehung		C; D	maladaptiv
				familiäre Organisation		C; D	maladaptiv
				elterliche Personmerkmale		C; D	maladaptiv
Methodische Grundlage	**Geh-Struktur (aufsuchend)**	IV	psychosoziale Stressoren und Belastung	Transition		C–D	starke bis sehr starke Belastung
				Kritische Lebensereignisse		C–D	starke bis sehr starke Belastung
				materielle + zeitliche Situation		C	gestört
				soziale Einbettung		C	gestört
				Belastungsniveau gesamt	Schwere	C–D	starke bis sehr starke Belastung
					Dauer	A	akut oder anhaltend
		V	Psychisches Funktionsniveau des Kindes	Risikokonstellation		C–D	gefährdet bis stark gefährdet
				Ressourcen		C–D	Fokus: Umweltressourcen

Fortsetzung von Tabelle III.2

		Diagnose auf Achse		Subachse	Bemerkungen	Ausprägung: Stufe	Ausprägung: Bezeichnung
Methodische Grundlage	Komm-Struktur	IV	psychosoziale Stressoren und Belastung	Transition		A–B	adaptiv; unbalanciert
				Kritische Lebensereignisse		A–B	keine oder geringe Belastung
				materielle + zeitliche Situation		A–C	funktional bis beeinträchtigt
				soziale Einbettung		A–CD	adaptiv bis beeinträchtigt
				Belastungsniveau gesamt	Schwere	A–B	keine bis mittel
					Dauer	A; B	kein; akut; anhaltend
		V	Funktionsniveau des Kindes	Risikokonstellation		A–C	adaptiv bis beeinträchtigt
				Ressourcen		A–C	nicht bis eingeschränkt
							Fokus: egal
Beunruhigung in der Wächterfunktion	hoch[1]	Kombination von Merkmalen auf **mindestens vier Achsen** mit einer Ausprägung im Grad einer Beeinträchtigung oder Störung oder einer schweren Belastung; die Urteile auf den einzelnen Subachsen sind gekennzeichnet als obligatorisch oder fakultativ in der Gesamteinschätzung vorkommend.					
		I	klinisch-psychologische Individualdiagnose		i.d.R. vorhanden		
		II	erziehungsrelevante Merkmale	Erziehungsbedingungen	oblig.	C–D	maladaptiv
				Eltern-Kind-Beziehung.	oblig.	C–D	maladaptiv
				elterliche Paarbeziehung	oblig.	C–D	maladaptiv
				familiäre Organisation	oblig.	C–D	maladaptiv
				elterliche Personmerkmale	oblig.	C–D	maladaptiv
		III	medizinische Individualdiagnose		möglich		
		IV	psychosoziale Stressoren und Belastung	Transition	möglich		
				Kritische Lebensereignisse	oblig.	C–D	mittlere bis sehr starke Belastung
				materielle + zeitliche Situation	oblig.	B–D	maladaptiv

[1] Hier macht es nur Sinn, Merkmale die für eine hohe „Kindeswohleinschränkung" sprechen, zusammenzutragen.

Fortsetzung von Tabelle III.2

Beunruhigung in der Wächterfunktion	Diagnose auf Achse		Subachse		Bemerkungen	Ausprägung	
						Stufe	Bezeichnung
hoch[1]	IV	psychosoziale Stressoren und Belastung	soziale Einbettung		oblig.	C–D	beeinträchtigt; gestört
			Belastungsniveau gesamt	obligatorisch	Schwere	C–D	stark bis sehr stark
					Dauer		akut; anhaltend
	V	Funktionsniveau des Kindes	Risikokonstellation		oblig.	C–D	gefährdet bis stark gefährdet
			Ressourcen		oblig.	C–D	eingeschränkt bis deutlich eingeschränkt
							Fokus: Umweltressourcen

Die tabellarisch beschriebenen Diagnoseprofile lassen sich auch grafisch veranschaulichen (siehe Abb. III-16). Dabei sind die auf der Ordinate abgebildeten Ausprägungsgrade von Dysfunktionalität gemittelte Werte, die keine Varianz abbilden. Die Profile haben daher den Charakter von Prototypen, in denen die faktische Variabilität von Diagnoseclustern unterdrückt ist. Der Vergleich solcher prototypischen Profile zeigt, dass das MAD-J relativ deutliche Profilunterschiede abbilden kann.

Die behauptete Korrelation der verschiedenen Profile mit den verschiedenen Standard-Hilfen ist zwar erfahrungsbegründet und hat einen Bezug zur realen Indikationspraxis in der Jugendhilfe; sie bleibt jedoch vorerst hypothetisch und ist – im strengen Sinne kontrollierter Forschung – empirisch nicht überprüft. Dazu wären Studien an größeren Stichproben nötig. Ein Ergebnis könnte die normierte Zuordnung von Diagnoseclustern zu jeweils passenden Standard-Hilfen sein. Aber auch ohne empirisch-wissenschaftliche Validierung könnten die Profile jetzt schon eine Orientierungshilfe bei der Indikationsstellung sein. Wenn der Vergleich einer im Einzelfall ermittelten mehrachsigen Diagnose mit den beschriebenen hilfeformtypischen Diagnoseprofilen Ähnlichkeiten zwischen der real erstellten Diagnose und einer der prototypischen Diagnosen erkennen lässt, dann erhöht das die Wahrscheinlichkeit, dass die Hilfe der Wahl auch die passende ist.

Achse I: Klinisch-psychologische/psychiatrische Individualdiagnose

	Fokus **Intrafamiliäre Kommunikation**	Fokus **„kindertherapeutische Arbeit"**	**Bemerkungen**
	eher keine	vorhanden B-D	Störungen nach ZTT (1999) oder maladaptive Ausprägungen in Merkmalsbereichen des CASCAP-D (1999)

Achse II: Erziehungsrelevante Merkmale

			Fokus **intrafamiliäre Kommunikation**	Fokus **„kindertherapeutische Arbeit"**	**Bemerkungen**
II.1	**elterliche Erziehungshandlungen**	Mutter	B-C	A-C	
		Vater	B-C	A-C	
		Übereinstimmung	B-C	A-C	
II.2	**Eltern-Kind-Beziehung**	Mutter	B-C	A-C	
		Vater	B-C	A-C	
II.3	**elterliche Paarbeziehung**		C-D	A-C	
II.4	**Familiendimensionen**		B-C	A-C	
II.5	**elterliche Personmerkmale**	Mutter	B-C	A-C	
		Vater	B-C	A-C	

Achse III: Medizinische und neuropsychiatrische Individualdiagnose des Kindes

	Fokus **intrafamiliäre Kommunikation**	Fokus **„kindertherapeutische Arbeit"**	**Bemerkungen**
insbes. ICD-10 und/oder **Remschmidt (2001): Multiaxiale Klassifikation; Achsen 1 bis 4** oder andere	eher keine	eher vorhanden	

Achse IV: Psychosoziale Stressoren und Belastung der Familie

			Fokus **intrafamiliäre Kommunikation**	Fokus **„kindertherapeutische Arbeit"**	**Bemerkungen**
IV.1 **Lebenslage**	**IV.1.1**	**Transitionen**	A-B	A-B	
	IV.1.2	**Kritische Lebensereignisse**	A-B	A-C	
	IV.1.3	**materielle und zeitliche Situation**	A-C	A-C	
	IV.1.4	**soziale Einbettung**	A-C	A-C	
IV.2 **Belastungsniveau**	**IV.2.1**	**Belastung: Schwere**	A-B	A-B	
	IV.2.2	**Belastung: Dauer**	A; B	A; B	

Achse V: Psychisches Funktionsniveau des Kindes

		Fokus **intrafamiliäre Kommunikation**	Fokus **„kindertherapeutische Arbeit"**	**Bemerkungen**
V.1	**Funktionsbereiche** (maladaptiv)	eher keine	eher vorhanden	
V.2	**Risikofaktoren**	A-B	A-C	
V.3	**Ressourcen**	A-C (Fokus: Umweltressourcen)	A-C (Fokus: personelle Ressourcen)	

Abbildung III.9: Diagnoseprofil „Erziehungsberatung"

Achse I: Klinisch-psychologische/psychiatrische Individualdiagnose

	Fokus „Familienhilfe“	Fokus „Betreuungshilfe“	Bemerkungen
	leichte Dysfunktionen möglich, nicht Bedingung	vorhanden	Störungen nach ZTT (1999) oder maladaptive Ausprägungen in Merkmalsbereichen des CASCAP-D (1999)

Achse II: Erziehungsrelevante Merkmale

			Fokus „Familienhilfe“	Fokus „Betreuungshilfe“	Bemerkungen
II.1	**elterliche Erziehungs-handlungen**	Mutter	C-D	A-C	
		Vater	C-D	A-C	
		Überein-stimmung	C-D	A-C	
II.2	**Eltern-Kind-Beziehung**	Mutter	C-D	A-C	
		Vater	C-D	A-C	
II.3	**elterliche Paarbeziehung**		C-D	A-C	
II.4	**Familiendimensionen**		C-D	A-C	
II.5	**elterliche Personmerkmale**	Mutter	C-D	A-C	
		Vater	C-D	A-C	

Achse III: Medizinische und neuropsychiatrische Individualdiagnose des Kindes

	Fokus „Familienhilfe“	Fokus „Betreuungshilfe“	Bemerkungen
insbes. ICD-10 und/oder **Remschmidt (2001): Multiaxiale Klassifikation; Achsen 1 bis 4** oder andere	nicht Bedingung	vorhanden	

Achse IV: Psychosoziale Stressoren und Belastung der Familie

			Fokus „Familienhilfe“	Fokus „Betreuungshilfe“	Bemerkungen
IV.1 Lebens-lage	IV.1.1	Transitionen	nicht Bedingung; wenn, dann C-D	nicht Bedingung; wenn, dann C-D	
	IV.1.2	Kritische Lebensereignisse	C-D	C-D	
	IV.1.3	materielle und zeitliche Situation	C	C	
	IV.1.4	soziale Einbettung	C	C	
IV.2 Belastungs-niveau	IV.2.1	Belastung: Schwere	C	C	
	IV.2.2	Belastung: Dauer	akut oder anhaltend	akut oder anhaltend	

Achse V: Psychisches Funktionsniveau des Kindes

		Fokus „Familienhilfe“	Fokus „Betreuungshilfe“	Bemerkungen
V.1	Funktionsbereiche (maladaptiv)	nicht Bedingung	C-D	
V.2	Risikofaktoren	C-D	C-D	
V.3	Ressourcen	wenig Umwelt-ressourcen	wenig personale und nicht ausreichende Umweltressourcen	

Abbildung III.10: Diagnoseprofil „Erziehungsbeistandschaft“

Achse I: Klinisch-psychologische/psychiatrische Individualdiagnose

	Fokus **„aufsuchende Familientherapie“**	Fokus **„ambulante Kindertherapie“**	**Bemerkungen**
	nicht Bedingung	bei §35a: vorhanden: C-D bei §27 (3) vorhanden: C-D	Störungen nach ZTT (1999) oder maladaptive Ausprägungen in Merkmalsbereichen des CASCAP-D (1999)

Achse II: Erziehungsrelevante Merkmale

			Fokus **„aufsuchende Familientherapie“**	Fokus **„ambulante Kindertherapie“** §27 (3)	§35a	**Bemerkungen**
II.1	**elterliche Erziehungshandlungen**	Mutter	C-D	B-C	A-B	
		Vater	C-D	B-C	A-B	
		Überein-stimmung	C-D	B-C	A-B	
II.2	**Eltern-Kind-Beziehung**	Mutter	C-D	B-C	A-B	
		Vater	C-D	B-C	A-B	
II.3	**elterliche Paarbeziehung**		C-D	B-C	A-B	
II.4	**Familiendimensionen**		C-D	B-C	A-B	
II.5	**elterliche Personmerkmale**	Mutter	C-D	B-C	A-B	
		Vater	C-D	B-C	A-B	

Achse III: Medizinische und neuropsychiatrische Individualdiagnose des Kindes

	Fokus **„aufsuchende Familientherapie“**	Fokus **„ambulante Kindertherapie“**	**Bemerkungen**
insbes. ICD-10 und / oder **Remschmidt (2001): Multiaxiale Klassifikation; Achsen 1 bis 4** oder andere	nicht Bedingung	bei §35a vorhanden: B-D; bei §27 (3) nicht Bedingung	

Achse IV: Psychosoziale Stressoren und Belastung der Familie				Fokus **„aufsuchende Familientherapie"**	Fokus **„ambulante Kindertherapie"**	**Bemerkungen**
IV.1 **Lebenslage**	**IV.1.1**	**Transitionen**		nicht Bedingung; wenn, dann C-D	nicht Bedingung; wenn, dann C-D	
	IV.1.2	**Kritische Lebensereignisse**		C-D	A-C	
	IV.1.3	**materielle und zeitliche Situation**		C	A-B	
	IV.1.4	**soziale Einbettung**		C	A-B	
IV.2 **Belastungs-niveau**	**IV.2.1**	**Belastung: Schwere**		D	B-C	
	IV.2.2	**Belastung: Dauer**		akut	akut oder anhaltend	

Achse V: Psychisches Funktionsniveau des Kindes		Fokus **„aufsuchende Familientherapie"**	Fokus **„ambulante Kindertherapie"**	**Bemerkungen**
V.1	**Funktionsbereiche** (maladaptiv)	nicht Bedingung	C-D	
V.2	**Risikofaktoren**	C-D	A-C	
V.3	**Ressourcen**	C-D, insbes. Mangel an Umweltressourcen	C-D; Mangel an personalen Ressourcen	

Abbildung III.11: Diagnoseprofil „Therapien"

Achse I: Klinisch-psychologische/psychiatrische Individualdiagnose

		Fokus „teilstationär“	Bemerkungen
		vorhanden	Störungen nach ZTT (1999) oder maladaptive Ausprägungen in Merkmalsbereichen des CASCAP-D (1999)

Achse II: Erziehungsrelevante Merkmale

				Fokus „teilstationär“	Bemerkungen
II.1	**elterliche Erziehungshandlungen**	Mutter		C	obligatorisch
		Vater		C	obligatorisch
		Übereinstimmung		C	obligatorisch
II.2	**Eltern-Kind-Beziehung**	Mutter		C	obligatorisch
		Vater		C	obligatorisch
II.3	**elterliche Paarbeziehung**			C	
II.4	**Familiendimensionen**			C	obligatorisch
II.5	**elterliche Personmerkmale**	Mutter		C	
		Vater		C	

Achse III: Medizinische und neuropsychiatrische Individualdiagnose des Kindes

		Fokus „teilstationär“	Bemerkungen
insbes. ICD-10 und/oder **Remschmidt (2001): Multiaxiale Klassifikation; Achsen 1 bis 4** oder andere		nicht Bedingung, aber Regelfall	

Achse IV: Psychosoziale Stressoren und Belastung der Familie

				Fokus **„teilstationär"**	**Bemerkungen**
IV.1 Lebenslage	**IV.1.1**	**Transitionen**		nicht Bedingung, aber wenn, dann C-D	
	IV.1.2	**Kritische Lebensereignisse**		C	obligatorisch
	IV.1.3	**materielle und zeitliche Situation**		B-D	obligatorisch
	IV.1.4	**soziale Einbettung**		C	obligatorisch
IV.2 Belastungs-niveau	**IV.2.1**	**Belastung: Schwere**		C	obligatorisch
	IV.2.2	**Belastung: Dauer**		C	obligatorisch

Achse V: Psychisches Funktionsniveau des Kindes

			Fokus **„teilstationär"**	**Bemerkungen**
V.1	**Funktionsbereiche** (maladaptiv)		nicht Bedingung, aber wenn, dann B-D	
V.2	**Risikofaktoren**		C-D	obligatorisch
V.3	**Ressourcen**		C-D; Mangel an Umweltressourcen	obligatorisch

Abbildung III.12: Diagnoseprofil „Teilstationäre Hilfen"

Achse I: Klinisch-psychologische/psychiatrische Individualdiagnose

		Fokus „stationär“	Bemerkungen
		vorhanden	Störungen nach ZTT (1999) oder maladaptive Ausprägungen in Merkmalsbereichen des CASCAP-D (1999)

Achse II: Erziehungsrelevante Merkmale

				Fokus „stationär“	Bemerkungen
II.1	**Elterliche Erziehungshandlungen**	Mutter		D	obligatorisch
		Vater		D	obligatorisch
		Überein-stimmung		D	obligatorisch
II.2	**Eltern-Kind-Beziehung**	Mutter		D	obligatorisch
		Vater		D	obligatorisch
II.3	**Elterliche Paar-Beziehung**			D	obligatorisch
II.4	**Familiendimensionen**			C-D	obligatorisch
II.5	**Elterliche Personmerkmale**	Mutter		C-D	obligatorisch
		Vater		C-D	obligatorisch

Achse III: Medizinische und neuropsychiatrische Individualdiagnose des Kindes

		Fokus „stationär“	Bemerkungen
insbes. ICD-10 und/oder **Remschmidt (2001): Multiaxiale Klassifikation; chsen 1 bis 4** oder andere		nicht Bedingung, aber Regelfall	

Achse IV: Psychosoziale Stressoren und Belastung der Familie

				Fokus **„stationär“**	**Bemerkungen**
IV.1 Lebenslage	**IV.1.1**	**Transitionen**		nicht Bedingung, aber wenn, dann C-D	
	IV.1.2	**Kritische Lebensereignisse**		C-D	obligatorisch
	IV.1.3	**materielle und zeitliche Situation**		B-D	obligatorisch
	IV.1.4	**soziale Einbettung**		C-D	obligatorisch
IV.2 Belastungsniveau	**IV.2.1**	**Belastung: Schwere**		D	obligatorisch
	IV.2.2	**Belastung: Dauer**		D	obligatorisch

Achse V: Psychisches Funktionsniveau des Kindes

			Fokus **„stationär“**	**Bemerkungen**
V.1	**Funktionsbereiche** (maladaptiv)		nicht Bedingung, aber wenn, dann B-D	
V.2	**Risikofaktoren**		C-D	obligatorisch
V.3	**Ressourcen**		D; Mangel an Umweltressourcen	obligatorisch

Abbildung III.13: Diagnoseprofil „Stationäre Hilfen“

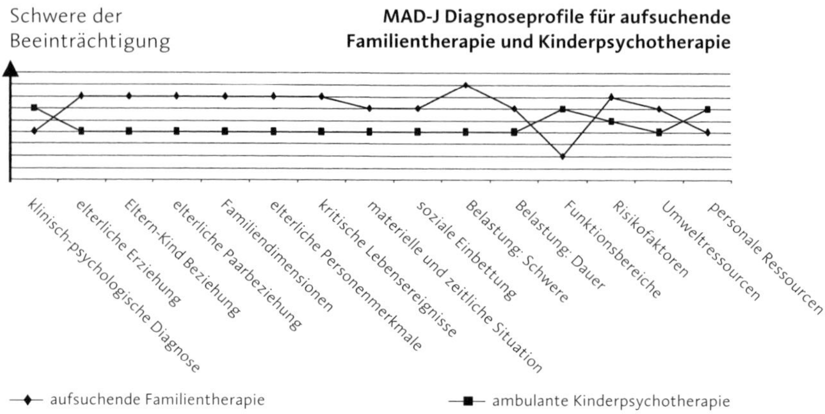

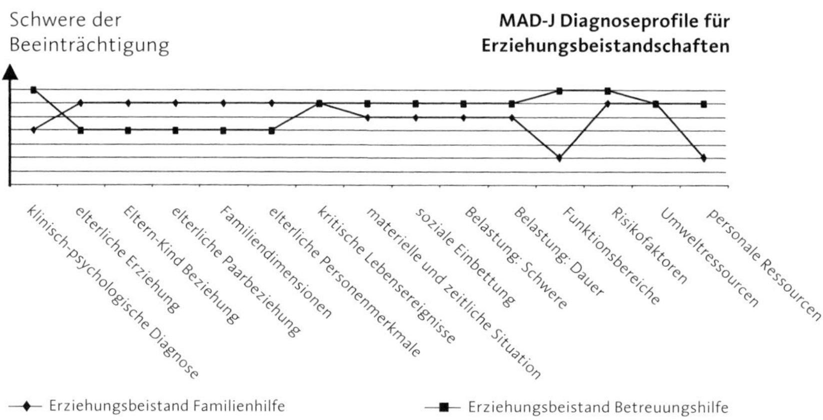

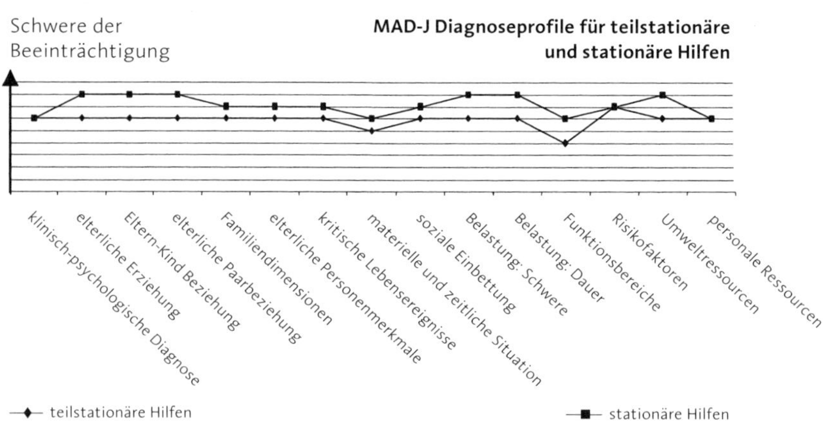

Die Eintragungen der Achse III zur medizinischen Individualdiagnose sowie das Auftreten von Belastungen aus transitiven Phasen wurden hier weggelassen, da sie für die Ableitung von Hilfen und zum Ausfüllen nicht obligatorisch sind.

Abbildung III.14: MAD-J ausgewählte Diagnoseprofile im Vergleich

Tabelle III.3 Interventionsarten im Rahmen der Hilfen zur Erziehung

	Bezeichnung	**Schwerpunkt**	**Subfokus**	**Codierung**	**Zielgruppe**		
					Kind **„K"**	Eltern **„E"**	Familie **„F"**
Erziehung aktivierende Interventionen: integrative Hilfen zur Erziehung	Klärung bzw. Weiterverweisung	Ressourcen und Defizite		1.1.1.0	x	x	x
	Informierende Beratung	Information	Entwicklung des Kindes	1.2.1.1		x	
			Erziehungsverhalten	1.2.1.2		x	
			Kommunikation	1.2.1.3		x	
			kognitive „Werkzeuge"	1.2.1.4		x	
			Kulturtechniken	1.2.1.5		x	
			zeitliche/materielle Organisation	1.2.1.6		x	
			soziokulturelle Integration	1.2.1.7		x	
	Training	Techniken	Erziehungsverhalten	1.3.1.1		x	
			Entwicklungsförderung („Handling")	1.3.1.2		x	
			Kommunikation	1.3.1.3		x	
			Stressmanagement	1.3.1.4		x	
		kognitive Teilfunktionen und Sprache	kognitive „Werkzeuge"	1.3.2.1	x		
			Sprache und Kulturtechniken	1.3.2.2	x	x	
		Verhalten		1.3.3.1	x		
	Beratung	psychische Abbildung innerer und äußerer Bedingungen, Prozesse und Verhaltensmöglichkeiten	Erziehung	1.4.1.1		x	
			Persönlichkeit	1.4.1.2	x	x	
			Beziehung	1.4.1.3	x	x	x
			Verhalten	1.4.1.4	x	x	
		System und Kommunikation	sachorientierte Lösung (Mediation)	1.4.2.1	x	x	x
			Beziehungsklärung	1.4.2.2		x	x
		Lebenslage	materielle Lebensorganisation	1.4.3.1		x	x

Fortsetzung von Tabelle III.3

	Bezeichnung	Schwerpunkt	Subfokus	Codierung	Zielgruppe Kind „K“	Eltern „E“	Familie „F“
Erziehung aktivierende Interventionen: integrative Hilfen zur Erziehung			zeitliche Lebensorganisation	1.4.3.2		x	x
			soziokulturelle Integration	1.4.3.3	x	x	x
	Therapie	psychische Funktionen	Persönlichkeit	1.5.1.1	x		
			Verhalten	1.5.1.2	x		
		kognitive Teilfunktionen und Sprache	kognitive „Werkzeuge“	1.5.2.1	x		
			Sprache und Kulturtechniken	1.5.2.2	x		
		Kommunikation	Beziehungsklärung	1.5.3.1		x	x
	Involvierte Beratung und Therapie (aufsuchend)	Lebenslage	elterliche Entlastung	1.6.1.1		x	
			materielle und zeitliche Lebensorganisation	1.6.1.2		x	
			soziokulturelle Integration	1.6.1.3			x
		Erziehung	elterliche Erziehung	1.6.2.1	x	x	
		Entwicklungsförderung	bei körperlicher, seelischer oder geistiger Behinderung	1.6.3.1	x		x
		Kommunikation	bei chronisch dysfunktionalem Hilfesuchverhalten	1.6.4.1			x
			bei grenzverletzender „Kommunikation“ (insbes. Gewalt)	1.6.4.2			x
		kurzzeitige Krisenintervention		1.6.5.1			x

3.2.2 Die adaptive Indikation: Vorschlag für die prozessorientierten Hilfen zur Erziehung

Wie die Indikation von Standard-Hilfen, so setzt auch die Indikation von adaptiven, prozessorientierten Hilfen die Erstellung von Diagnosen voraus. Der Unterschied ist, dass hier die in der Diagnose beschriebenen Merk-

Fortsetzung von Tabelle III.3

	Bezeichnung	Schwerpunkt	Subfokus	Codierung	Zielgruppe		
					Kind „K“	Eltern „E“	Familie „F“
Kompensatorische Interventionen: die elterliche Erziehung ersetzend	Hilfen zur Umgangsgewährung und Ausübung des Sorgerechts	elterlicher Umgang	Umgangsbegleitung	2.1.1.1		x	x
		elterliche Sorge	Eltern-Kind-Unterbringung	2.1.2.1			x
	Teilstationäre Angebote	chronische Kindeswohlgefährdung		2.2.1.1	x		
	Fremdunterbringung	höchste Kindeswohlgefährdung	Kindesschutz durch kurzzeitige Entlastung	2.3.1.1	x		
			dauerhafter Kindesschutz	2.3.1.2	x		

malsausprägungen mit variierenden Kombinationen von Interventions- bzw. Hilfe*modulen* verknüpft werden. Das wiederum setzt voraus, dass ein Pool von Interventionsmodulen existiert, aus dem sich eine komplexere Hilfe zusammensetzen lässt. Ein Modulkatalog ist selbstverständlich nie definitiv abgeschlossen; er erweitert und differenziert sich in Abhängigkeit von den Erfordernissen der Praxis und von der fachlichen Entwicklung. Auch sind die in ihm enthaltenen Module nicht immer diskret voneinander abgegrenzt; sie gehen Verbindungen miteinander ein und überlappen sich.

Tabelle III.3 gibt einen Überblick über die Interventionsmodule, die wir im Bereich der Hilfen zur Erziehung für sinnvoll und notwendig halten. Die Einträge in diesen Katalog haben wir bereits in Teil II dargestellt und begründet.

Ausgehend von einer in der Systematik des MAD-J erstellten Diagnose können mit Hilfe der in Tabelle III.4 dargestellten Tabelle Interventionsempfehlungen abgeleitet werden, die von dem vorgeschlagenen Modulkatalog Gebrauch machen.

3.3 Formulierung von Entwicklungszielen

Jede Indikationsempfehlung ist notwendigerweise mit dem Entwurf von Entwicklungszielen verknüpft, die durch die angezeigte Hilfe zu erreichen sind. Welche Ziele erreicht werden *sollen*, ist eine Frage, die im Dialog mit

Tabelle III.4: Zuordnung von Interventionsarten zu Merkmalen und deren Ausprägungen

Fokus		Merkmal	Ausprägung	minimale Diagnosesicherheit	Falls Diagnoseschwelle nicht erreicht	Interventionsmodul Codierung	
Familie	Mutter	**Persönlichkeit**	unbalanciert	Augenschein		1.4.1.2-E	
			Risikopersönlichkeit	Augenschein		1.1.1.0-E (Weiterverweisung)	
		Mutter-Kind-Beziehung	unbalanciert	Augenschein		1.4.2.2-F	
			beeinträchtigt	Diagnose nach stand. Sreening	standardsiertes Screening	1.5.3.1-F	
			gestört	gesicherter Befund	ausführliche Befundung	1.5.3.1-F	+ 1.1.1.0-E (Weiterverweisung)
		Erziehungsverhalten	unbalanciert	Augenschein		1.2.1.1 oder 1.3.1.1	
			beeinträchtigt	Diagnose nach stand. Sreening	standardisiertes Screening	1.4.1.1	
			gestört	gesicherter Befund	ausführliche Befundung	1.6.2.1	
	Vater	**Persönlichkeit**	unbalanciert	Augenschein		1.4.1.2-E	
			Risikopersönlichkeit	Augenschein		1.1.1.0-E (Weiterverweisung)	
		Vater-Kind-Beziehung	unbalanciert	Augenschein		1.4.2.2-F	
			beeinträchtigt	Diagnose nach stand. Sreening	standardisiertes Screening	1.5.3.1-F	
			gestört	gesicherter Befund	ausführliche Befundung	1.5.3.1-F	+ 1.1.1.0-E (Weiterverweisung)
		Erziehungsverhalten	unbalanciert	Augenschein		1.2.1.1 oder 1.3.1.1	
			beeinträchtigt	Diagnose nach stand. Sreening	standardisiertes Screening	1.4.1.1	
			gestört	gesicherter Befund	ausführliche Befundung	1.6.2.1	

Fortsetzung von Tabelle III.4

Fokus		Merkmal	Ausprägung	minimale Diagnosesicherheit	Falls Diagnoseschwelle nicht erreicht	Interventionsmodul Codierung	
Familie	**beide Eltern**	**Übereinstimmung im Erziehungsverhalten**	unbalanciert	Augenschein		1.2.1.2 oder 1.2.1.2 oder 1.3.1.1	
			beeinträchtigt	Diagnose nach stand. Sreening	standardisiertes Screening	1.4.2.2-E	
			gestört	gesicherter Befund	ausführliche Befundung	1.5.3.1-E oder 2.1.1.1	oder 1.4.2.1
		elterliche Paarbeziehung	unbalanciert	Augenschein		1.2.1.3	
			beeinträchtigt	Diagnose nach stand. Sreening	standardisiertes Screening	1.4.2.2	
			gestört	gesicherter Befund	ausführliche externe Befundung	1.5.3.1-E	oder 1.4.2.1
		soziale Einbettung	unbalanciert	Augenschein		1.2.1.6	
			beeinträchtigt	Diagnose nach stand. Sreening	standardisiertes Screening	1.4.3.3	
			gestört	gesicherter Befund	ausführliche Befundung	1.6.1.3	
		materielle und zeitliche Organisation	unbalanciert	Augenschein		1.2.1.6 oder 1.3.1.4	
			beeinträchtigt	Diagnose nach stand. Sreening	standardisiertes Screening	1.4.3.1	
			gestört	gesicherter Befund	ausführliche Befundung	1.6.1.2	
		psychosozialer Stress und Belastung	leicht	Augenschein		1.2.1.6 oder 1.3.1.4	
			mittel	Diagnose nach stand. Sreening	standardisiertes Screening	1.4.3.2 oder 1.4.3.3	
			schwer akut	gesicherter Befund	ausführliche Befundung	1.6.4 oder 1.6.5.1	
			schwer andauernd	gesicherter Befund	ausführliche Befundung	1.6.1 bis 1.6.5	

Fortsetzung von Tabelle III.4

Fokus		Merkmal	Ausprägung	minimale Diagnosesicherheit	Falls Diagnoseschwelle nicht erreicht	Interventionsmodul Codierung
Familie	Familie	familiäre Funktionen	unbalanciert	Augenschein		1.4.2.1 oder 1.4.2.2
			beeinträchtigt	Diagnose nach stand. Sreening	standardisiertes Screening	1.5.3.1
			gestört	gesicherter Befund	ausführliche Befundung	1.6.1 bis 1.6.2 oder 1.6.4 oder 1.6.5
Fokus		**Merkmal**	**Ausprägung**	**minimale Diagnosesicherheit**	**Falls Diagnoseschwelle nicht erreicht**	**Interventionsmodul**
Kind	körperliche Auffälligkeit		Störung	gesicherter Befund	ausführliche Befundung	1.1.1.0 oder 1.6.3.1 oder 1.4.1.1
	psychische Auffälligkeit	ohne maladaptive Teilleistung	unbalanciert	Augenschein		1.2.1.1 und/oder 1.2.1.2 und/oder 1.4.1.2-K
			beeinträchtigt	Diagnose nach stand. Sreening	standardisiertes Screening	1.4.1.2-K und 1.4.1.1
			gestört	gesicherter Befund	ausführliche Befundung	1.5.1.1-K und 1.4.1.1 oder 1.6.3.1.oder 2.2.1.1
		mit maladaptiver Teilleistung	unbalanciert	Augenschein		1.2.1.5 und/oder 1.2.1.2
			beeinträchtigt	Diagnose nach stand. Sreening	standardisiertes Screening	1.5.2.1 oder 1.5.2.2 und 1.4.1.1
			gestört	gesicherter Befund	ausführliche Befundung	1.5.2.1 oder 1.5.2.2 und 1.4.1.1 oder 1.6.3.1

den Hilfesuchenden eine Antwort finden wird. Dieser Dialog ist ein unverzichtbarer Bestandteil der Hilfeplanung. Denn bei der Suche nach der geeigneten Hilfe geht es in der Hauptsache immer um Möglichkeiten, deren Selbstentwicklung zu unterstützen. Welche Ziele aller Voraussicht nach erreicht werden *können* und in diesem Sinne realistisch sind, ist freilich eine Frage, zu deren Beantwortung die Diagnose wichtige Hinweise enthalten wird. Die meisten der in einer MAD-J-Diagnose erfassten Merkmale sind so formuliert, dass sie ohne weiteres in Zielformulierungen transformiert

Fortsetzung von Tabelle III.4

Fokus	Dauer	Erziehung		Belastung		kindliche Auffälligkeit	minimale Diagnosesicherheit	falls Diagnoseschwelle nicht erreicht	Interventionsmodul
Komplexität	akut	D	+	D			gesicherter Befund	ausführliche Befundung	2.3.1.1 und weitere Interventionen, s.o.
	andauernd	D	+	C; D			gesicherter Befund	ausführliche Befundung	2.3.1.2 und weitere Interventionen, s.o. oder 2.1.2.1
	akut			D	+	D	gesicherter Befund	ausführliche Befundung	2.3.1.1 und weitere Interventionen, s.o.
	andauernd			C; D	+	D	gesicherter Befund	ausführliche Befundung	2.3.1.1 und weitere Interventionen, s.o.
	akut	C; D	+	C; D	+	C; D	gesicherter Befund	ausführliche Befundung	2.3.1.1 und weitere Interventionen, s.o.
	andauernd	C	+	C	+	C	gesicherter Befund	ausführliche Befundung	2.2.1.1 und weitere Interventionen, s.o.
	andauernd	D	+	D	+	D	gesicherter Befund	ausführliche Befundung	2.3.1.2 und weitere Interventionen, s.o.

werden können. Es wird Aufgabe der Beraterperson sein, die Hilfesuchenden im Dialog mit ihnen darin zu unterstützen, das nach Befundlage – mit Rücksicht auf das Ausmaß der diagnostizierten Beeinträchtigungen und in der Erwartung aktivierbarer Ressourcen – voraussichtlich Erreichbare mit dem in Einklang zu bringen, was sie erreichen wollen. Wenn das gelingt, hat die Hilfeplanung gute Aussichten, erfolgreiche Hilfeleistung zu beginnen. Diese ist dann gut begründet und die Beteiligten sind für sie gut motiviert.

4 Zusammenfassung und Ausblick

In anschaulicher Weise skizziert die in Abbildung III-19 dargestellte Übersicht noch einmal den Weg von der Diagnose zur entwicklungszielorientierten Interventionsempfehlung.

Wie geht es weiter?

Das Multiaxiale Diagnosesystem für die Jugendhilfe (MAD-J) ist ein Entwurf. Für dessen Weiterentwicklung haben wir folgende Wünsche und Absichten: Erstens müsste der inhaltliche Teil weiter ausgearbeitet und empirisch besser fundiert werden. Zweitens haben wir vor, ein computergestütztes Verfahren zu entwickeln, das helfen kann, den relativ hohen Beurteilungs- und Auswertungsaufwand zu minimieren. Und drittens müsste in absehbarer Zeit eine Evaluationsstudie initiiert werden. Diese hätte zu prüfen, ob es im Bereich der Hilfen zur Erziehung zu einer Verringerung der Fehlindikationsquote kommt, wenn das MAD-J in der Hilfeplanung eingesetzt wird, ob, mit anderen Worten, Erziehungshilfe dadurch effizienter wird.

Zu 1. Die weitere fachliche Fundierung des Expertensystems könnte auf folgende Weise geschehen: Wenn Fachleute der Jugendhilfe sich zu den hier verwendeten diagnostischen Kriterien und zu den vorgeschlagenen Zuordnungen von Diagnosen zu bestimmten Interventionsformen äußern würden, wäre das sehr zu begrüßen. Das würde zunächst die Wissensbasis über unsere eigenen Erfahrungen hinaus verbreitern. Die Validität dieses Expertenwissens könnte sodann im Rahmen wissenschaftlich-empirischer Untersuchungen überprüft und die Praktikabilität der Forschungsergebnisse könnte in der praktischen Arbeit der Jugendhilfe getestet werden. Einen ersten Schritt zur Weiterentwicklung der MAD-J wollen wir in absehbarer Zeit mit der Entwicklung einer an Altersgruppen orientierten Spezifizierung der Checklisten zur elterlichen Erziehung tun.

Zu 2. Geplant ist eine computergestützte Version des MAD-J, die den Zeitaufwand bei der Anwendung erheblich verringern soll. Die Entwicklung der entsprechenden Software befindet sich in Vorbereitung. Sie wird die Systematik des MAD-J beibehalten und sie zugleich für Ergänzungen öffnen, die Anwendern für ihre besonderen Zwecke sinnvoll erscheinen.

Zu 3. Im Bereich der Hilfen zur Erziehung einen Beitrag zur Optimierung des Passungsverhältnisses zwischen Hilfeleistung und Hilfebedarf leisten

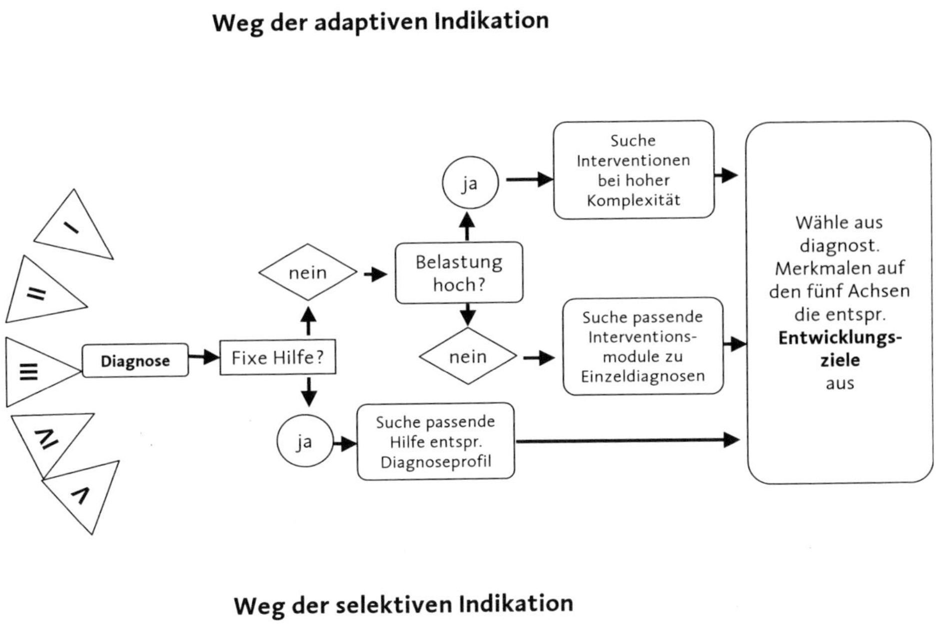

Abbildung III.15: Indikation: der Weg von der Diagnose zur entwicklungszielorientierten Interventionsempfehlung

und die Trefferquote bei der Indikation von Erziehungshilfen mit Hilfe des MAD-J erhöhen zu wollen, das ist natürlich ein hoher Anspruch. Mit anderen Mitteln haben das schon viele andere versucht. Das MAD-J bedarf deshalb der kritischen Überprüfung. Evaluations- und Normierungsstudien wären nötig. Dafür hoffen wir, potente Partner zu finden. Die Autoren freuen sich über jede Unterstützung. Ob dies die Übernahme von Studien oder die Bereitschaft zur Teilnahme an weiteren Untersuchungen oder Kommentierungen und Anregungen fachlicher Art sind – alles ist den Autoren willkommen.

Literatur

Abidin, R. (1995): Parenting Stress Index. Hogrefe, Göttingen/Bern/Toronto/Seattle

Adler, H. K. (2004): Das Person-In-Environment-System (PIE). Vorteile einer eigenständigen, standardisierten Diagnostik in der sozialen Arbeit. In: Heiner (2004, 165–175)

Ahrens, H.-J. (1999): Differentielle Psychologie. In: Asanger/Wenninger (1999), 113–120

Ainsworth, M. (1977): Skalen zur Erfassung mütterlichen Verhaltens: Feinfühligkeit versus Unempfindlichkeit gegenüber den Signalen des Babys. In: Grossmann, K. E. (Hrsg.): Entwicklung der Lernfähigkeit in der sozialen Umwelt. Kindler, München, 96–107

Ambühl, H., Strauß, B. (Hrsg.) (1999): Therapieziele. Hogrefe, Göttingen/Bern/Toronto/Seattle

Arbeitskreis OPD (Hrsg.) (2001): Operationalisierte Psychodynamische Diagnostik. Grundlagen und Manual. Verlag Hans Huber, Bern/Göttingen/Toronto/Seattle

Arbeitskreis OPD-KJ (Hrsg.) (2003): Operationalisierte Psychodynamische Diagnostik im Kindes- und Jugendalter. Verlag Hans Huber, Bern/Göttingen/Toronto/Seattle

Asanger, R., Wenninger, G. (Hrsg.) (1999): Handwörterbuch der Psychologie. Beltz, Weinheim/Basel

Asendorpf, J. (1999): Psychologie der Persönlichkeit. Springer, Berlin/Heidelberg/New York

–, Banse, R. (2000): Psychologie der Beziehung. Hans Huber, Bern/Göttingen/Toronto/Seattle

Azar, S. T. (2002): Parenting and Child Maltreatment. In: Bornstein, M. H. (Ed.): Handbook of Parenting. Vol. 4: Social Conditions and Applied Parenting (2nd Ed.). Lawrence Erlbaum Associates Publishers, Mahwah NY, 361–388

Bandura, A. (1994): Self-efficacy. The exercise of control. Freeman, New York

Barker, R. G. (1968): Ecological psychology. Jossey-Bass, San Francisco (Calif.)

Baumrind, D. (1971): Current patterns of parental authority. Developmental Psychology Monograph 4 (1), 1–103

Bayerisches Landesjugendamt (Hrsg.) (2001): Sozialpädagogische Diagnose. Arbeitshilfe zur Feststellung des erzieherischen Bedarfs. Eigenverlag, München

Belsky, J. (1984): The determinants of parenting: A process model. Child Development 55, 83–96

–, Barends, N. (2002): Personality and Parenting. In: Bornstein, M. H. (Ed.): Handbook of Parenting. 2nd. Ed. Vol. 3: Being and Becoming a Parent. Lawrence Erlbaum Associates Publishers. Mahwah (NY), 415–438

Benninghoven, D., Cierpka, M., Thomas, V. (2003): Überblick über familiendiagnostische Fragebogeninventare. In: Cierpka (2003a), 487–510

Biermann-Ratjen, E.-M. (1993): Das Modell der psychischen Entwicklung im Rahmen des klientenzentrierten Konzeptes. In: Eckert, J., Höger, D., Linster, H. (Hrsg.): Die Person und ihre Störung. Band 1. GwG Verlag, Köln, 77–88

–, E.-M., Eckert, J., Schwartz, H.-J. (2003): Verändern durch Verstehen. 9. Aufl. W. Kohlhammer, Stuttgart

Böhm, W. (2004): Geschichte der Pädagogik. C. H. Beck, München

Bowlby, J. (1982): Das Glück und die Trauer. Herstellung und Lösung affektiver Bindungen. Klett-Cotta, Stuttgart

Brähler, E., Brähler, C. (1993): Paardiagnostik mit dem Gießen-Test. Hogrefe, Göttingen/Bern/Toronto/Seattle
Brezinka, W. (1990): Grundbegriffe der Erziehungswissenschaft. Ernst Reinhardt, München/Basel
Bronfenbrenner, U. (1981): Die Ökologie menschlicher Systeme. Klett-Cotta, Stuttgart
– (1986): Ecology of the family as a context of human development: Research perspectives. Developmental Psychology 22, 723–742
Brumlik, M. (1992): Advokatorische Ethik. Philo Verlagsgesellschaft, Bielefeld
Bundeskonferenz für Erziehungsberatung (Hrsg.) (2004): Arme Familien gut beraten. Eigenverlag, Fürth
– (2005): Erziehungsberatung und Psychotherapie. bke-Stellungnahme. Informationen für Erziehungsberatungsstellen 2/2005; 3–8
Bundesministerium für Familie, Senioren, Frauen und Jugend (Hrsg.) (1999): Qualitätsprodukt Erziehungsberatung. QS 22. Selbstverlag, Berlin
– (Hrsg.) (2002): Effekte erzieherischer Hilfen und ihre Hintergründe. W. Kohlhammer, Stuttgart
Bundesministerium für Gesundheit und soziale Sicherung (2004): Lebenslagen in Deutschland. Der 2. Armuts- und Reichtumsbericht der Bundesregierung. Eigenverlag, Berlin
Bürgerliches Gesetzbuch (2006): Textausgabe. Deutscher Taschenbuchverlag (Beck-Texte im dtv), München (57. Auflage)

Cierpka, M. (Hrsg.) (2003 a): Handbuch der Familiendiagnostik. Springer, Berlin/Heidelberg/New York
– (2003 b): Das Drei-Ebenen-Modell in der Familiendiagnostik. In: Cierpka (2003 a), 25–43
–, Frevert, G. (1994): Die Familienbögen. Hogrefe, Göttingen/Bern/Toronto/Seattle

Dettenborn, H. (2001): Kindeswohl und Kindeswille. Ernst Reinhardt, München/Basel
–, Walter, E. (2002): Familienrechtspsychologie. Ernst Reinhardt, München/Basel
Diagnostisches und statistisches Manual Psychischer Störungen DSM-IV (1996): Hogrefe, Göttingen/Bern/Toronto/Seattle
Dilling, H., Mombour, W., Schmidt, M. H. (Hrsg.) (1994): Internationale Klassifikation psychischer Störungen. ICD-10 Kapitel V (F). Hans Huber, Bern/Göttingen/Toronto/Seattle
Döpfner, M., Berner, W., Flechtner, H., Lehmkuhl, G., Steinhausen, H.-C. (1999): Psychopathologisches Befund-System für Kinder und Jugendliche (CASCAP-D). Hogrefe, Göttingen/Bern/Toronto/Seattle
Dornes, M. (1993): Der kompetente Säugling. Fischer, Frankfurt/M.
– (1997): Die frühe Kindheit. Fischer, Frankfurt/M.
– (2001): Die emotionale Welt des Kindes. Fischer, Frankfurt/M.

Eckensberger, L., Keller, H. (1998): Menschenbilder und Entwicklungskonzepte. In: Keller (1998), 11–56
Elder, G. H. jr. (1974): Children of the Great Depression. University of Chicago Press, Chicago
Engfer, A., Schneewind, K. A. (1976): Der FSE – Ein Fragebogen zur Erfassung selbstperzipierter elterlicher Erziehungsstileinstellungen. Arbeitsbericht 9 des EKB-Projektes, Universität Trier

Filipp, S.-H. (1995): Kritische Lebensereignisse. Beltz/Psychologische Verlags Union, Weinheim
Fingerle, M., Opp, G., Freytag, A. (Hrsg.) (1999): Was Kinder stärkt: Erziehung zwischen Risiko und Resilienz. Ernst Reinhardt, München/Basel

Finke, J. (1994): Empathie und Interaktion. Georg Thieme, Stuttgart/New York
Fraiberg, S., Adelson, E., Shapiro, V. (1975): Ghost in the nursery. Journal of the American Academy of Child Psychiatry 14, 387–422
Fritze, N. (1996): Erziehungsfähigkeit und Erziehungsbedürftigkeit des Menschen. Weidler Buchverlag, Berlin
Fthenakis, W. (2000): Kommentar zu Ulrich Schmidt-Denters „Entwicklung von Trennungs- und Scheidungsfamilien". In: Schneewind (2000), 222–232
– (2000): Hat die Familie Zukunft? Manuskript eines Vortrages, http://www.csu.bayeren.landtag.de, 20. 02. 2001
Fuhrer, U. (2005): Lehrbuch Erziehungspsychologie. Hans Huber, Bern/Göttingen/Toronto/Seattle
–, Uslucan, H.-H. (Hrsg.) (2005): Familie, Akkulturation und Erziehung. W. Kohlhammer, Stuttgart

Gedo, J. (1996): Die Psychobiologie der Motivation. Psyche 50, 385–406
Gesetzliche Krankenversicherung (2005): Textausgabe. Deutscher Taschenbuchverlag (Beck-Texte im dtv), München (13. Auflage)
Giesecke, H. (1998): Einführung in die Pädagogik. 5. Aufl. Juventa, Weinheim
Gräser, H., Brandtstätter, J., Felser, G. (2001): Zufriedenheit in Partnerbeziehungen: Analyse latenter Entwicklungsgradienten im 14-Jahres-Längsschnitt. In: Walper/Pekrun (2001), 200–218
Grossmann, Kl., Grossmann, Ka. (1994): Bindungstheoretische Grundlagen psychologisch sicherer und unsicherer Entwicklung. GwG-Zeitschrift 96, 12/1994, 26–41
Grundgesetz (2005): Textausgabe. Deutscher Taschenbuchverlag (Beck-Texte im dtv), München (40. Auflage)

Hacker, W. (1999): Handlung. In: Asanger/Wenninger (1999), 275–281
Häcker, H. (1999): Persönlichkeit. In: Asanger/Wenninger (1999), 530–535
Hahlweg, K. (1996): Fragebogen zur Partnerschaftsdiagnostik. Hogrefe, Göttingen/Bern/Toronto/Seattle
Harnach-Beck, V. (1995): Psychosoziale Diagnostik in der Jugendhilfe. Juventa, Weinheim
Havighurst, R. J. (1982): Development tasks and education. Longman, New York
Heiner, M. (Hrsg.) (2004): Diagnostik und Diagnosen in der sozialen Arbeit. Ein Handbuch. Deutscher Verein für öffentliche und private Fürsorge e. V., Frankfurt/M.
Herpertz-Dahlmann, B., Remschmidt, H. (2000): Störungen der Kind-Umwelt-Interaktion und ihre Auswirkungen auf den Entwicklungsverlauf. In: Petermann et al. (2000), 223–240
Herrmann, T., Stapf, A., Krohne, H. (1971): Die Marburger Skalen zur Erfassung des elterlichen Erziehungsstils. Diagnostica 17, 118–131
Hetzer, H. (1929): Kindheit und Armut. Psychologische Methoden in Armutsforschung und Armutsbekämpfung. Hirzel, Leipzig
Hiebsch, H., Vorwerg, M. (1980): Sozialpsychologie. Deutscher Verlag der Wissenschaften, Berlin
Hillmeier, H. (2004): Sozialpädagogische Diagnose. Eine Arbeitshilfe des Bayerischen Landesjugendamtes. In: Heiner (2004), 203–217
Höger, D. (1993): Organismus, Aktualisierungstendenz, Beziehung – die zentralen Grundbegriffe der Klientenzentrierten Gesprächspsychotherapie. In: Eckert, J., Höger, D., Linster, H. (Hrsg.): Die Entwicklung der Person und ihre Störung. Bd. 1. GwG Verlag, Köln, 17–42
Höger, D. (2000): Ist das noch GT, wenn ich …? Psychotherapeuten Forum 7 (5), 5–17
Holahan, C. J., Moos, R. H. (1987): Personal and contextual determinants of coping strategies. Journal of Personality and Social Psychology, 52, 946–955

Holden G. W., Buck M. J. (2002): Parental Attitudes toward Childrearing. In: Bornstein, M. H. (Ed.), Handbook of Parenting. Vol. 3: Becoming and Being a Parent (2nd Ed.). Lawrence Erlbaum Associates Publishers, Mahwah (NY), 537–562

Holtmann, M., Schmidt, M. H. (2004): Resilienz im Kindes- und Jugendalter. Kindheit und Entwicklung 13 (4), 195–20

Hundsalz, A. (2004): Gefühle, Gefühle, Gefühle ... Abenteuer Team. Informationen für Erziehungsberatungsstellen 2/2004, 22–28

Jacob, A. (1994): Reflexion von Methoden und Kompetenzen in der Erziehungsberatung. Informationen für Erziehungsberatungsstellen 3/1994, 58–69

– (2002): Kinderpsychologischer Befundbogen (unveröff.)

Jäger, R., Petermann, F. (Hrsg.) (1999): Psychologische Diagnostik. Beltz/Psychologische Verlags Union, Weinheim

Joas, H. (1991): Rollen- und Interaktionstheorien in der Sozialforschung. In: Hurrelmann, K., Ulich, D. (Hrsg.): Neues Handbuch der Sozialisationsforschung. 4. Aufl. Beltz/Psychologische Verlags Union, Weinheim, 137–152

Jost, K. (2004): Auswirkungen der Armut bei Kindern und Jugendlichen. In: Bundeskonferenz für Erziehungsberatung (2004), 30–39

Karls, J. M., Wandrei, K. E. (Eds.) (1994): Person-In-Environment System. The PIE Classification System For Social Functioning Problems. Nasw Press, Washington DC

Katschnig, H., Nouzak, A. (1999): Life-Event-Forschung. In: Asanger/Wenninger (1999), 398–405

Keller, H. (Hrsg.) (1998): Lehrbuch Entwicklungspsychologie. Verlag Hans Huber, Bern/Göttingen/Toronto/Seattle

– (2001): Frühkindliche Sozialisationskontexte. In: von Schlippe et al. (2001), 17–38

–, Chasiotis, A. (im Druck): Entwicklung im Spannungsfeld zwischen Natur und Kultur. In: Hasselhorn, M., Silbereisen, R. (Hrsg.) (im Druck): Psychologie des Säuglings- und Kindesalters; Enzyklopädie der Psychologie, Band CV 4. Hogrefe, Göttingen/Bern/Toronto/Seattle, Vorabdruck

–, Eckensberger, L. (1998): Kultur und Entwicklung. In: Keller (1998), 57–96

Keupp, H. (1999): Soziale Netzwerke. In: Asanger/Wenninger (1999), 696–702

Kiesler, D. J. (1983): The Interpersonal Circle: A Taxonomy For Complementarity In Human Transactions. Psychological Review 90 (3), 185–211

Kießling, K. (1998): Psychotherapie – ein chaotischer Prozeß? Radius, Stuttgart

Kindler, H. (2004): Was ist bei der Einschätzung der Erziehungsfähigkeit von Eltern zu beachten? Top 62. In: Kindler, H., Lillig, S., Blüml, H., Werner, A. (Hrsg.) (2004): Kindeswohlgefährdung nach § 1666 BGB und Allgemeiner Sozialdienst (ASD). Deutsches Jugendinstitut. http://www.dji.de (http://213.133.108.158/asd/index.htm), 05. 11. 2005

Klann, N., Hahlweg, K., Heinrichs, N. (2003): Diagnostische Verfahren für Berater. 2. Aufl. Hogrefe, Göttingen/Bern/Toronto/Seattle

Klatetzki, T. (Hrsg.) (1994 a): Flexible Erziehungshilfen. Votum, Münster

– (1994 b): Innovative Organisationen in der Jugendhilfe. In: Klatetzki (1994 a), 11–22

Klauer, T. (1997): Vom allgemeinen Adaptationssyndrom zum dyadischen Coping: Bemerkungen zu Vergangenheit und Zukunft der Beschreibung von Belastungs-Bewältigungs-Prozessen. In: Tesch-Römer et al. (1997), 93–104

Kleiber, D. (1999): Handlungsforschung. In: Asanger/Wenninger (Hrsg.), 282–287

Klemenz, B. (2003): Ressourcenorientierte Diagnostik und Intervention bei Kindern und Jugendlichen. dgvt, Tübingen

Kohlberg, L. (1996): Die Psychologie der Moralentwicklung. Suhrkamp, Frankfurt/M.

Krampen, G. (1981): IPC-Fragebogen zu Kontrollüberzeugungen. Hogrefe, Göttingen/Bern/Toronto/Seattle

– (1985): Kontrollüberzeugungen. In: Herrmann, T., Lantermann, E.-D. (Hrsg.): Persönlichkeitspsychologie – Ein Handbuch in Schlüsselbegriffen. Urban und Schwarzenberg, München, 265–271

Krause, R. (1998): Allgemeine Psychoanalytische Krankheitslehre. Band 2: Modelle. W. Kohlhammer, Stuttgart

Krause, H.-U., Peters, F. (Hrsg.) (2002): Grundwissen erzieherische Hilfen. Votum, Münster

Kreppner, K. (1998): Vorstellungen zur Entwicklung der Kinder: Zur Geschichte der Entwicklungstheorien in der Psychologie. In: Keller (Hrsg.), 121–146

Kriz, J. (1999): Systemtheorie für Psychotherapeuten, Psychologen und Mediziner: eine Einführung. Facultas, Wien

Krohne, H., Kiehl, G., Neuser, K., Pulsack, A. (1984): Das „Erziehungsstilinventar" (ESI). Konstruktion, psychometrische Kennwerte, Gültigkeitsstudien. Diagnostica 30/4, 299–318

Laireiter, A-R. (1998): Tagebuch zur Erfassung alltäglicher Belastungen und deren Bewältigung – TBB. In: Glück, J., Vitouch, O., Jirasko, M., Rollett, B. (Hrsg.): Perspektiven psychologischer Forschung in Österreich. Bd. 2. Wiener Universitätsverlag (WUV), Wien, 275–278

–, Perrez, M., Baumann, U. (2001): Diagnostik von Belastung und Belastungsbewältigung. In: Stieglitz, R.-U., Baumann, U., Freyberger, H. J. (Hrsg.): Psychodiagnostik in klinischer Psychologie, Psychiatrie, Psychotherapie. 2. Aufl. Georg Thieme, Stuttgart/New York, 229–245

Laucht M., (2003): Vulnerabilität und Resilienz in der Entwicklung von Kindern. In: Brisch, K. H., Hellbrügge, T. (Hrsg.): Bindung und Trauma, Klett-Cotta, Stuttgart, 53–71

Lauterbach, W., Lange, A. (2002): Soziale Lage der Kinder. In: Deutsches Kinderhilfswerk e.V. (Hrsg.): Kinderreport Deutschland. Kopaed, München, 63–80

Laux, L., Schütz, A. (1996): Stressbewältigung und Wohlbefinden in der Familie. W. Kohlhammer, Stuttgart

Lazarus, R. S. (1991): Emotion and Adaptation. Oxford University Press, Oxford

Levine, R. (1999): Eine Landkarte der Zeit. Wie Kulturen mit der Zeit umgehen. Piper, München

Lewin, K. (1953): Die Lösung sozialer Konflikte. Christian, Bad Nauheim

Lichtenberg, J. (1989): Psychoanalysis and Motivation. The Analytic Press, Hillsdale (NJ)

–, Lachmann, F. M., Fosshage, J. L. (2000): Das Selbst und die motivationalen Systeme. Brandes & Apsel, Frankfurt/M.

Luhmann, N. (1987): Soziale Systeme. Grundriß einer allgemeinen Theorie. Suhrkamp, Frankfurt/M.

Maslow, A. (1981): Motivation und Persönlichkeit. Rowohlt, Reinbek bei Hamburg

Mattejat, F. (1985): Familie und psychische Störungen. Enke, Stuttgart

–, Remschmidt, H. (2003): Profil Psychosozialer Belastungen (PPB). Hogrefe, Göttingen/Bern/Toronto/Seattle

Maturana, H. R., Pörksen, B. (2002): Vom Sein zum Tun. Die Ursprünge der Biologie des Erkennens. Carl-Auer-Systeme, Heidelberg

–, Varela, F. (1987): Der Baum der Erkenntnis. Scherz, Bern/München

McHale, J. P., Cowan, P. A. (Eds.) (1996): Understanding how family-level dynamics affect children's development: Studies of two-parent families. New Directions for Child Development. Jossey-Bass, San Francisco (CA)

Menne, K. (1994): Erziehungsberatung und Kinder- und Jugendhilfestation. In: Klatetzki (1994 a), 74–88

– (2004): Therapeutische Kompetenz in präventiver Orientierung. Informationen für Erziehungsberatungsstellen 1/2004, 12–20
Miller, A. (1980): Am Anfang war Erziehung. Suhrkamp, Frankfurt/M.
Miller, Y. (2003): Erziehung von Kindern im Kindergartenalter. Diss. TU Carolo-Wilhelmina zu Braunschweig
Moos, R. (2003): Social Contexts: Transcending Their Power and Their Fragility. American Journal of Community Psychology, Vol. 31, 1–13
Mrozynsky, P. (2004): Kinder- und Jugendhilfe (Sozialgesetzbuch VIII). Kommentar. C.H. Beck, München

National Center for Infants, Toddlers and Families (2000): Parental Infant Relation Global Assessment Scale (PIR-GAS). In: http://depts.washington.edu/wimirt/PIRGAS%20Index.htm, 15. 05. 2005
Nübel, B. (1994): Herder in der Erziehung der NS-Zeit. In: Schneider, J. (Hrsg.): Herder im ‚Dritten Reich'. Aisthesis, Bielefeld, 51–73

Oerter, R. (1999): Klinische Entwicklungspsychologie: zur notwendigen Integration zweier Fächer. In: Oerter et al. (1999), 1–10
– (2002): Kultur, Ökologie und Entwicklung. In: Oerter/Montada (2002), 258–318
–, Montada, L. (Hrsg.) (2002): Entwicklungspsychologie. 5. vollst. überarbeitete Auflage. Beltz/Psychologische Verlags Union, Weinheim
–, Schneewind, K. A., Resch, F. (1999): Modelle der Klinischen Entwicklungspsychologie. In: Oerter et al. (1999), 79–117
–, von Hagen, C., Röper, G., Noam, G. (Hrsg.) (1999): Klinische Entwicklungspsychologie. Beltz/Psychologische Verlags Union, Weinheim
Otto, U. (Hrsg.) (1997): Aufwachsen in Armut. Erfahrungswelten und soziale Lagen von Kindern armer Familien. Leske und Budrich, Opladen

Papoušek, M. (1994): Vom ersten Schrei zum ersten Wort. Anfänge der Sprachentwicklung in der vorsprachlichen Kommunikation. Hans Huber, Bern/Göttingen/Toronto/Seattle
– (1999a): Münchner Klinische Kommunikationsdiagnostik. Arbeitsblätter der Münchner Schreisprechstunde. Münchner Kinderzentrum, München
– (1999b): Regulationsstörungen der frühen Kindheit. Entstehungsbedingungen im Kontext der Eltern-Kind-Beziehungen. In: Oerter et al. (1999), 148–169
– (2004): Regulationsstörungen der frühen Kindheit: Klinische Evidenz für ein neues diagnostisches Konzept. In: Papoušek, M. et al. (2004), 77–110
–, Papoušek, H. (2002): Intuitive Parenting. In: Bornstein, H. (Ed.): Handbook of Parenting. 2. Ed., Vol. 2. Lawrence Erlbaum Associates Publishers, Mahwah NJ, 183–203
–, Schieche, M., Wurmser, H. (Hrsg.) (2004): Regulationsstörungen der frühen Kindheit. Verlag Hans Huber, Bern/Göttingen/Toronto/Seattle
Patry, J.-L., Perrez, M. (2003): Störende Bedingungen des Lernens und der Entwicklung im Kindesalter. Ein Klassifikationsversuch. Salzburger Beiträge zur Erziehungswissenschaft 7, 73–93
Pauli-Pott, U., Bade, U. (2002): Bindung und Temperament. In: Strauß et al. (2002), 129–144
Pavkovic, G. (2001): Interkulturelle Kompetenz in der Erziehungsberatung. In: Menne, K., Hundsalz, A. (Hrsg.): Jahrbuch für Erziehungsberatung. Band 4. Juventa Verlag, Weinheim, 175–192
Perrez, M. (2000): Psychologie des Familien- und Paarstresses: Forschungsentwicklungen. In: Schneewind (Hrsg.) (2000), 69–88
– (2002): Familien als Einflussgröße für die Entwicklung von psychischen Störungen bei Kindern und Jugendlichen. In: Beck, N., Warnke, A., Adams, G., Patzelt, H.

(Hrsg.): Familien im Brennpunkt der Hilfe: Familienarbeit in Kinder- und Jugendpsychiatrie und Jugendhilfe. Universitätsdruck, Würzburg, 15–42
– (2004): Stressoren in der Familie und Familie als Stressor im Vorfeld der Entwicklung von Störungen bei Kindern und Jugendlichen. In: Schlottke, P. F., Lauth, G., Silbereisen, R. K., Schneider, S. (Hrsg.): Enzyklopädie der Psychologie. Band: Störungen im Kindes- und Jugendalter. Hogrefe, Göttingen/Bern/Toronto/Seattle, 193–246
–, Schöbi, D. (2001): Soziales Coping in der Selbst- und in der Fremdperspektive. In: Walper/Pekrun (2001), 219–237
Peterander, F. (1993): Skalen zur Messung entwicklungsförderlichen Elternverhaltens. System Familie 6, 36–47
Petermann, F., Niebank, K., Scheithauer, H. (Hrsg.) (2000): Risiken in der frühkindlichen Entwicklung. Entwicklungspsychopathologie der ersten Lebensjahre. Hogrefe, Göttingen/Bern/Toronto/Seattle
Peters, F. (1999): Über Diagnosen, Gutachten, Fallverstehen, Aushandlungsprozesse – Probleme mit der Qualifizierung individueller Hilfeplanung. In: Peters, F. (Hrsg.): Diagnosen – Gutachten – hermeneutisches Fallverstehen. Rekonstruktive Verfahren zur Qualifizierung individueller Hilfeplanung. Internationale Gesellschaft für Erzieherische Hilfen, Frankfurt/M., 5–27
Petzold, M. (1999): Entwicklung und Erziehung in der Familie. Schneider Verlag Hohengehren, Baltmannsweiler
Piaget, J. (1973): Das Erwachen der Intelligenz beim Kinde. Klett-Cotta, Stuttgart

Ratzke, K., Gebhardt, S., Zander, B. (2003): Diagnostik der Erziehungsstile. In: Cierpka (2003a), 269–287
Remschmidt, H. (2000): Kinder- und Jugendpsychiatrie. Thieme, Stuttgart
Remschmidt, H., Schmidt, M., Poustka, F. (Hrsg.) (2001): Multiaxiales Klassifikationsschema. 4. Aufl. Hans Huber, Bern/Göttingen/Toronto/Seattle
Rethfeldt, S., Stimmer, F. (2004): Person-In-Environment-Diagnostik und visualisierende Verfahren. In: Heiner (2004), 190–202
Rogers, C. (1987): Eine Theorie der Psychotherapie, der Persönlichkeit und der zwischenmenschlichen Beziehungen. GwG-Verlag, Köln
–, Schmidt, P. F. (1995): Person-zentriert. Grundlagen von Theorie und Praxis. Matthias Grünwald, Mainz
Rösler, H.-D. (1963): Leistungshemmende Faktoren in der Umwelt des Kindes. J. A. Barth, Leipzig
Roth, G. (1986): Selbstorganisation – Selbsterhaltung – Selbstreferentialität: Prinzipien der Organisation der Lebewesen und ihre Folgen für die Beziehung zwischen Organismus und Umwelt. In: Dress, A., Hendrichs, H., Küppers, G. (Hrsg.): Selbstorganisation. Die Entstehung von Ordnung in Natur und Gesellschaft. Piper, München, 149–180
– (1994): Das Gehirn und seine Wirklichkeit. Kognitive Neurobiologie und ihre philosophischen Konsequenzen. 6. Aufl. Suhrkamp, Frankfurt/M.
– (1995): Schnittstelle Gehirn – Interface Brain. Benteli, Bern
– (2003a): Fühlen, Denken, Handeln. Wie das Gehirn unser Verhalten steuert. Suhrkamp, Frankfurt/M.
– (2003b): Aus Sicht des Gehirns. Suhrkamp, Frankfurt/M.
Rudolf, G. (1993): Psychotherapeutische Medizin. Ein einführendes Lehrbuch auf psychodynamischer Grundlage. Enke, Stuttgart

Saß, H., Wittchen, H.-U., Zaudig, M. (1998): Diagnostisches und Statistisches Manual Psychischer Störungen DSM-IV. 2. Aufl. Hogrefe, Göttingen/Bern/Toronto/Seattle
Scheithauer, H., Niebank, K., Petermann, F. (2000): Biopsychosoziale Risiken in der frühkindlichen Entwicklung: Das Risiko- und Schutzfaktorenkonzept aus entwicklungspsychopathologischer Sicht. In: Petermann et al. (2000), 65–97

Schleiermacher, F. E. D. (1959): Ausgewählte Pädagogische Schriften. Besorgt von Ernst Lichtenstein. Ferdinand Schöningh, Paderborn
Schmidt, H.-D. (1970): Allgemeine Entwicklungspsychologie. Deutscher Verlag der Wissenschaften, Berlin
– (1982): Grundriß der Persönlichkeitspsychologie. Deutscher Verlag der Wissenschaften, Berlin
Schmidt, P. F. (2002): Was ist personzentriert? In: Iseli, C., Keil, W., Korbei, L., Nemeskeri, N., Rasch-Owald, S., Schmidt, P. F., Wacker, P. (Hrsg.): Identität, Begegnung, Kooperation. GwG-Verlag, Köln, 219–256
Schmidt-Denter, U. (2000): Entwicklung von Trennungs- und Scheidungsfamilien: Die Kölner Längsschnittstudie. In: Schneewind (2000), 203–221
– (2001): Differentielle Entwicklungsverläufe von Scheidungskindern. In: Walper/ Pekrun (2001), 292–313
Schmidtchen, S. (1996): Neue Forschungsergebnisse zu Prozessen und Effekten der Kinderspieltherapie. In: Boeck-Singelmann, C., Ehlers, B., Hensel, T., Kemper, S., Monden-Engelhardt, C. (Hrsg.): Personzentrierte Psychotherapie mit Kindern und Jugendlichen. Hogrefe, Göttingen/Bern/Toronto/Seattle, 99–139
Schmücker, G., Buchheim, A. (2002): Mutter-Kind-Interaktion und Bindung in den ersten Lebensjahren. In: Strauß et al. (2002), 173–195
Schneewind, K. A. (1980): Elterliche Erziehungsstile. Einige Anmerkungen zum Forschungsgegenstand. In: Schneewind, K. A., Herrmann, T. (Hrsg.): Erziehungsstilforschung. Huber, Bern/Göttingen/Toronto/Seattle, 19–30
– (1988): Das „Familiendiagnostische Testsystem“ (FDTS). Ein Fragebogeninventar zur Erfassung familiärer Beziehungsaspekte auf unterschiedlichen Systemebenen. In: Cierpka, M. (Hrsg.): Familiendiagnostik. Springer, Berlin/Heidelberg/New York, 330–342
– (1999): Familienpsychologie. 2. Aufl. W. Kohlhammer, Stuttgart
– (Hrsg.) (2000): Familienpsychologie im Aufwind. Hogrefe, Göttingen/Bern/Toronto/Seattle
– (2001): Kleine Kinder in Deutschland. In: von Schlippe et al. (2001), 124 – 150
–, Herrmann, T. (Hrsg.) (1980): Erziehungsstilforschung. Hans Huber, Bern/Göttingen/Toronto/Seattle
–, Kruse, J. (2003): Paarklimaskalen. Hogrefe, Göttingen/Bern/Toronto/Seattle
–, Schmidt, M. (1999): Familiendiagnostik im Kontext der Klinischen Entwicklungspsychologie. In: Oerter et al. (1999), 270–298
–, Beckmann, M., Engfer, A. (1983): Eltern und Kinder. Umwelteinflüsse auf das familiäre Verhalten. Verlag W. Kohlhammer, Stuttgart
–, Hecht-Jackl, A. (1985): Familiendiagnostisches Testsystem (FDTS). Forschungsberichte 1/1985 – 09. 02./1985. Forschungsberichte aus dem Institutsbereich Persönlichkeitspsychologie und Psychodiagnostik. Institut für Psychologie der Universität München, München
Schultz von Thun, F. (1994): Miteinander reden. Band 1 und 2. Rowohlt, Reinbek bei Hamburg
Seidenstücker, G. (1999): Indikation und Entscheidung. In: Jäger/Petermann (1999), 478–492
Sellin, I. (2003): Varianten der Selbstwertschätzung und Hilfesuche. Dissertation an der Technischen Universität Chemnitz
Selman, R. L. (1984/1998): Theorie der Entwicklung des sozialen Verstehens. Suhrkamp, Frankfurt/M.
Senatsverwaltung für Bildung, Jugend und Sport Berlin (2005): Ausführungsvorschriften für den Prozess der Planung und Durchführung von Hilfe zur Erziehung. Vorabdruck, Berlin
– (2003): Sozialraumorientierung in der Berliner Jugendhilfe. 2. Fachpolitischer Diskurs 4./5. März 2003. Eigendruck, Berlin

Sève, L. (1972/1977): Marxismus und Theorie der Persönlichkeit. Verlag Marxistische Blätter, Frankfurt/M.
Spangler, G., Zimmermann, P. (Hrsg.) (1999): Die Bindungstheorie. Klett-Cotta, Stuttgart
Stavemann, H. H. (2002): Sokratische Gesprächsführung in Therapie und Beratung. Beltz, Weinheim
Stern, D. (1985): Die Lebenserfahrung des Säuglings. Klett-Cotta, Stuttgart
– (1998): Die Mutterschaftskonstellation. Klett-Cotta, Stuttgart
Straumann, U. (2001): Professionelle Beratung. Bausteine zur Qualitätsentwicklung und Qualitätssicherung. Asanger, Heidelberg
Strauß, B., Buchheim, A., Kächele, H. (Hrsg.) (2002): Klinische Bindungsforschung. Schattauer, Stuttgart/New York

Tesch-Römer, C., Salewski, C., Schwarz, G. (Hrsg.) (1997): Psychologie der Bewältigung. Beltz/Psychologische Verlags Union, Weinheim
Thomae, H. (1968): Das Individuum und seine Welt. Eine Persönlichkeitstheorie. Hogrefe, Göttingen
– (1969): Vita Humana. Beiträge zu einer genetischen Anthropologie. Athenäum, Frankfurt/M./Bonn
Thomas, V. (2003): Prozessmodelle und Ratingskalen. In: Cierpka (2003 a), 469–485
Trommsdorf, G. (2001): Eltern-Kind-Beziehungen aus kulturvergleichender Sicht. In: Walper/Pekrun (2001), 36–62
Tschöpe-Scheffler, S. (2003 a): Elternkurse auf dem Prüfstand. Leske und Budrich, Opladen
– (2003 b): Fünf Säulen der Erziehung. Matthias Grünewald, Frankfurt/M.

Uhlendorff, H. (2001): Erziehung im sozialen Umfeld. Eine empirische Untersuchung über elterliche Erziehungshaltungen in Ost- und Westdeutschland. Leske und Budrich, Opladen
– (2003): Großeltern und Enkelkinder: Sozialwissenschaftliche Perspektiven und Forschungsergebnisse hinsichtlich einer selten untersuchten Beziehung. Psychologie in Erziehung und Unterricht 50, 111–128

Volger, I. (2004): Die Innenwelt der Eltern als relevante Außenwelt des Kindes. Theoretische Grundlagen tiefenpsychologischer Erziehungsberatung. Korrespondenz des Evangelischen Zentralinstitutes 20, 3–13
von Braunmühl, E. (1983): Antipädagogik. Studien zur Abschaffung der Erziehung. Beltz, Weinheim/Basel
von Hentig, H. (2003): Jean-Jacques Rousseau. In: Tenorth, H.-E. (Hrsg.): Klassiker der Pädagogik. C. H. Beck, München, 72–92
von Schlippe, A., Lösche, G., Hawellek, C. (Hrsg.) (2001): Frühkindliche Lebenswelten und Erziehungsberatung. Votum, Münster
Vossler, A. (2004): Eine Erziehungsberatung kann man so oder auch so sehen … In: Hundsalz, A., Menne, K. (Hrsg.): Jahrbuch für Erziehungsberatung. Band 5. Juventa, Weinheim. 257–274
Vygotsky, L. S. (1987): Ausgewählte Schriften. Arbeiten zur psychischen Entwicklung der Persönlichkeit. Volk & Wissen, Berlin

Walper, S., Pekrun, R. (Hrsg.) (2001): Familie und Entwicklung. Hogrefe, Göttingen/Bern/Toronto/Seattle
–, Gerhard, A.-K., Schwarz, B. und Gödde, M. (2001): Wenn an Kindern gespart werden muss: Einflüsse der Familienstruktur und finanzieller Knappheit auf die Befindlichkeit von Kindern und Jugendlichen. In: Walper/Pekrun (2001), 266–291

Watzlawick, P., Weakland, J. H., Fish, R. (1974): Lösungen. Verlag Hans Huber, Bern/Göttingen/Toronto/Seattle

Westen, D., Gabbard, G. O. (1999): Psychoanalytic approaches to personality. In: Pervin, L. A., John, O. P. (Eds.): Handbook of personality: Theory and Research. 2end. ed. Guilford, New York, 57–101

Wiesner, R., Mörsberger, T., Oberloskamp, H. (2006): Sozialgesetzbuch VIII (SGB). Kinder- und Jugendhilfe. Beck Juristischer Verlag, München

Wiggins, J. S. (1982): Circumplex models of interpersonal behaviour in clinical psychology. In: Kendall, P. C., Butcher, J. N. (Eds.): Handbook of Research Methods in Clinical Psychology. Wiley & Sons, New York, 183–221

Wilken, M. (2000): Sondenentwöhnung im ersten und zweiten Lebensjahr. http://www.markus-wilken.de/evaluation.htm, 22. 04. 2005

Wissenschaftlicher Beirat Psychotherapie (2003): Glossar zu wiederkehrenden Begriffen im Zusammenhang mit den Stellungnahmen des Wissenschaftlichen Beirats Psychotherapie (Stand: 24. 02. 2003). http://www.wbpsychotherapie.de. 15. 05. 2005

Wolke, D. (1999): Interventionen bei Regulationsstörungen. In: Oerter et al. (1999), 351–380

Zeanah, C. H., Benoit, D. (1995): Clinical applications of a parent perception interview in infant mental health. Child and Adolescent Psychiatric Clinics of North America 4, 539–554

Zentner, M. (2000): Das Temperament als Risikofaktor in der frühkindlichen Entwicklung. In: Petermann et al. (2000), 257–281

Zero To Three National Center for Infants, Toddlers, and Families (1999): Diagnostische Klassifikation: 0–3. Springer, Wien/New York

Ziegenhain, U., Fries, M., Bütow, B., Derksen, B. (2004): Entwicklungspsychologische Beratung für junge Eltern. Juventa, Weinheim

Sachregister

Affektmuster 43f, 52f
- der Gelassenheit 43, 52f
- der Wärme 43, 53
- des Humors und des Genusses 43, 52
- des Interesses und der Anteilnahme 43, 52
Anregen *(s. a. Verhaltenssysteme)* 40f, 50
Armut 115f
Aufmerksamkeit 42, 51
Autonomie 32f, 44f, 50–52
Autorität 36
Autorschaft 44

Bedingungen der Erziehung 60f, 58–117, 150–156
Bedürfnisse 26–31, 45
- erster Ordnung 26–28
- zweiter Ordnung 26, 28–30
Belastungen 112, 153–155, 201
Beratung 181f, 227f
Bewältigung, Bewältigungsverhalten (s. a. Coping) 32, 111–115
Bewertung von Merkmalen 201f
Beziehung 63f
–, Eltern-Kind-Beziehung 74–81
–, familiäre *(s. a. familiäre Subsysteme)* 73–87
–, Merkmale der 63–68
–, Paarbeziehung 81–87
- und Erziehung 71–87
Bezogenheit 32f, 44f, 50–52
Bindung 28, 70

Coping *(s. a. Bewältigung)* 111–115, 140

Diagnose, sozialpädagogische 141f
Diagnostik der Lebenslage 153
- der Partnerschaft 150–155
- in der Jugendhilfe 140–146
- und Ressourcenorientierung 108–110
- von Beziehungen 150–153
- von Erziehungsstilen 146
- von Familien 150–153
- von Personmerkmalen 155
Diagnostisches und Statistisches Manual (DSM) 146–149

Einzigartigkeit, individuelle 45
elterliche Paarbeziehung 81f, 200
- Persönlichkeitsmerkmale 87–90, 155, 200
- Verantwortung 89
elterliches Verhalten 37–39, 40-42
Eltern-Kind-Beziehung 74–81, 200
Emotion, Emotionalität *(s. a. Affektmuster)* 69, 78, 155
Entfaltung 31, 40
Entwicklung 31–33, 58
–, Risiken der kindlichen 106–108
Entwicklungsaufgaben 32, 100
Entwicklungsbereiche 155f
Entwicklungstheorie 14, 58
Entwicklungsübergänge 73, 113–115
Entwicklungsziele 33
Entwicklungszielorientierte Interventionen 179–182
- Klassifikation 198–207
Erfahrungen (kindliche) der Autonomie 32, 44f, 50–52
- der Bezogenheit 32f, 44, 50–52
–, dysfunktionale 54f
Erhaltung, organismische 40
Erziehung, elterliche 22–25, 67f
–, Anforderungen 159–161
–, Ansätze 39–45, 157
–, Grundlagen 26–33
–, Komponenten 38–45
–, Struktur 45–57
–, Theorien 37–39, 89f, 90–92
–, Ziele 24, 31–33

Erziehungsberatung 187–190
Erziehungsstil 34–36
Erziehungsverhalten, elterliches 36, 38f, 40f

Familie, Aufgaben 69, 71–73
–, Diagnostik 150–153
–, Entwicklungsphasen 70f
–, Merkmale 68–70
–, ökologisch-systemisches Modell 65–67
Familienbögen 70

Geh-Struktur 171–173
Gelassenheit *(s. a. Affektmuster)* 43, 52f
Genuss *(s. a. Affektmuster)* 43, 52
Grenzen *(s. a. Strukturierung)* 66, 111
Grundbedürfnisse, kindliche 26–31

Handeln, erzieherisches *(s. a. elterliches Verhalten; Verhaltenssysteme)* 38f, 40f
Hilfen zur Erziehung.. 18, 92f, 97, 127f, 143, 159f
–, flexible 174–177
–, prozessorientierte 177–186, 228f
–, standardisierte 168–174, 212–228
Hilfeplanung 18f, 95, 164f
Humor *(s. a. Affektmuster)* 43, 52

ICD 134–136, 202
Identität 32f, 45, 118
Indikation 165f
–, adaptive 177–186, 187–190, 190–192, 228f
–, inventive 174–177
–, selektive 168–174, 212–228
Individualität, kindliche 100
Interaktion 63
– und Beziehung 63f, 66–68
– und Kommunikation 64f, 150f
Interaktionsmechanismen 38f, 42, 51
– der Aufmerksamkeit 42, 51
– der Kontingenz 42, 51
– der Sensitivität 42, 51
Interaktionsmuster 63, 74

Interesse *(s. a. Affektmuster)* 43, 52
Interventionen, Entwicklungsziel orientierte 179–182
–, psychologisch-therapeutische 181
–, Systematik 229, 234
Interventionsmodule 180, 182

Jugendhilfe 13–19, 23, 105, 121f

Kausalität *(s. a. Konditionalität, Bedingungen)* 60f
Kind, Behandlung 105f
–, Belastungen 201
–, Funktionsbereiche *(s. a. Entwicklungsbereiche)* 155f
–, Grundbedürfnisse 26–31
–, Individualität 100
–, Persönlichkeit 100–102
–, Resilienz 78, 99, 124f
–, Ressourcen 108f
–, Risiken 106–108
–, Vulnerabilität 99, 124f
Kindeswohl 122f
Kindeswohleinschränkung 17f, 62, 124–126, 167
Kindeswohlgefährdung 15–18, 121, 122, 126–129
Klassifikation, Klassifikationssysteme 133–145
Komm-Struktur 171–173
Kommunikation *(s. a. Interaktion)* 64f, 70, 138, 150–153
kommunikative Fertigkeiten 139
Konditionalität *(s. a. Kausalität, Bedingungen)* 60f
Kontextualismus, entwicklungsbezogener 60
Kontingenz 41, 51
Kontrolle, elterliche 69, 88
Kontrollüberzeugung 89f
Krankheit, seelische 104–106
Krisen 113–115

Lebensereignisse, kritische 113f
Lebenslage 111–113, 153
– und biografische Übergänge 113f
–, materielle Parameter der 112f

–, zeitliche und ökologische Parameter der 115f
Mensch-Umwelt-Modell 59
Merkmalsausprägungen 201f
Multiaxiales Klassifikationsschema (MAS) 134, 146
Münchner Kommunikationsdiagnostik (MKK) 150f
Mutter-Kind-Interaktion 70, 80f, 150f

Netzwerke sozialer Unterstützung 117–120
Normen, normgebende Kultur *(s. a. Werte)* 58f, 61–63

Ökologie der menschlichen Entwicklung 58f
Operationalisierte Psychodynamische Diagnostik (OPD) 138–140
Orientierung, Orientieren *(s. a. Verhaltenssysteme)* 13f, 41, 65, 171

Paarbeziehung, elterliche 81–87, 200
Partnerschaftsdiagnostik *(s. a. Diagnostik)* 153
Person-In-Environment-System (PIE) 143f
Personmerkmale 87, 102–104, 155, 200
Personorientierung 98, 100
Pflegen *(s. a. Verhaltenssysteme)* 40f
PIR-GAS 202–204
Prozessorientierung 177–186, 228f
Psychotherapie *(s. a. psychologisch-therapeutische Interventionen)* 75, 104, 181f

Repräsentanzen, psychische 63, 83f
Resilienz 78, 99
Ressourcen, personale 108–110, 134f
– der Umwelt 108–110, 133, 135
Risiken der kindlichen Entwicklung 106–108
Risikofaktoren 94, 107f
Rolle 66–69, 77, 84f, 144

Schutzfaktoren 99, 112
Selbstkonzept 31, 44f, 75f, 100
Selbstorganisation 40
Sensitivität 34, 42, 51
Sichern, Sicherheit geben *(s. a. Verhaltenssysteme)* 41
Spill-Over-Hypothese 81
Standard-Hilfen 168–174, 212–228
Störungen, psychische 104, 202
Stress 111f, 137, 153–155, 201
Strukturieren, Strukturgebung *(s. a. Verhaltenssysteme)* 41, 50

Therapie 75, 184f, 221
Training 181, 227
Transitionen 113f

Übergänge, biografische 113f
Umweltressourcen 108–110, 133, 135
Unterstützung, soziale 117–119

Verhaltenssysteme, elterliche 38f, 40f, 50
– des Anregens 41, 50
– des Orientierens 41, 50
– des Pflegens 41, 50
– des Sicherns 41, 50
– des Strukturierens 41, 50

Vulnerabilität 99, 124f

Wärme *(s. a. Affektmuster)* 43, 53
Werte *(s. a. Normen)* 58f

Zero to Three (ZTT) 136f, 150
Zufriedenheit, partnerschaftliche 81f, 84f

Harry Dettenborn
Kindeswohl und Kindeswille

Psychologische und rechtliche Aspekte
2001. 145 Seiten. 6 Abb. 5 Tab.
(978-3-497-01577-1) kt

Wenn die Familie auseinander bricht, werden die Kinder oft zum Zankapfel. Vor Gericht wird entschieden, wer das Sorgerecht erhält. Auch in Fragen des Umgangsrechts, der Adoption, der Herausnahme aus der Familie bestimmen Richter und Sachverständige über die Zukunft des Kindes. „Kindeswohl" und „Kindeswille" werden dafür als Beurteilungskriterien herangezogen. Aber ist das Verständnis dieser Begriffe nicht oft diffus und beliebig? Wird die Einschätzung der Fachleute den Interessen des Kindes tatsächlich gerecht?

In diesem Buch wird gezeigt, wie die Kriterien Kindeswohl und Kindeswille kontrolliert und sensibel genutzt werden können. Neben den rechtlichen Grundlagen werden die psychologischen Aspekte geklärt: Was tragen die aktuellen Forschungsergebnisse der Entwicklungspsychologie zur Diskussion bei? Der Praktiker erhält außerdem konkrete Anleitungen zur Diagnostik und zum Umgang mit dem Kindeswillen. Am Beispiel des Parental Alienation Syndroms, das die Entfremdung eines Kindes von einem Elternteil bezeichnet, wird gezeigt, wie sich Kindeswohl und Kindeswille differenziert beurteilen lassen.